CYFRES BEIBL A CHREFYDD

GOLYGYDD:

D. R. Ap-THOMAS

PENDERFYNODD Adran Diwinyddiaeth Urdd Graddedigion Prifysgol Cymru yn 1974 hybu darpariaeth cyfres o lawlyfrau yn Gymraeg ar gyfer efrydwyr pynciau beiblaidd a chrefyddol. Cafwyd rhestr o'r prif anghenion, ac eisoes trefnwyd i gyhoeddi deg cyfrol gyda chydweithrediad parod Bwrdd Gwasg Prifysgol Cymru. Bydd y cyfrolau yn ymdrîn yn y lle cyntaf â'r pynciau hynny a ddysgir yng ngholegau ac ysgolion Cymru, ond mewn modd a'u gwna o fudd i bob un sy'n ymddiddori yn y Beibl a Chrefydd yn gyffredinol. Eisoes cyhoeddwyd y cyfrolau a ganlyn:

1. GRAMADEG HEBRAEG Y BEIBL
   gan Gwilym H. Jones a Dafydd R. Ap-Thomas.
   tt. 164. 1976.

2. ARWEINIAD I'R TESTAMENT NEWYDD
   1. YR EFENGYLAU A'R ACTAU
   gan David P. Davies.
   tt. 190. 1978.

3. FFYNONELLAU HANES YR EGLWYS
   1. Y CYFNOD CYNNAR
   gol. gan R. Tudur Jones.
   tt. 227. 1979.

4. DIWINYDDIAETH YR HEN DESTAMENT
   gan Gwilym H. Jones.
   tt. 253. 1979.

Manylion Catalogio Cyhoeddi (CIP) y Llyfrgell Brydeinig

Ysgrifau athronyddol ar grefydd.
(Cyfres Beibl a chrefydd).
1. Crefydd — Athroniaeth
I. Daniel, J.I.
II. Fitzgerald, John III. Cyfres
200'. 1 BL51
ISBN 0-7083-0772-8

Cyfieithwyd y Manylion Catalogio Cyhoeddi gan y Cyhoeddwyr

Argraffwyd gan Wasg John Penry, Abertawe

CYFRES BEIBL A CHREFYDD: 5

YSGRIFAU ATHRONYDDOL AR GREFYDD

Casgliad o Ysgrifau wedi eu dethol,
eu cyfieithu a'u golygu gan

J. I. DANIEL

a

JOHN FITZGERALD

CAERDYDD
GWASG PRIFYSGOL CYMRU
1982

RHAGAIR

LLUNIWYD y casgliad hwn, yr un cyntaf o'i fath yn yr iaith Gymraeg, fel cyflwyniad i Athroniaeth Crefydd: neu'n fwy manwl, fel cyflwyniad i Athroniaeth y grefydd Gristnogol fel yr arferir yr Athroniaeth honno yn y byd Saesneg cyfamserol. Ceisiwyd dethol ysgrifau a fyddai'n drafodaethau eglur, annhechnegol, nodedig o broblemau a gyfrifir yn y byd hwnnw'n rhai pwysig. Ni lwyddwyd bob tro i gyfuno'r holl ofynion hynny, a bu rhaid ychwanegu ambell i eglurhad byr, naill ai yn y cyflwyniad neu fel troednodyn. Gosodwyd llyfryddiaeth fer ar ddiwedd pob un o'r chwe' adran yn ganllaw i'r sawl a ddymunai astudio'r pwnc ymhellach.

Ceir Athroniaethau Crefydd eraill heblaw'r un Saesneg, ac yn enwedig yng ngwledydd Ewrob. Ond anaml iawn y maent yn addas i gyflwyniad cyntaf. At hynny, y mae'r Athroniaeth a ddysgir yn sefydliadau addysg uwchradd Cymru a'r llyfrau Athroniaeth a werthir yn ei siopau yn perthyn bron yn ddieithriad i'r traddodiad Saesneg hwn. Dyna amgylchedd meddyliol y casgliad hwn. Ond nid yw'n amgylchedd caeëdig. Fe welir, er enghraifft, fod agos i draean o'r ysgrifau wedi eu trosi o ieithoedd heblaw'r Saesneg, a bod mwy na hynny o'r awduron o gefndiroedd an-Saesneg. Dymunwn gydnabod yn ddiolchgar ganiatâd parod yr awduron a'r cyhoeddwyr i atgynhyrchu'r ysgrifau yn Gymraeg.

Wrth gyfieithu termau technegol, defnyddiwyd y llyfryn *Termau Technegol* (Caerdydd: Gwasg Prifysgol Cymru, 1950), sy'n anghyflawn ac allan o brint, a'r *Geiriadur Termau*, gol. Jac L. Williams (Gwasg Prifysgol Cymru, 1973), sy'n cynnwys nemor dim termau athronyddol pur, er mawr golled i athronwyr Cymraeg.

Yn olaf, dymunwn ddiolch i olygydd y gyfres, Mr. D. R. Ap-Thomas, am ei gwrteisi amyneddgar tuag atom yr holl amser y bu'n aros inni gwblhau'n gwaith.

CYNNWYS

ADRAN I

Y DADLEUON CLASUROL YNGLŶN Â BODOLAETH DUW

A. Y Ddadl Ontolegol

[Defnyddir y gair 'ontolegol' i ddisgrifio dadleuon dros fodolaeth Duw sy'n dechrau â rhagosodiad a seiliwyd ar ryw ddiffiniad o Dduw. Os yw'r ddadl yn ddilys, ei heffaith yw dangos fod ein dealltwriaeth o'r cysyniad o Dduw yn ein gorfodi i gyfaddef bodolaeth Duw. Ac y mae anffyddiaeth naill ai'n ymwrthebol neu'n amherthnasol. Hawdd gan hynny yw deall diddordeb lleiafrif nodedig o feddylwyr crediniol mewn dadleuon o'r math hwn, o Anselm yn yr 11eg ganrif (**1**), hyd at Charles Hartshorne a Norman Malcolm (**4**) yn ein dyddiau ni. Ac nid anodd yw deall yn fras pam y gwrthodwyd y dadleuon gan fwyafrif y diwinyddion a'r athronwyr. Mynegwyd y gwrth-ddadleuon yn eu ffurf glasurol gan Kant (**3**).

Yn ein dyddiau ni gwelwyd diben arall i ddadleuon ontolegol gan feddylwyr na fynnent eu cydnabod fel profion dilys o fodolaeth Duw. Y mae'r dadleuon hyn, meddir, yn dadansoddi'r cysyniad o Dduw, ac felly'n amlygu, yn cyfannu ac yn egluro cynnwys y gred yn Nuw. Eu diben yw rhoi i ffydd ddealltwriaeth, nid sicrwydd. Ond y mae'n amlwg na all y dadleuon wneud cymaint â hynny hyd yn oed, onid yw eu rhagosodiadau'n wir, a'r ymresymiad yn ddilys.]

1. St. Anselm (1033-1109): *Proslogion*, pen. 2-3

[Dadl sy'n amcanu profi bodolaeth rhywbeth a geir yma. Er i Anselm ddweud ym mhennod gyntaf y *Proslogion* ei fod yn credu er mwyn deall, yn hytrach nag yn ceisio deall er mwyn credu, nid yw'r frawddeg enwog honno'n golygu mai ceisio deall ei gred yr oedd *yn hytrach na'i* phrofi. Ei hystyr yw fod ei gred wedi rhoi iddo'r ddealltwriaeth o'r cysyniad o Dduw a'i galluogodd, fel y tybiai, i brofi bodolaeth Duw. Onibai iddo gredu, meddai, ni allasai ddeall.]

2. *Fod Duw'n gwir fod*

Gan hynny, Arglwydd, Ti sy'n rhoi i ffydd ddeall, dyro i

minnau ddeall cymaint ag y gwyddost mai cymwys yw, dy fod fel y credwn, ac mai hynny wyt y credwn yr wyt.

Credu'r ydym, ynteu, mai rhywbeth wyt na ellir meddwl am ei fwy.

A yw'n canlyn nad oes dim naturiaeth o'r fath, oblegid 'dweud o'r ynfyd yn ei galon, "Nid oes un Duw"?' (Salm 14: 1)

Eithr yn ddiau, pan gaiff yr union ynfyd hwn glywed fy union ymadrodd i, 'rhywbeth na ellir meddwl am ei fwy', deall y bydd yr hyn mae'n ei glywed.

Yr hyn a ddeellir ganddo, yn ei ddealltwriaeth y bydd, hyd yn oed heb iddo ddeall fod y peth hwnnw'n bod. Un peth yw i rywbeth fod mewn dealltwriaeth, peth arall yw deall fod rhywbeth yn bod. Pan fo arlunydd yn ystyried rhag blaen beth mae am ei wneud, bydd y peth ganddo mewn dealltwriaeth, ond heb ddeall fod y peth yn bod eto, ac ef ei hun eto heb ei wneud. Eithr wedi iddo baentio, fe fydd y peth ganddo mewn dealltwriaeth, a deall y bydd hefyd fod y peth a wnaeth yn bod. A dyna argyhoeddi'r ynfyd yntau fod mewn dealltwriaeth o leiaf rywbeth na ellir meddwl am ei fwy, am iddo ef ei hun ddeall hyn wrth ei glywed, a beth bynnag a ddeellir, mewn dealltwriaeth y mae.

Ac yn ddiau, yr hyn na ellir meddwl am ei fwy, ni ddichon mai mewn dealltwriaeth yn unig y mae. Oherwydd a bwrw ei fod o leiaf mewn dealltwriaeth, dichon meddwl ei fod mewn dirwedd hefyd, a dyna beth mwy. Os ynteu mewn dealltwriaeth yn unig y mae'r hyn na ellir meddwl am ei fwy, ceir meddwl am beth mwy na'r hyn na ellir meddwl am ei fwy. Eithr yn ddiau ni all hynny fod.

Oes, gan hynny, heb os nac oni bai: y mae rhywbeth na ellir meddwl am ei fwy, yn bodoli mewn dealltwriaeth ac mewn dirwedd yn ogystal.

3. *Na ellir meddwl nad yw'n bod*

A diau fod hwn yn gwir fod yn y fath fodd, fel na ellir chwaith feddwl nad yw'n bod.

Oherwydd gellir meddwl fod rhywbeth na ellir meddwl nad yw'n bod, a dyna beth mwy na rhywbeth y gellir meddwl nad yw'n bod.

Gan hynny, os gellir meddwl nad yw ef yn bod, sef y peth

hwnnw na ellir meddwl am ei fwy, yna nid ef yw'r peth na ellir meddwl am ei fwy; ac ni all hynny gydsefyll. Felly, ynteu, y mae rhywbeth na ellir meddwl am ei fwy yn gwir fod, fel na ellir hyd yn oed meddwl nad yw'n bod.

A dyma beth wyt ti, Arglwydd ein Duw. Gan hynny, gwir fod yr wyt, Arglwydd Dduw, yn y fath fodd fel na ellir hyd yn oed meddwl nad wyt yn bod. Ac iawn hynny. Oherwydd pe gallai rhyw athrylith feddwl am rywbeth gwell na thi, fe ddringai creadur yn uwch na'i greawdwr a dwyn barn ar ei greawdwr, canlyniad tra gwrthun. Ac yn wir, beth bynnag sy'n bod, a'th eithrio di yn unig, gellir meddwl nad yw'n bod. Gennyt ti yn unig, felly, y mae bod yn fwyaf gwirioneddol oll, a bod i'r graddau mwyaf o'r herwydd; oblegid beth bynnag arall sydd, nid mor wirioneddol y mae'n bod, ac am hynny llai o fod sy ganddo.

Pam felly y 'dywedodd yr ynfyd yn ei galon, "Nid oes un Duw",' a'r gwir wrth law i bob meddwl rhesymol, mai ti sydd fwyaf oll yn bod? Paham, yn wir, ond am ei fod yn ynfyd a thwp?

2. Gaunilo: *Ateb Dros Yr Ynfytyn*, pen. 6.

[Cyfansoddwyd yr *Ateb* hwn yn ystod oes Anselm gan fynach o Abaty Marmoutier yn Ffrainc. Daeth patrwm ei wrthddadl yn y bennod hon yn safonol. Ei hergyd yw dangos fod modd 'profi' bodolaeth myrdd o bethau y gwyddys nad ydynt yn bod, os caniateir fod dadl wreiddiol Anselm yn brawf dilys o fodolaeth. Camgymeriad Anselm, awgryma Gaunilo, oedd tybied ei fod yn gwybod fod Duw'n rhywbeth na ellir meddwl am ei fwy *cyn* iddo wybod a oedd yn bod mewn dirwedd.]

Er enghraifft: meddir fod rywle allan yn y môr ynys a gyfenwir gan rai Yr Ynys Goll, am mai anodd neu'n hytrach amhosibl yw dod o hyd i beth nad yw'n bod. A'r chwedl yw fod arni, yn llawer mwy helaeth nag y dywedir am yr Ynysoedd Dedwydd, amlder anfesuradwy o bob cyfoeth a difyrrwch; a'i bod, heb arni na pherchennog na phreswyliwr, yn rhagori ym mhob ffordd ar yr holl diroedd cyfannedd o ran y toreth o fwyniannau a geid ynddi.

Dywedodd rhywun wrthyf mai felly y mae, ac mi ddeallaf yn hawdd ymadrodd nad oes ynddo anhawster. Ond pe chwanegai fel petai ganlyniad a dweud: 'Mwyach ni elli amau am yr ynys honno, a hi'n rhagori ar yr holl diroedd sydd, nad yw hi yn gwir fod rywle mewn dirwedd. Nid yw'n amheus gennyt ei bod yn dy ddealltwriaeth, bid siŵr; a chan mai rhagorach peth yw bod nid mewn dealltwriaeth yn unig eithr hefyd mewn dirwedd, rhaid gan hynny ei bod hithau'n bod felly. Ped amgen, fe ragorai arni bob rhyw wlad arall sy'n bod mewn dirwedd, nes ei bod hi, yr un y deelli ei bod yn rhagori, heb ragori o gwbl' — pe mynnai, meddaf, fy narbwyllo fel yna na ddylid amau mwyach am wir fodolaeth yr ynys honno, un ai mi dybiwn ei fod yn cellwair, neu ynteu ni wn i ddim pa un ohonom a ddylwn ei ystyried yn fwyaf ynfyd, ai myfi fy hun pe cytunwn ag ef, ai efo, os tybiai ddarfod iddo sefydlu â rhyw sicrwydd fodolaeth yr ynys honno, heb fy hysbysu'n gyntaf fod union ragoriaeth yr ynys yn bod yn fy nealltwriaeth fel dirwedd o beth yn gwir a diamheuol fodoli, ac nid mewn unrhyw fodd fel rhywbeth ffals neu ansicr.

3. Immanuel Kant (1724-1804): 'Amhosibilrwydd Profi'n Ontolegol Fod Yna Dduw' (yn *Beirniadaeth y Rheswm Pur*, 'Y Dilechdid Trosgynnol', III. 4: A599 (=B626) canl.)

[Yr oedd dadleuon ontolegol Descartes a Leibniz, sydd dan lach Kant yma, wedi defnyddio'r egwyddor fod bodolaeth yn rhan o berffeithrwydd — a cheir egwyddor gyffelyb yn nadl Anselm yntau. Ymhlygai hynny fod 'mwy o gynnwys' yn y cysyniad o *X sy'n bodoli* nag sydd yn y cysyniad moel o *X*; neu fy mod yn ychwanegu at y cysyniad o *X* pan ddywedaf fod *X yn bod*. Yn y darn canlynol, y mae Kant yn ceisio dangos mai camsyniad yw meddwl felly am fodolaeth, ac yn ceisio egluro'r gwahaniaeth rhwng meddwl am X a meddwl am fodolaeth X. Cyfeiria'r paragraff gobennol at ddadl gan Leibniz. Yr oedd Leibniz wedi tybied fod dangos na ellid anghysondeb rhesymegol rhwng priodoleddau syml Duw yn gyfystyr â dangos fod bodolaeth Duw yn bosibl, a bod gwybodaeth am Dduw yn bosibl. Gwedir hynny gan Kant.]

. . . Mae'n amlwg nad yw *bod* yn draethiad real, yn gysyniad, h.y., o rywbeth y gellid ei ychwanegu at y cysyniad o ryw beth. Nid yw'n ddim amgen na gosod fod y peth, neu ryw nodweddion penodol, yn bod yn eu braint eu hunain. I berwyl rhesymeg, nid yw ond cyplad mewn dyfarniad. Dau gysyniad sydd yn y frawddeg,

'Mae Duw'n hollalluog', ac i bob un o'r ddau ei wrthrych, sef Duw a holl-allu. Nid yw'r geiryn 'mae' yn drydydd traethiad atynt hwy; nid yw amgen na'r hyn sy'n rhoi'r traethiad ar y goddrych, mewn perthynas iddo. Os cymeraf yn awr y goddrych (Duw) gyda'i holl draethiadau (a'i holl-allu yn eu plith), a dweud: 'Bod y mae Duw', neu 'Mae 'na Dduw', ni fyddaf wrth hynny'n atodi dim traethiad newydd at y cysyniad o Dduw; ni fyddaf ond yn gosod y goddrych yn ei fraint ei hun ynghyd â'i holl draethiadau, a, bid siŵr, yn gosod y gwrthrych ar gyfer fy nghysyniad i. Rhaid i'r ddau fod yn fanwl unol â'i gilydd o ran cynnwys, ac ni all y ffaith fy mod i (â'r ymadrodd 'mae e') yn synied am y gwrthrych fel peth sydd ar gael o'r gorau gyfrannu dim at gynnwys y cysyniad, sydd fel y cyfryw'n mynegi posibilrwydd noeth. Ac fel yna, nid yw cynnwys y real ddim yn fwy na chynnwys y posibl. Mewn can punt gwirioneddol nid oes mo'r dernyn lleiaf yn rhagor nag sydd mewn can punt posibl. Yma, mae'r cant posibl yn cynrychioli'r cysyniad, a'r cant gwirioneddol yn cynrychioli'r gwrthrych a'r gosodiad ohono yn ei fraint ei hun. Yn awr, pe cynhwysai'r cant gwirioneddol ragor nag a wna'r cant posibl, nid mynegi'r gwrthrych cyfan a wnâi fy nghysyniad, ac nid y cysyniad cymesur o hwnnw fyddai. Diau y byddaf yn well fy myd o fod gennyf gan punt gwirioneddol nag o fod gennyf y cysyniad noeth ohonynt (sef posibilrwydd ohonynt). Byddaf, yn ddiau; oblegid nad yw'r gwrthrych, o ran ei fodolaeth wirioneddol, ddim wedi ei gynnwys yn analytig yn fy nghysyniad, eithr ei roi'n synthetig y byddir at fy nghysyniad (sydd yn batrwm penodol ar fy nghyflwr i). Ac eto, drwy hyn o fod y tu allan i'm cysyniad, ni cheir mo'r mymryn lleiaf o gynnydd yn y can punt meddyliol hyn eu hunain.

Gan hynny, os syniaf am ryw beth wrth ba draethiadau ac wrth ba nifer bynnag ohonynt a fynnaf (hyd at benodi ei holl deithi), nid atodir mo'r mymryn lleiaf at y peth wrth imi ychwanegu ymhellach fod y peth hwn *yn bod.* Ped amgen, nid yr un peth yn union fyddai'n bodoli, eithr peth yn rhagor nag yr oeddwn wedi synied amdano â'r cysyniad: ac ni allwn ddim dweud fod union wrthrych fy nghysyniad yn bodoli. Ymhellach, os dychmygaf mewn peth bob nodwedd ddirweddol ond un, nid ychwanegir mo'r nodwedd goll wrth imi ddweud fod y fath beth diffygiol yn bodoli; bodoli y bydd, ie, ond ac arno'r un diffyg ag a ddychmygais iddo, neu ped amgen, peth gwahanol a fodolai i'r hyn a feddyliais i. Yn awr, os dychmygaf ryw hanfod fel y ddirwedd oruchaf (heb ddiffyg), fe saif y cwestiwn o hyd, ai bodoli y mae ai peidio. Oherwydd, er nad oes dim bwlch yn fy nghysyniad, na dim yn eisiau ynddo o'r cwbl a all fod yn gynnwys dirweddol i beth bynnag a fo, eto i gyd y mae diffyg arno o ran ei berthynas â'm cyflwr meddyliol cyfan, sef diffyg modd gwybod *a posteriori*[1] hefyd am y gwrthrych hwn. A dyna ddatgelu achos yr anhawster presennol. Pe bai gwrthrych i synnwyr yn destun gennyf, ni allwn gymysgu bodolaeth y peth â'r cysyniad noeth o'r peth. Wrth synied am y fath wrthrych drwy'r cysyniad, nid ystyrir ef ond fel peth sy'n gyson ag amodau cyffredinol unrhyw wybod empeiraidd fel y cyfryw; eithr drwy ei fodolaeth fe'i ystyrir fel peth a gynhwysir yng nghyd-destun holl brofiad dyn. Wrth gysylltu'r cysyniad o'r gwrthrych fel hyn â holl gynnwys profiad, ni wneir y cysyniad yn fwy o'r un dim lleiaf, ond fe fydd ein meddwl wedi ennill un canfyddiad posibl yn rhagor. Os, ar y llaw arall, trwy'r categori pur yn unig y mynnwn ni synied am fodolaeth, yna nid rhyfedd o gwbl ein bod yn methu cynnig yr un maen prawf i wahaniaethu rhyngddi a phosibilrwydd moel.

Gadawer i'n cysyniad o ryw wrthrych gynnwys beth bynnag a faint bynnag a fynno, eto bydd rhaid inni fynd y tu allan i'r cysyniad i roi bodolaeth i'r gwrthrych. Gyda gwrthrychau synnwyr, bydd hyn yn digwydd wrth eu cysylltu â rhyw ganfyddiad neu'i gilydd o'm heiddo, yn ôl deddfau empeiraidd. Eithr ar gyfer gwrthrychau'r meddwl pur nid oes dim cyfrwng o gwbl i gael gwybod eu bod yn bod, oherwydd rhaid fyddai ei wybod yn llwyr *a priori*; ac nid fel yna y cawn ni ymwybod â bodolaeth. Boed fel y bo, trwy ganfyddiaeth ddigyfrwng, neu ynteu drwy gasgliadau sy'n cysylltu rhywbeth â chanfyddiaeth, fe berthyn ein hymwybod ni â phob bodolaeth yn gyfan gwbl i undod profiad; am fodolaeth y tu allan i'r maes hwn, diau na ellir mo'r datgan ei bod yn llwyr amhosibl, eithr damcaniaeth ydyw nad oes gennym fodd i'w chyfiawnhau.

Mae'r syniad o hanfod goruchaf yn ddrychfeddwl tra buddiol i lawer perwyl; er hynny, yn union am mai drychfeddwl noeth ydyw, mae'n llwyr anabl i ehangu ohono'i hun ein gwybodaeth ynghylch yr hyn sy'n bodoli. Nid yw'n ddigonol hyd yn oed i'n hysbysu ynghylch posibilrwydd fod yna ragor. Diau na ellir gwarafun iddo faen prawf analytig posibilrwydd, sef nad yw cadarnhau noeth (realeddau) yn esgor ar ddim gwrthddywediad. Ond synthesis yw cydglymu'r holl briodoleddau real â'i gilydd, un na allwn *a priori* farnu am ei phosibilrwydd. Ni chyflwynir mo'r realeddau yn benodol inni (: ni chawn ar ddeall pa ryw realeddau ydynt), a hyd yn oed pe ceid hynny, ni fyddai sut bynnag ddim troedle i farn, oblegid mai mewn profiad yn unig y mae'n rhaid chwilio bob cynnig am faen prawf ar bosibilrwydd gwybodaeth synthetig, ac ni all gwrthrych i ddrychfeddwl berthyn i brofiad. A dyna Leibniz[2] enwog ymhell o fod wedi dwyn i ben yr hyn yr ymfalchïodd o'i herwydd, gan honni ei fod yn dirnad *a priori* bosibilrwydd hanfod delfrydol mor aruchel.

Gwastraff, gan hynny, yw'r holl ymboeni a gweithio ar y prawf ontolegol (Cartesaidd)[3] enwog, i berwyl casglu oddi wrth gysyniadau fod yna ryw hanfod goruchaf; ni chyfoethogir dyn o ran dirnad rhagor o'r gwir wrth hel drychfeddyliau noeth, dim mwy nag yr âi masnachwr yn fwy cefnog wrth roi, i wella'i ystad, amryw o wagnodau wrth gwt ei gyfrif arian parod.

Nodiadau

1 Gwybodaeth *a posteriori:* gwybodaeth y mae ei bodolaeth yn dibynnu ar brofiadau ei pherchennog. Gwybodaeth *a priori:* gwybodaeth y mae ei bodolaeth yn annibynnol ar y profiad hwnnw. (Gol.).

2 Yn *Y Traethodau Newydd Ynghylch y Deall Dynol.* Gw. A. Plantinga (gol.), *The Ontological Argument* (Llundain: Macmillan, 1966), tt. 54-6.

3 Yn y trydydd Myfyrdod. Gw. A. Plantinga, op. cit., tt. 31-5.

4. Norman Malcolm: 'Dadleuon Ontolegol Anselm', yn *The Philosophical Review*, cyf. LXIX (1960).

[Dyma rannau o'r erthygl a ail-ennynnodd ddiddordeb athronwyr cyfoes mewn dadleuon ontolegol. Yn ôl Malcolm, ceir yn nhrydedd bennod *Proslogion* Anselm (gw. **1**) brawf dilys o'r gosodiad 'Mae Duw'n bodoli'n rheidiol'. Beth yw perthynas y gosodiad hwn â'r gosodiad 'Mae Duw'n bodoli?' Yr ateb a awgrymir gan sylwadau Malcolm yn rhan III yw fod y gosodiad cyntaf yn haeru bodolaeth rhywbeth, *mewn rhyw ystyr*. Y mae'r tri gair olaf hyn yn rhagdybio damcaniaeth Malcolm fod synnwyr y gair 'bodoli' yn amrywio gyda goddrych y frawddeg. Byddai ateb y cwestiwn am berthynas y ddau osodiad, gan hynny, yn gofyn penderfynu ystyr 'bodoli' yn y cyd-destunau hyn. Gan nad yw Malcolm am wneud hynny yma, nid yw am gynnig ateb mwy pendant i'r cwestiwn.

Y mae'r erthygl hefyd yn bwysig am mai dyma'r tro cyntaf i athronydd crefydd cyfoes ddweud mewn cyd-destun lle'r oedd dogma athronyddol yn cael ei wrthddweud gan ffordd grefyddol o ddefnyddio iaith (y 'chwarae iaith' crefyddol) mai'r dogma y dylid ei wrthod, yn hytrach na chondemnio'r iaith am ddiffyg synnwyr.]

II

Mi drof yn awr i ystyried yr ail brawf ontolegol, a gyflwynir gan Anselm yn [nhrydedd] bennod y *Proslogion*[1]. (Nid oes dystiolaeth iddo ef farnu mai dau brawf gwahanol a gynigiai.) Gan sôn am y bod na ellir meddwl am ei fwy, fe ddywed,

> A diau fod hwn yn gwir fod yn y fath fodd, fel na ellir chwaith feddwl nad yw'n bod. Oherwydd gellir meddwl am rywbeth na ellir meddwl nad yw'n bod, a dyna beth mwy na rhywbeth y gellir meddwl nad yw'n bod. Gan hynny, os gellir meddwl nad yw ef yn bod, y peth hwnnw na ellir meddwl am ei fwy, yna nid ef yw'r peth na ellir meddwl am ei fwy; ac ni all hynny gydsefyll. Felly, mae rhywbeth na ellir meddwl am ei fwy yn gwir fod fel na ellir hyd yn oed meddwl nad yw'n bod.
>
> A dyma'r peth wyt ti, Arglwydd, ein Duw.

Mae Anselm yn dweud dau beth: yn gyntaf, fod peth y mae ei anfodolaeth yn rhesymegol amhosibl yn 'fwy' na pheth y mae ei anfodolaeth yn rhesymegol bosibl (a chan hynny fod yn rhaid mai peth â'i anfodolaeth yn rhesymegol amhosibl yw peth na ellir meddwl am ei fwy); ac yn ail, fod *Duw* yn beth na ellir meddwl am ei fwy.

Gogyfer â'r ail haeriad, mae'n sicr fod yna ddefnydd o'r gair 'Duw', y defnydd mwyaf cyffredin ohono, debygwn i, sy'n gwneud y datganiadau 'Duw yw'r bod mwyaf oll', 'Duw yw'r bod mwyaf perffaith', 'Duw yw'r bod goruchaf', yn wirioneddau rhesymegol reidiol, yn yr un synnwyr ag y mae'r datganiad 'Mae gan sgwâr bedair ochr' yn wirionedd rhesymegol reidiol. Os dyn o'r enw

'Jones' yw'r dyn talaf yn y byd, ni fydd y datganiad 'Jones yw'r dyn talaf yn y byd' ond yn wir; nid gwirionedd rhesymegol reidiol fydd. Rhagoriaeth a berthyn i ymadrodd anarferol Anselm, 'bod na ellir meddwl am ei fwy', yw ei fod yn gwneud yn echblyg mai gwirionedd rhesymegol reidiol a fynegir â'r frawddeg 'Duw yw'r mwyaf o'r holl fodau', ac nid ffaith foel fel a ddychmygwyd gennym am Jones.

Gogyfer â haeriad cyntaf Anselm . . ., efallai mai'r peth mwyaf dyrys ynddo yw'r modd y defnyddia'r gair 'mwy'. Y mae fel petai'n union yr un ystyr â 'mwy rhagorol', 'amgenach', 'mwy perffaith'. Nid yw'r cyfystyredd hwn yn ddim cymorth inni, fodd bynnag, gan nad yw'r ymadroddion hyn yn llai dyrys yma. Yr hyn sydd eisiau yw esbonio'r defnydd a wneir ohonynt.

Diau y byddwn yn ystyried *gwybodaeth*, dyweder, yn rhagoriaeth, yn beth da. Os gŵyr A fwy am algebra na B, fe fynegwn hyn ar lafar gwlad gan ddweud fod gan A *well* gwybodaeth o algebra na sydd gan B, neu fod gwybodaeth A o algebra yn amgenach na gwybodaeth B, tra na ddywedem fod gan B well neu amgenach *anwybodaeth* o algebra na sydd gan A. Diau y dywedwn 'anwybodaeth fwy', ond yma mynegi maint yn unig a wna'r 'mwy'.

Cyn hyn mi wrthodais gyfrif *bodolaeth* yn rhagoriaeth. Nid fod bodolaeth yn rhagoriaeth a faentumir gan Anselm yn y sylwadau a ddyfynnwyd ddiwethaf, ond fod yr *amhosibilrwydd rhesymegol o anfodolaeth yn rhagoriaeth.* Mae ei brawf ontolegol cyntaf yn defnyddio'r egwyddor fod peth yn fwy os bodola nag ydyw os na fodola. Mae ei ail brawf yn defnyddio'r egwyddor wahanol fod peth yn fwy os bodola'n rheidiol nag ydyw os na fodola'n rheidiol.

Dichon y bydd rhai sylwadau am y syniad o *ddibyniaeth* yn gymorth i wneud yr ail egwyddor yn ddealladwy. Fe fydd llawer o bethau'n dibynnu am eu bodolaeth ar bethau a digwyddiadau eraill. Gan saer yr adeiladwyd fy nhŷ: fe ddibynnodd dyfod y tŷ i fodolaeth ar weithgarwch creadigol arbennig. Fe ddibynna parhad ei fodolaeth ar lawer o bethau: na fydd coeden yn syrthio arno a'i chwalu, na chaiff mo'i ddifa gan dân, ac felly ymlaen. Os ystyriwn ystyr gyffredin y gair 'Duw' (pa mor amhenodol a niwlog bynnag fo honno), fe sylweddolwn mai anghyson â'r ystyr hon fyddai fod bodolaeth Duw yn *dibynnu* ar unrhyw beth. P'un bynnag a gredwn ynddo neu beidio, rhaid inni addef na ellir meddwl am yr 'Hollalluog dragwyddol Dduw' (yn ôl dechreuad amryw o hen weddïau), nac am 'Wneuthurwr nef a daear, a phopeth gweledig ac anweledig' (chwedl Credo Nicea), fel pe dygesid ef i fod gan rywbeth neu fel pe dibynnai ef ar rywbeth am barhau mewn bodolaeth. Y mae meddwl am rywbeth yn dibynnu ar rywbeth arall am ei fodolaeth, yn feddwl amdano fel bod sy'n llai na Duw.

Os oes gan wraig tŷ set o lestri tra brau, yna, fel llestri, *gwaelach* ydynt na llestri set arall sy'n debyg iddynt ym mhob dim ond eu breuder. Fe ddibynna llestri'r naill set, am gael parhau i fodoli, ar gael eu trin yn dyner; nid oes eisiau hynny ar lestri'r llall. Mewn iaith gyffredin ceir cyswllt penodol rhwng y syniadau o ddibyniaeth ac israddoldeb a'i gilydd, a rhwng y syniadau o annibyniaeth ac uwchraddoldeb a'i gilydd. Mae'n ddigon unol â'r defnydd bob dydd o'r termau 'uwchraddol' a 'mwy' ddweud fod peth na ddibynnai ar ddim byd o gwbl yn uwch ei radd (yn 'fwy') nag unrhyw beth a ddibynnai mewn unrhyw fodd ar unrhyw beth. Yn gydgyfatebol â'r syniadau o ddibyniaeth ac annibyniaeth, ceir y syniadau o'r *cyfyngedig* a'r *diderfyn*. Rhaid i beiriant wrth danwydd, a dyna gyfyngiad arno. Yr un peth yw dweud fod gweithio'r peiriant yn *ddibynnol* ar y cyflenwad o danwydd â dweud ei fod yn cael ei *gyfyngu* ganddo. Peiriant a allai gyflawni'r un gwaith yn ystod yr un amser, ac yn foddhaol i bob perwyl arall, ond heb eisiau tanwydd, peiriant *amgenach* fyddai.

Fel bod diderfyn y meddylir am Dduw fel arfer, fel bod *na ellid* cyfyngu arno, fel bod llwyr ddiderfyn. Nid yw hyn yn llai na meddwl amdano fel *peth na ellir meddwl am ei fwy*. A synied fod Duw yn fod llwyr ddiderfyn, rhaid synied ei fod yn ddiderfyn ei fodolaeth yn ogystal â'i weithrediad. Wrth synied amdano fel hyn, disynnwyr fydd dweud ei fod yn dibynnu ar unrhyw beth, am ei ddyfod i fodolaeth neu am barhau ynddi. Disynnwyr hefyd, fel y sylwodd Spinoza, fydd dweud y gallai rhywbeth ei *atal* rhag bodoli (*Ethica*, rhan I, gosodiad 11). Gall diffyg gwlybwr atal coed rhag bodoli mewn rhanbarth neilltuol o'r ddaear. Ond fe fyddai'n groes i'r cysyniad o Dduw fel bod diderfyn dybied y gallai unrhyw beth heblaw Duw ei hun ei atal rhag bodoli, a gwrthddywediad fyddai tybied y gallai ef ei hun wneud hynny. . . . Yn *Responsio* 1 fe ychwanega Anselm y sylw craff hwn: os gellir meddwl am rywbeth ei fod heb fodoli, yna *pe bodolai* fe fyddai ei anfodolaeth yn bosibl. Fe ganlyn, mi gredaf, y byddai'r peth, pe bodolai, yn dibynnu ar bethau eraill am ei ddyfod i fodolaeth ac am barhau mewn bodolaeth, a hefyd mai parhad a fyddai ganddo ac nid tragwyddoldeb. Gan hynny ni fyddai nac mewn dirwedd nac mewn syniadaeth yn fod diderfyn, yn beth na ellid meddwl am ei fwy.

Dyma ddull Anselm o roi'r ddadl gerbron:

> Os gellir o gwbl feddwl amdano [y peth na ellir meddwl am ei fwy], rhaid yw ei fod yn bod. Oherwydd ni wna neb, wrth wadu neu amau nad oes peth na ellir meddwl am ei fwy, ddim gwadu neu amau hyn, sef, pe bai'n bod, ni allai nac mewn gwirionedd na chan ddealltwriaeth fod heb fod. Oblegid fel arall nid hwnnw fyddai yr hwn na ellir meddwl am ei fwy. Eithr beth bynnag y gellir meddwl amdano, ac yntau heb fod, pe bai'n bod, fe allai mewn gwirionedd neu gan ddealltwriaeth fod heb fod. Gan hynny, os gellir o gwbl feddwl am y peth na ellir meddwl am ei fwy, ni all fod heb fod.[2]

Yr hyn y mae Anselm wedi ei brofi yw na all y syniad o fodolaeth ddamweiniol neu o anfodolaeth ddamweiniol fod yn gymwys i Dduw o gwbl. Rhaid i'w fodolaeth ef fod un ai'n rhesymegol reidiol neu ynteu'n rhesymegol amhosibl. Yr unig ffordd ddealladwy o wrthod haeriad Anselm fod bodolaeth Duw'n rheidiol yw maentumio fod y cysyniad o Dduw, fel bod na ellir meddwl am ei fwy, yn anghydlynol neu'n ddisynnwyr. A bwrw fod hynny'n anwir, mae'n gywir diddwytho bodolaeth reidiol Duw, fel y gwna Anselm, oddi wrth ei ddisgrifiad ohono fel bod na ellir meddwl am ei fwy.

Gadewch imi grynhoi'r prawf. Os nad yw Duw, yn fod na ellir meddwl am ei fwy, yn bodoli, yna ni all *ddyfod* i fodolaeth. Oherwydd pe gallai, un ai *peri* iddo ddyfod i fodolaeth y buasid, neu ynteu fe fyddai wedi *digwydd* iddo ddyfod i fodolaeth; a bod cyfyngedig fuasai y naill ffordd neu'r llall, a hynny nid ydyw, yn ôl ein syniadaeth ni amdano. Gan na all ddyfod i fodolaeth, os nad yw'n bodoli mae'n amhosibl iddo fodoli. Os bodoli y mae, ni all fod wedi dyfod i fodolaeth (am y rhesymau a roddwyd), ac ni all beidio â bodoli, oblegid ni allai dim beri iddo ddarfod amdano ac ni all ddigwydd iddo ddarfod amdano. Felly, os bodola Duw, mae ei fodolaeth yn rheidiol. Fel yna, mae bodolaeth Duw un ai'n amhosibl neu ynteu'n rheidiol. Ni all fod yn amhosibl onid yw'r cysyniad o'r fath fod yn anghydlynol ag ef ei hun neu rywfodd yn rhesymegol wrthun. A bwrw nad felly y mae, fe ganlyn ei fod yn bodoli'n rheidiol.

Fe all fod yn gymorth mynegi'n meddwl fel hyn: dweud, nid fod hollalluogrwydd yn briodoledd i Dduw, ond mai hollalluogrwydd rheidiol sydd; a dweud nid fod hollwybodaeth yn eiddo i Dduw, ond mai hollwybodaeth reidiol sydd. Y mae gennym feini prawf i benderfynu fod dyn yn gwybod hyn a'r llall ac yn medru gwneud hyn a'r llall, ac i benderfynu fod gan y naill ddyn wybodaeth a medrau mwy mewn maes arbennig nag sydd gan y llall. Gallem feddwl am amryw o brofion i'w rhoi arnynt. Ond nid oes dim y dymunem ei ddisgrifio o ddifrif ac yn llythrennol fel 'rhoi prawf' ar wybodaeth a galluoedd Duw. Nid wrth gymhwyso meini prawf y penderfynwyd fod Duw'n hollwybodus a hollalluog; yn hytrach gofynion ein syniadaeth amdano yw'r nodweddion hyn. Priodoleddau ydynt sy'n fewnol i'r cysyniad, er mai cywir hefyd ddweud eu bod yn briodoleddau i Dduw. Mae *bodolaeth reidiol* yn briodoledd i Dduw yn yr un ystyr ag y mae hollalluogrwydd rheidiol a hollwybodaeth reidiol yn briodoleddau iddo. Ac ni ddylem feddwl fod 'Mae Duw'n bodoli'n rheidiol' yn golygu ei bod yn rheidiol ganlyn oddi wrth rywbeth fod Duw'n bodoli'n *ddamweiniol*. Mae'r gosodiad *a priori* 'Mae Duw'n bodoli'n rheidiol' yn goblygu'r gosodiad 'Mae Duw'n bodoli', os ac yn unig os deellir yr ail yn osodiad *a priori* ac os felly, mae'r ddau osodiad yn gyfwerth â'i gilydd. Ac yn yr ystyr hon y mae prawf Anselm yn brawf o fodolaeth Duw.

* * * *

III

Mi hoffwn ystyried yn awr ran o feirniadaeth Kant ar y ddadl ontolegol y credaf ei bod yn anghywir. Meddai ef:

> Os gwrthodaf y traethiad mewn dyfarniad uniaethol gan gadw'r goddrych, yna fe gyfyd gwrthddywediad, ac oherwydd hynny mi ddywedaf: fe berthyn y naill yn rheidiol i'r llall. Ond os gwrthodaf y goddrych ynghyd â'r traethiad, ni chyfyd felly ddim gwrthddywediad; oherwydd nid oes mwyach ddim y gellid ei wrthddweud. Gosod triongl ac eto gwrthod ei dair ongl, gwrthddywediadol yw; ond gwrthod y triongl ynghyd â'i dair ongl, nid gwrthddywediad mohono. Dyna'n union fel y mae hi ar y cysyniad o hanfod llwyr reidiol. Os gwrthodwch fodolaeth hwnnw, yna gwrthod y peth ei hun a wnewch ynghyd â'i holl draethiadau; o ble wedyn y cyfyd gwrthddywediad? Y tu allan iddo nid oes dim i'w wrthddweud, oherwydd nid o'r tu allan y golygir fod y peth yn rheidiol; ac nid oes dim o'r tu mewn iddo i'w wrthddweud chwaith, am i chwi, wrth gael gwared o'r peth ei hun, ddileu hefyd bob dim a fyddai ynddo. 'Mae Duw yn hollalluog': dyna ddyfarniad rheidiol. Ni ellir gwrthod yr holl-allu, os gosodwch fod yna Dduwdod, sef hanfod anfeidrol; mae'r naill yn un cysyniad â'r llall. Eithr os dywedwch: 'Nid yw Duw yn bod', ni dderbynnir na'r holl-allu na'r un arall o'i draethiadau; fe'u gwrthodir oll ynghyd â'r goddrych, ac yn y meddwl hwn ni ddangosir mo'r gwrthddywediad lleiaf.[3]

Yr ateb i'r sylwadau hyn yw y gwelir, o gywir ddeall y cysyniad o Dduw, na ellir 'gwrthod y goddrych'. Fe welir mai datganiad rheidiol ffals yw 'Nid oes Duw'. Mae prawf Anselm yn profi fod i'r gosodiad 'Mae Duw'n bodoli' yr un troedle *a priori* ag sydd i'r gosodiad 'Mae Duw'n hollalluog'.

Y mae llawer o athronwyr heddiw'n cytuno â Kant nad yw bodolaeth yn briodoledd, ac yn tybied fod hyn yn dymchwelyd y ddadl ontolegol. Er ei bod yn anghywir meddwl fod bodolaeth yn briodoledd i bethau damweiniol eu bodolaeth, nid yw'n canlyn mai anghywir meddwl fod bodolaeth reidiol yn briodoledd i Dduw. Fe ddywaid awdur diweddar, yn erbyn Anselm, fod prawf o fodolaeth Duw 'a seilir ar reidiau'r meddwl' yn cael 'yn gyffredinol ei ystyried yn dwyll-ymresymiad: fe dybir nad dichon pontio rhwng haniaethau pur a bodolaeth ddiriaethol'.[4] Ond mae rhoi'r mater fel yna yn cuddio'r gwahaniaeth y mae'n rhaid inni wrtho. A ydyw 'bodolaeth ddiriaethol' yn golygu bodolaeth ddamweiniol? Yna fe fyddai cynnig pontio rhwng bodolaeth ddiriaethol a haniaethol pur yn debyg i gasglu fod 'na ynys oddi wrth y cysyniad o ynys berffaith, ymgais afresymol ym marn Anselm a Descartes ill dau. Yr hyn a wnaeth Anselm oedd rhoi prawf a ddangosodd fod y gosodiad 'Mae Duw'n bodoli'n rheidiol' yn cael ei oblygu gan y gosodiad 'Mae Duw'n fod na ellir meddwl am ei fwy' (sy'n gyfwerth â 'Mae Duw'n fod llwyr ddiderfyn'). Fe haera Kant: 'os dychmygaf ryw hanfod fel y dirwedd goruchaf, heb arno ddiffyg, fe saif y cwestiwn, ai bodoli y mae ai peidio'.[5] Eithr unwaith y deellir prawf Anselm o fodolaeth reidiol hanfod na ellir meddwl am ei fwy, nid erys dim cwestiwn ai bodoli y mae ai peidio, yn union fel na wna prawf Ewclid yn dangos bodolaeth rhifau prifol aneirif adael dim cwestiwn ar y pen hwnnw.

Fe ddywaid Kant fod 'yn rhaid i bob person rhesymol' addef 'mai synthetig yw pob gosodiad o fodolaeth'.[6] Rhan o benbleth dyn am y ddadl ontolegol yw penderfynu ai 'gosodiad o fodolaeth' ydyw'r gosodiad 'Mae Duw'n bodoli'n rheidiol' ai peidio. Eithr edrychwn o'n cwmpas. Ai 'gosodiad o fodolaeth' yw'r theorem Ewclidaidd mewn rhifyddeg ddamcaniaethol, 'Mae 'na nifer aneirif o rifau prifol'? Onid oes arnom awydd dweud ei fod *gyda rhyw synnwyr* yn haeru bodolaeth rhywbeth? Oni allwn ddweud, gyda llawn cymaint o gyfiawnhad, fod y gosodiad 'Mae Duw'n bodoli'n rheidiol' yn haeru bodolaeth rhywbeth, *mewn rhyw ystyr*? Yr hyn y mae eisiau ei ddeall, ynglŷn â'r naill a'r llall, yw ystyr a synnwyr arbennig yr haeriad. Nid yr un fath o synnwyr sydd i'r naill osodiad na'r llall ag sydd i'r gosodiadau 'Mae 'na gylch o bwysedd isel dros y Llynnoedd Mawrion', 'Mae 'na bosibilrwydd o hyd y deil yn fyw', 'Mae'r boen yn dal i fod yn ei fol'. Un ffordd dda o weld amrywiaeth synnwyr y gosodiadau amrywiol hyn yw gweld yr amryfal ffyrdd y profir neu ategir hwy. Mae'n anghywir tybied mai'r un fath o ystyr sydd i bob haeriad o fodolaeth. Mae 'na gynifer o fathau o osodiadau o fodolaeth ag sydd o fathau o destunau i draethu amdanynt.

Y mae cyswllt agos rhwng barn Kant mai 'synthetig' yw pob gosodiad o fodolaeth a'r dogma cyfoes mai damweiniol yw pob gosodiad o fodolaeth.

[Yma fe ddyfynna Malcolm amryw o athronwyr cyfoes. Dyma'u prif bwyntiau: (1) fod unrhyw haeriad o fodolaeth rhwybeth, fel unrhyw haeriad i rywbeth ddigwydd, yn agored i'w wadu heb wrthuni rhesymegol; (2) mai cysyniad anghydlynol yw'r cysyniad o fodolyn rhesymegol reidiol. fel y cysyniad o sgwâr crwn; (3) na all gosodiad o fodolaeth fod yn rhesymegol reidiol, am na fydd gwirionedd gosodiad rhesymegol reidiol yn dibynnu ond ar ein symboliaeth ni, sef, mewn geiriau eraill, ar gydberthynas cysyniadau. Yr awduron yw Ryle (1), J. J. C. Smart (2) a (3), a dyfynna I. M. Crombie, K. E. M. Baier, a David Hume i berwyl cyffelyb.][7]

Mae'r athro J. N. Findlay wedi cywrain adeiladu *gwrth*brawf ontolegol o fodolaeth Duw, ar sail y farn 'gyfoes' . . . nad yw rheidioldeb gosodiadau 'ond yn adlewyrchu ein defnydd ni o eiriau, sef confensiynau mympwyol ein hiaith ni'[8].

[Rhaid i wrthrych teilwng o addoliad credinwyr, medd Findlay, fod yn dra rhagorol, yn anfeidrol ragorach bob ffordd na phopeth arall; rhaid nad *digwydd* bodoli y mae, ac nad *digwydd* dibynnu arno y mae popeth arall; rhaid na ellir meddwl am fodolaeth pethau eraill hebddo, a rhaid hefyd na ellir ar unrhyw gyfrif feddwl nad yw Ef yn bodoli.]

Yn awr, medd Findlay, mae'r gofynion hyn gyda'i gilydd yn goblygu 'nid yn unig nad oes 'na Dduw, eithr fod y fodolaeth ddwyfol un ai'n ddisynnwyr neu ynteu'n amhosibl'. Oherwydd ar y naill law, 'os yw Duw i gyflawni hawliau ac anghenion crefydd, rhaid ei fod yn hanfod sydd ym mhob ffordd yn amhosibl dianc rhagddo, a'i fodolaeth a'i hyn-a-hyn o ragoriaethau yn amhosibl inni fyth mo'u meddwl i ffwrdd'. Ar y llaw arall, 'mae barnau cyfoes yn ei gwneud yn hunan-amlwg o wrthun (os nad yn anramadegol) sôn am y fath Fod a phriodoli bodolaeth iddo. Gwae Anselm o'r dydd y daeth o hyd i'w brawf enwog. Oherwydd y dydd hwnnw fe ddinoethodd nid yn unig rywbeth sy'n hanfodol i wrthrych digonol i grefydd, eithr hefyd rywbeth sy'n goblygu ei fod ei hunan o reidrwydd heb fodoli'.

Yn awr mi goleddwn innau'r farn 'gyfoes' na wna gwirionedd rhesymegol reidiol 'ond adlewyrchu ein defnydd ni o eiriau' (er nad wyf yn credu fod confensiynau iaith yn *fympwyol* bob amser). Ond 'rwy'n cyfaddef na allaf weld sut y tybir fod y farn honno'n arwain at y canlyniad fod 'y fodolaeth Ddwyfol un ai'n ddisynnwyr neu ynteu'n amhosibl'. Nid yw Findlay yn esbonio sut y ceir y canlyniad hwn. Ni choeliwn i fyth ei fod yn meddwl fod y farn hon yn goblygu na all fod gan ddim byd briodoleddau rheidiol: fe ymhlygai hynny fod mathemateg 'yn ddisynnwyr neu'n amhosibl', peth na fynnai neb ei ddal. I lenwi'r bwlch yn ei ymresymiad, y cynnig mwyaf credadwy y gallaf i ei ddyfalu yw hyn: fe dybia Findlay fod y farn fod rheidioldeb rhesymegol yn 'adlewyrchu'r defnydd o eiriau' yn ymhlygu, nid nad oes gan ddim byd briodoleddau rheidiol, ond na all *bodolaeth* fod yn briodoledd reidiol i ddim byd. Hynny yw, rhaid mai damweiniol yw pob gosodiad o'r ffurf 'Mae X yn bodoli', gan gynnwys y gosodiad 'Mae Duw'n bodoli'. Gan hynny, mae'r farn gyfoes am reidioldeb yn profi na ellir cyflawni gofynion y cysyniad o Dduw. Mae'n profi *na all* Duw fodoli.

Yr ateb cywir yw na all y farn nad yw rheidioldeb rhesymegol ond yn adlewyrchu arferion geiriol ddim ymhlygu o gwbl fod yn rhaid mai damweiniol yw pob gosodiad o fodolaeth. Mae'r farn hon yn gofyn inni *edrych* sut yr arferir geiriau heb lunio honiadau rhag blaen am sut yr arferir hwy. Yn y ddegfed Salm a phedwar ugain fe ddywedir: 'Cyn gwneuthur y mynyddoedd, a llunio ohonot y ddaear a'r byd, ti hefyd wyt Dduw, o dragwyddoldeb hyd dragwyddoldeb'. Dyna fynegi'r drychfeddwl o fodolaeth reidiol a thragwyddoldeb Duw, drychfeddwl sy'n hanfodol i'r crefyddau Iddewig a Christnogol. Yn y cyfundrefnau meddyliol cymhleth hynny, y 'chwaraeon iaith' hynny, braint Duw yw bod yn fod rheidiol. Pwy all amau hynny? Yma rhaid inni ddweud gyda Wittgenstein, 'Dyma'r chwarae iaith yr ydys yn ei chwarae!'[9] Mi gredaf ei bod yn iawn inni gymryd bodolaeth y cyfundrefnau hynny o feddwl crefyddol, y ceir fod Duw yn fod rheidiol ynddynt, yn wrthbrawf i'r dogma a haerir gan Hume ac eraill, na all dim gosodiad o fodolaeth fod yn rheidiol.

Dyma'n awr ffordd arall o feirniadu'r ddadl ontolegol: 'A chaniatáu fod y cysyniad o fodolaeth reidiol yn canlyn oddi wrth y cysyniad o fod na ellir meddwl am ei fwy, nid yw hyn yn ddim mwy na chaniatáu mai gwir *a priori* yw'r gosodiad cyfansawdd *amodol*, "Os oes bod felly mewn bodolaeth, yna bodoli'n rheidiol y mae". Ond nid yw'r gosodiad hwn yn goblygu *bodolaeth* un dim, ac fe ellir gwadu'r cymal rhagflaenyddol heb wrthddywediad'.

[Dyfynna i'r perwyl hwn Kant, a Caterus feirniad Descartes.][10] Yn fy marn i, camgymryd a wnaeth Caterus, Kant, ac amryw o athronwyr eraill wrth dybied mai cyfwerth yw'r gosodiad 'Mae

Duw'n fod rheidiol' (neu, 'Mae Duw'n bodoli'n rheidiol') â'r gosodiad amodol 'Os bodoli mae Duw, bodoli'n rheidiol y mae'. Sut y mynnant inni ddeall y cymal rhagflaenyddol, '*Os* bodoli mae Duw'? Mae'n eglur eu bod yn mynnu iddo ymhlygu ei bod *yn bosibl nad* yw Duw'n bodoli. Holl berwyl dadansoddiad Kant yw ceisio dangos y gellir 'gwrthod y gwrthrych'. Gadewch inni echblygu'r ymhlygiad hwn yn y gosodiad amodol, nes iddo ddweud: 'Os bodoli mae Duw (a dichon nad ydyw), yna bodoli'n rheidiol y mae'. Ond dyna, mi gredaf, amlygu fod yr athronwyr hyn wedi cyrraedd safle anghydlynol. Nid fod y gosodiad amodol hwn ar ei ben ei hun yn anghydlynol, ond eu safiad hwy, fel a ganlyn. Ar y naill law, cytuno a wnant mai gwirionedd *a priori* yw'r gosodiad 'Mae Duw'n bodoli'n rheidiol': mae Kant yn cyfleu ei fod yn 'llwyr reidiol', a Caterus yn dweud fod union enw Duw yn ymhlygu ei fodolaeth. Ar y llaw arall, tybiant mai cywir dadansoddi'r gosodiad hwn yn y fath fodd ag iddo oblygu'r gosodiad 'Dichon nad yw Duw'n bodoli'. Ond mor bell yw hi o fod yn wir fod y gosodiad 'Bodoli'n rheidiol y mae Duw' yn goblygu'r gosodiad 'Dichon nad yw Duw'n bodoli' ag i fod yn wir eu bod yn hytrach yn *anghyson* â'i gilydd! A all dim fod yn gliriach na bod y cyplysiad 'Bodoli'n rheidiol y mae Duw ond dichon nad yw'n bodoli' yn anghydlynol? Onid yr un mor amlwg o anghydlynol yw â'r cyplysiad 'Mae o reidrwydd bedair ochr mewn sgwâr ond dichon fod sgwâr heb bedair ochr'? Yn fyr, mae'r feirniadaeth gyfarwydd hon ar y ddadl ontolegol yn anghydlynol, am ei bod yn arddel *gyda'i gilydd* ddau osodiad sy'n anghyson â'i gilydd . . .

Nodiadau

1 Gw. **1** uchod.
2 Dyfyniad o bennod gyntaf *Ateb* Anselm i Gaunilo.
3 *Beirniadaeth y Rheswm Pur*, A594-5 (= B622-3).
4 J. N. Findlay, 'Can God's Existence Be Disproved?', yn A. G. N. Flew ac A. MacIntyre (gol.), *New Essays in Philosophical Theology* (Llundain: S.C.M. Press, 1955).
5 Op. cit., A600 (= B628).
6 Ibid., A598 (= B626).
7 G. Ryle yn D. F. Pears (gol.), *The Nature of Metaphysics* (Llundain: Macmillan, 1957), t. 150; J. J. C. Smart yn *New Essays in Philosophical Theology*, t. 34; D. Hume, *Dialogues Concerning Natural Religion*, adr. IX.
8 Op. cit., t. 54.
9 L. Wittgenstein, *Philosophical Investigations* (Rhydychen: Blackwell, 1963), adr. 654.

[10]Kant, op. cit., A593-4 (= B621-2); Caterus, gw. A. Plantinga (gol.), *The Ontological Argument*, t. 37.

Gweithiau Ychwanegol

Ceir casgliad hwylus iawn o ddatganiadau clasurol o blaid ac yn erbyn y Ddadl Ontolegol yn A. Plantinga (gol.), *The Ontological Argument* (Macmillan: Llundain, 1966). Y mae J. Hick ac A. McGill (gol.), *The Many-Faced Argument* (Macmillan: Llundain, 1968) yn gasgliad o ysgrifau cyfoes, gan ddiwinyddion a chan athronwyr, ar ddadl Anselm yn bennaf. Noder yn arbennig erthygl J. Shaffer, sy'n ymwneud â'r berthynas rhwng bodolaeth a bodolaeth reidiol. Ceir trafodaeth werthfawr iawn o resymeg bodolaeth yn llyfr J. Barnes, *The Ontological Argument* (Macmillan: Llundain, 1972). Gw. hefyd erthygl J. FitzGerald, 'Dadl Anselm Eto', *Efrydiau Athronyddol*, Cyf. XXXIX (1976), ac R. Tree, 'Profion Ontologaidd', *Efrydiau Athronyddol*, Cyf. XV (1952).

B. Y Ddadl Gosmolegol

[Defnyddir y gair 'cosmolegol' i ddisgrifio dadleuon sy'n ceisio profi bodolaeth Duw trwy ddefnyddio'r syniad na byddai rhai ffeithiau amlwg iawn ynglŷn â'r byd fel ag y maent onibai fod yna achos cyntaf. Gan fod gwirionedd rhagosodiadau'r cyfryw ddadl yn dibynnu ar fodolaeth y byd, neu ar ryw ffaith gyffredinol iawn am y byd, y mae'n ddadl empeiraidd o'i chymharu â dadleuon ontolegol; ond o'i chymharu â dadleuon o drefn y bydysawd y mae'n haniaethol am fod ei disgrifiad o'r byd mor gyffredinol.]

5. St. Tomos o Acwin (1225-1274): *Summa Theologiae*, Ia, qu. 2, art. 3, 'A oes Duw?'

[Dyma ran o'r adran enwog hon sy'n cynnig pum dadl dros fodolaeth Duw, y Pum Ffordd.
(i) *Y Ffordd Gyntaf:* y dehongliad gorau o'r rhagosodiad (b) yw hwn: 'Os yw rhywbeth yn newid, y mae'n cael ei newid *yr un pryd* gan rywbeth arall'. Os yw'r ail beth hwnnw'n peri'r newid trwy newid ei hun [os yw'n newidiwr *ailraddol*, gw. (ch)], y mae yntau'n cael ei newid gan rywbeth arall eto. Y mae a wnelom â chyfres o newidiadau cydamserol. 'Eithr yn hyn o

gyfres ni cheir parhau'n ddi-ben-draw': rhaid cyrraedd rhywbeth sy'n peri newid heb fod yn newid ei hun, newidiwr *cyntaf*. Ond ni phrofir (ch) gan Acwinas. 'Ni wna newidwyr ailraddol', medd ef, 'ddim peri newid ond yn rhinwedd eu newid hwy gan newidiwr *cyntaf*'. Ond nid oes ganddo'r hawl eto i ddweud dim mwy na 'gan newidiwr *blaenorol*'. Y mae ei frawddeg uchod yn rhagdybio casgliad yr holl ddadl, fod pob cyfres o newidwyr ailraddol cydamserol yn dechrau gyda newidiwr cyntaf.

(ii) *Yr Ail Ffordd:* anodd yw gweld gwahaniaeth sylweddol rhwng hon a'r Ffordd Gyntaf. Dywed Kenny, t. 36 (gw. y *Gweithiau Ychwanegol*, isod), fod angen yr Ail Ffordd am fod Duw'n achos effeithlon nad yw'n newidiwr yn ôl diffiniad Acwinas. Unwaith eto dilyniant o achosion effeithlon cydamserol sydd dan sylw, ac unwaith eto rhagdybir casgliad y ddadl wrth sôn yn ei chorff am achos cyntaf.

(iii) *Y Drydedd Ffordd:* pethau y mae eu cyfansoddiad yn rhoi iddynt einioes benodol yw'r 'pethau a all fod a pheidio'. Gan adael Duw o'r neilltu (ac yn y cyd-destun hwn y mae hynny'n rheidrwydd), dywed Acwinas fod popeth o'r fath yn darfod yn ei bryd. Ond petai popeth o'r fath, buasai popeth wedi darfod erbyn hyn. Dibynna'r gosodiad olaf hwn ar yr honiad anghrediniol fod y byd yn bodoli ers tragwyddoldeb. Os felly, dadleua Acwinas, ac os nad oes ond pethau darfodedig, bu digon o amser i bob un ohonynt ddarfod. Ond y mae'r ddadl yn wallus: fe all fod pob un peth darfodedig yn darfod yn ei bryd, heb fod yna unrhyw adeg pan nad oes mwyach bethau darfodedig — e.e., pe bai pob peth o'r fath yn cynhyrchu un arall cyn darfod.]

Pum ffordd sydd o brofi fod yna Dduw.

Y ffordd gyntaf ac amlycaf yw'r un sy'n trafod *newid*.

(a) Diau yw, a hysbys o brofiad synhwyrus, fod symud a newid ar rai pethau yn y byd hwn.

(b) Ond popeth a newidir, gan arall y newidir ef.

Oblegid ni newidir dim ond cyn belled ag y bo'n agored i'r hyn yr anelir y newid ato, tra bydd peth yn peri newid yn rhinwedd ei fod eisoes yn ei lawn fod digonol. Oherwydd peri newid, dyna beth ydyw: dod â pheth o'r cyflwr dichonol (agored i gyflwr newydd) i'r cyflwr digonol (o fod yn y cyflwr newydd); ond ni ellir dwyn peth o ddichonolrwydd i ddigoniant onid o waith rhywbeth sydd mewn digoniant — er enghraifft, peth a fo'n boeth mewn digoniant, fel tân, yn peri i danwydd, sy'n ddichonol boeth (yn agored i'w boethi), droi'n boeth mewn digoniant, ac wrth hynny yn ei newid a'i wneud yn wahanol i'r fel y bu. Ond ni all yr un peth yr un pryd fod yn ddigonol ac yn ddichonol gogyfer â'r un cyflwr; fe all hynny gogyfer â chyflyrau gwahanol yn unig. Peth a fo'n boeth mewn digoniant, ni all fod yr un adeg yn ddichonol boeth, ond fe fydd yr adeg honno'n ddichonol oer.

Gan hynny, ni ddichon fod rhywbeth, o ran yr un cyflwr ac yn yr un modd, yn peri newid ac yn cael ei newid, neu ynteu'n peri newid iddo'i hun.

Gan hynny, popeth a newidir, rhaid mai gan arall y newidir ef.

(c) Yn awr, os newidir y peth hwnnw sy'n achosi newid, rhaid ei fod yntau'n cael ei newid gan arall, a hwnnw gan arall eto.

(ch) Eithr yn hyn o gyfres ni cheir parhau'n ddi-ben-draw.

Oblegid fel yna ni cheid dim newidiwr cyntaf; a chan hynny ni fyddai chwaith ddim newidiwr arall, oherwydd ni wna newidwyr ailraddol beri newid ond yn rhinwedd eu newid hwy gan newidiwr cyntaf, fel na wna ffon symud ond yn rhinwedd ei symud gan y llaw.

Gan hynny, rhaid cyrraedd yn y pen draw newidiwr cyntaf, ac yntau heb ei newid gan neb na dim. Ac yn ôl syniad pawb, Duw yw hwn.

Ceir yr *ail ffordd* trwy ystyried achos effeithlon.

(a) Fe gawn ymysg y pethau synhwyrus hyn drefniant o achosion effeithlon, ac eto

(b) ni cheir ac ni ellir cael fod rhywbeth yn achos effeithlon iddo'i hun; oblegid fel yna fe flaenorai arno'i hun, peth na ellir mohono.

(c) Eithr ni ellir cyfres ddi-ben-draw o achosion effeithlon.

Oblegid ym mhob dilyniant o achosion effeithlon, fe fydd y cyntaf yn achos i'r cyfrwng, a hwnnw'n achos i'r olaf, pa un bynnag ai un ynteu llawer sydd o gyfryngau. Tynner yr achos i ffwrdd, a dyna ddileu'r effaith; gan hynny, heb fod achos effeithlon cyntaf, ni bydd nac olaf na chyfrwng. Eithr os yw achosion effeithlon i'w holrhain yn ddi-ben-draw, ni bydd achos effeithlon cyntaf, na chwaith o'r herwydd effaith derfynol nac achosion cyfryngol; ac mae'n hysbys nad gwir hynny.

Gan hynny, rhaid gosod fod yna achos effeithlon cyntaf; a 'Duw' yw'r enw sydd gan bawb ar hwnnw.

Cymerwyd *y drydedd ffordd* o'r posibl a'r rheidiol, a dyma fel y mae hi:

(a) Cawn ymhlith pethau rai a all fod a pheidio, yn gymaint ag y ceir pethau sy'n dyfod a darfod, ac o'r herwydd yn gallu bod a pheidio.

(b) Ond ni ddichon fod popeth sy'n bod yn fod o'r fath.

Oblegid, y peth a all beidio â bod, fe ddaw adeg nad ydyw'n bod. Os gall popeth beidio â bod, ynteu, fe fu adeg nad oedd dim o gwbl. Eithr os gwir hynny, ni fyddai dim byd erbyn hyn chwaith; oblegid, y peth nad yw'n bod, ni ddechreua fod ond o waith rhywbeth sy'n bod; ac os gan hynny nad oedd dim mewn bod, amhosibl oedd i rywbeth ddechrau bod, ac felly ni fyddai dim byd yn awr; a hysbys yw fod hynny'n anwir.

Gan hynny, nid yw popeth sy'n bod yn bosibl yn yr ystyr hwn,[1] eithr rhaid fod yna rywbeth rheidiol ymhlith y cwbl.

(c) Popeth rheidiol, un ai y mae iddo achos i'w reidioldeb o rywle arall, neu ynteu nid oes.

(ch) Yn awr, ni ellir cyfres ddi-ben-draw o bethau rheidiol ac iddynt achos i'w rheidioldeb, megis na ellir o achosion effeithlon, fel y profwyd.

Gan hynny, rhaid gosod rhywbeth sy'n rheidiol ohono'i hun, heb iddo achos i'w reidioldeb o rywle arall, ac yntau'n achos i reidioldeb y lleill: a Duw yw hwnnw, medd pawb.

Nodiad

1 H.y. yn yr ystyr a roddwyd yn y cymal (a): peth *posibl* yw peth sy'n dyfod ac yn darfod.

6. David Hume (1711-1776): *Dialogues Concerning Natural Religion*, adran IX.

[Yn y darn hwn y mae Hume yn trafod dadl gosmolegol o'r math a geir yng ngwaith Leibniz: e.e., *Monadoleg*, adrannau 36-8. Maentumir o hyd gan rai (e.e., P. T. Geach yn *Three Philosophers*, tt. 112-4) fod profion o'r fath yn ddilys, ond ni cheir ganddynt ateb i'r pwynt pwysig ym mharagraff olaf y darn hwn. Dywedodd Kant (*Beirniadaeth y Rheswm Pur*, A606-8 (= B634-6)) fod dadleuon cosmolegol o'r math hwn yn rhagdybio dilysrwydd rhyw ddadl ontolegol. Gwelir cadarnhad amlwg o'r feirniadaeth honno yn yr esboniad o fodolaeth reidiol a geir ar ddiwedd paragraff cyntaf y darn hwn.]

. . . Fe bwysleisiwn innau y ddadl hon, atebodd Demea, y ddadl gyffredin. Rhaid yw bod achos neu reswm am fodolaeth beth bynnag sy'n bodoli, gan ei bod yn gyfangwbl amhosibl i ddim ei gynhyrchu ei hun, nac iddo fod yn achos ei fodolaeth ei hun. Wrth esgyn, gan hynny, o effaith at achos rhaid inni naill ai dal ati i olrhain cyfres ddiderfyn heb unrhyw achos terfynol o gwbl, neu ynteu droi o'r diwedd at ryw achos terfynol sy'n bodoli'n rheidiol. Yn awr, gellir profi fel hyn fod y dybiaeth gyntaf yn ddisynnwyr: yn y gadwyn neu ddilyniant diderfyn o achosion ac effeithiau, penderfynir bodolaeth pob un effaith unigol gan rym ac effeithiolrwydd yr achos a aeth yn union o'i blaen; ond ni phenderfynir ac nid achosir gan ddim yr holl gadwyn neu ddilyniant tragwyddol fel cyfanwaith; ac eto, y mae'n amlwg fod arno yntau angen achos neu reswm, lawn cymaint ag unrhyw wrthrych neilltuol sy'n dechrau bodoli mewn amser. Fe erys yn gwestiwn rhesymol pam y bu i'r gadwyn neilltuol hon o achosion fodoli ers tragwyddoldeb, yn hytrach nag unrhyw gadwyn arall, neu ddim cadwyn o gwbl. Onid oes fod sy'n bodoli'n rheidiol, y mae unrhyw dybiaeth y gellir ei llunio mor bosibl â'i gilydd; ac nid yw bodolaeth Diddymdra ers tragwyddoldeb ronyn yn fwy disynnwyr na'r gadwyn honno o achosion sy'n un â'r bydysawd. Pa beth, ynteu, a berderfynodd y bodolai rhywbeth yn hytrach na dim, ac a gynysgaeddodd â bodolaeth un posibilrwydd neilltuol, gan gau allan y gweddill? 'Achosion allanol': ond yn ôl y dybiaeth nid oes mo'r cyfryw rai. 'Siawns': gair heb ddim ystyr yw hwnnw. Ai Diddymdra a wnaeth? Ond ni all hwnnw fyth gynhyrchu dim. Gan hynny, rhaid yw inni droi at fod sy'n bodoli'n rheidiol, sy'n cynnwys ynddo'i hun y rheswm am ei fodolaeth, ac na ellir heb ymwrthebiad echblyg dybio nad yw'n bodoli. Fel canlyniad, y mae 'na Fod o'r math hwnnw, hynny yw, y mae 'na Dduwdod.

Er y gwn mai prif hyfrydwch Philo yw codi gwrthddadleuon, meddai Cleanthes, ni adawaf iddo'r gwaith o ddangos gwendidau'r ymresymiad metaffusegol hwn. Y mae'n ymddangos imi mor amlwg o ansad, ac ar yr un pryd mor ddibwys i achos gwir dduwioldeb a chrefydd, fel y mentraf ddangos ei wallau fy hun.

Nodaf yn gyntaf y ffaith amlwg mai di-synnwyr yw i neb honni arddangos gwirionedd gosodiad ffeithiol, neu ei brofi, trwy unrhyw ddadleuon *a priori*. Ni ellir arddangos dim onid yw ei wrthwyneb yn ymhlygu ymwrthebiad. Nid yw dim y gellir synio amdano'n eglur yn ymhlygu ymwrthebiad. Beth bynnag y syniwn amdano fel rhywbeth sy'n bodoli, gallwn hefyd synio amdano fel rhywbeth nad yw'n bodoli. Gan hynny, nid oes dim y mae ei anfod yn ymhlygu ymwrthebiad. Fel canlyniad, nid oes dim y gellir arddangos ei fodolaeth. Yr wyf yn cynnig y ddadl hon fel un gyfangwbl derfynol, ac yr wyf yn fodlon i'r holl anghytundeb ddibynnu arni.

Fe honnir mai bod sy'n bodoli'n rheidiol yw'r Duwdod; a cheisir esbonio rheidrwydd ei fodolaeth trwy ddatgan y byddem, pe bai gennym wybodaeth o'i holl hanfod neu natur, yn canfod ei bod hi mor amhosibl iddo ef anfodoli ag yw hi i ddau ddau beidio â gwneud pedwar. Ond y mae'n amlwg na all hynny fyth ddigwydd tra erys ein cyneddfau fel ag y maent yn awr. Fe ddeil bob amser yn bosibl inni synied am anfod yr hyn y byddem gynt yn synied ei fod; ac ni ellir byth rwymo'r meddwl i dybied am unrhyw beth ei fod bob amser yn parhau i fodoli, yn y modd y'n rhwymwyd ni i synied bob amser fod dau ddau'n gwneud pedwar. Gan hynny, nid oes gan y geiriau *bodolaeth reidiol* unrhyw ystyr; neu, a dweud yr un peth yr eilwaith, nid oes ganddynt unrhyw ystyr cyson.

Ond ymhellach: pam na ddichon mai'r bydysawd materol yw'r Bod sy'n bodoli'n rheidiol, yn ôl yr eglurhad honedig hwnnw o reidrwydd? Ni feiddiwn ddatgan fod holl ansoddau mater yn hysbys inni; ac am a wyddom ni, fe all gynnwys rhai ansoddau a fyddai, pe gwybyddid amdanynt, yn gwneud i'w anfod ymddangos yn ymwrthebiad cynddrwg â bod dau ddau'n gwneud pump. Ni chaf ond un ddadl a ddefnyddir i brofi nad y byd materol yw'r Bod sy'n bodoli'n rheidiol; a seilir y ddadl honno ar natur ddamweiniol mater a ffurf y byd, 'Gellir *synied* am unrhyw ronyn o fater', meddir, 'ei fod wedi ei ddiddymu; a gellir *synied* am unrhyw ffurf ei bod wedi ei newid. Gan hynny, nid yw'r cyfryw ddiddymiad neu newidiad yn amhosibl'. Ond rhaid fod dyn yn bleidgar iawn oni all weld fod yr un ddadl cyn gymhwysed i'r Duwdod, i'r graddau y mae gennym unrhyw syniad ohono; ac y gall y meddwl ddychmygu, o leiaf, nad yw'n bodoli, neu fod ei briodoleddau wedi eu newid. Rhaid mai rhyw ansoddau anhysbys, na ellir synied amdanynt, a all beri i'w anfod ymddangos yn amhosibl, neu i'w briodoleddau ymddangos yn anghyfnewidiadwy; ac ni ellir priodoli unrhyw reswm pam na ddylai'r ansoddau hynny berthyn i fater. Gan eu bod yn gyfangwbl anhysbys, a chan na ellir synied amdanynt, ni ellir byth brofi eu bod yn anghyson ag ef.

At hynny, peth disynnwyr yw ceisio am achos cyffredinol neu awdur cyntaf wrth olrhain dilyniant tragwyddol o wrthrychau. Sut y gellir achos i rywbeth sy'n bodoli ers tragwyddoldeb, gan fod y berthynas honno'n ymhlygu blaenoriaeth mewn amser a dechreuad bodolaeth?

Hefyd yn y cyfryw gadwyn neu ddilyniant o wrthrychau, y mae pob rhan yn cael ei hachosi gan yr hyn a aeth o'i blaen, ac yn achosi'r hyn sy'n ei dilyn. Os felly, ble mae'r anhawster? Ond y mae eisiau achos ar y CYFAN, meddwch chwi. Atebaf innau fod cyfuno'r rhannau hynny'n gyfanwaith fel cyfuno sawl sir wahanol yn un deyrnas, neu gyfuno sawl aelod gwahanol yn un corff: y mae'n weithred fympwyol gan y meddwl, heb unrhyw ddylanwad ar natur pethau. Pe dangoswn i chwi achosion neilltuol pob unigolyn mewn casgliad o ugain gronyn o fater, fe farnwn mai afresymol iawn fyddai i chwi ofyn imi wedyn beth oedd achos yr ugain yn ei grynswth. Eglurwyd digon ar hynny trwy egluro achos y rhannau . . .

Gweithiau Ychwanegol

Ceir ymdriniaeth safonol â holl ddadleuon St. Tomos dros fodolaeth Duw yn A. J. P. Kenny, *The Five Ways* (Llundain: Routledge & Kegan Paul, 1969). Y mae W. L. Rowe, *The Cosmological Argument* (Princeton: Princeton University Press, 1975) yn drafodaeth gywrain o fersiynau eraill o'r ddadl heblaw rhai Acwinas. Am drafodaeth o rai o wreiddiau dyfnaf y ddadl, gw. M. K. Munitz, *The Mystery of Existence* (Efrog Newydd: Appleton-Century-Crofts, 1965).

C. Y Ddadl o Drefn y Bydysawd

[Y mae ystyried mawredd, cymhlethdod a rheoleidd-dra'r bydysawd, neu'r cyfadaddasiad a'r cyd-ddibyniaeth a welir mor amlwg ym myd natur, wedi cynhyrchu neu gadarnhau mewn llawer o ddynion y gred ym modolaeth awdur dwyfol i'r rhyfeddodau hynny. 'Y mae'r prawf hwn', medd Kant yntau, 'bob amser yn teilyngu ei grybwyll â pharch. Ef yw'r prawf hynaf, egluraf, a'r un sy'n cydweddu orau â rheswm cyffredin y ddynolryw' (*Beirniadaeth y Rheswm Pur*, A623 (= B651)). Ceir rhagflas arno yn yr Hen Destament (e.e., Salm 104) a'r Newydd (e.e., Rhufeiniaid 1: 20), a buan y daeth yn boblogaidd ymhlith amddiffynwyr Cristnogaeth. Bu llai o fri arno yng nghyfnod penllanw'r athroniaeth Gristnogol, ond yn ystod y ddeunawfed ganrif fe adenillodd ei blwyf. Cafodd ergyd drom gan Darwin yn y ganrif ganlynol, ond nid yw eto'n hollol gelain. Gwelir dwy thema mewn dadleuon o'r math hwn, er fod y pwyslais yn amrywio: y syniad fod y bydysawd mor debyg i ddyfais ddynol fel mai rhaid ei fod yn gynnyrch rhyw wneuthurwr tra deallus a nerthol; a'r syniad nad yw deddfau natur wrthynt eu hunain yn ddigon i egluro pam y mae'r bydysawd, neu rhyw ran bwysig ohono, fel ag y mae ar rai gweddau.]

7. David Hume: *Dialogues Concerning Natural Religion*, adrannau II a IV.

II

Rhag inni wastraffu amser yn plethu geiriau, meddai Cleanthes wrth Demea, heb sôn am ateb datganiadau defosiynol Philo, fe egluraf yn gryno sut yr wyf fi'n meddwl am y mater hwn. Edrychwch ar y byd o'ch amgylch, ystyriwch y cyfan a phob rhan ohono: fe gewch nad yw'n ddim ond un peiriant mawr wedi ei rannu'n nifer anfeidrol o beiriannau llai y gellir eu rhannu hwythau yn eu tro, nes mynd tu hwnt i'r hyn y gall synhwyrau a chyneddfau dynol ei olrhain a'i egluro. Y mae'r holl wahanol beiriannau hynny, a hyd yn oed y rhannau lleiaf ohonynt, wedi eu cyfaddasu i'w gilydd â chywreinrwydd sy'n ennyn rhyfeddod ym mhawb a'u hystyriodd erioed. Y mae'r addasiad cywrain a geir trwy gydol byd natur o foddion at ddibenion yn ymdebygu'n llwyr, er ei fod yn rhagori arno o lawer, i gynnyrch dyfeisgarwch dynion: i gynnyrch eu cynlluniau, eu meddwl, eu doethineb a'u deallusrwydd. Gan hynny, a'r effeithiau'n debyg i'w gilydd, fe'n harweinir gan holl reolau cydweddiad i dynnu'r casgliad fod yr achosion hwythau'n debyg i'w gilydd, a bod Awdur Natur yn ddigon tebyg i feddwl dyn, er fod ei gyneddfau'n llawer helaethach, ar yr un raddfa â'r gwaith mawreddog a gyflawnodd. Trwy'r ddadl *a posteriori* hon, a thrwy hon yn unig, yr ydym yn profi ar yr un pryd fodolaeth Duwdod, a'i debygrwydd i feddwl a deallusrwydd dynion.

Byddaf mor hyf â dweud wrthyt, Cleanthes, meddai Demea, fy mod o'r dechrau cyntaf yn anghymeradwyo dy gasgliad ynglŷn â thebygrwydd y Duwdod i ddynion; ac yr wyf yn anghymeradwyo yn fwy fyth dy ddulliau o geisio profi hynny. Gwarchod pawb! Dim arddangosiad o fodolaeth Duw! Dim dadleuon haniaethol! Dim profion *a priori*! A yw'r dadleuon hynny a bwysleisiwyd gymaint gan athronwyr yn gyfangwbl wallus, yn gyfangwbl soffyddol? Oni allwn fynd dim pellach na phrofiad a thebygolrwydd yn y mater hwn? Ni fynnwn ddweud mai bradychu achos Duwdod yw hynny; ond eto, trwy gymryd arnat fod mor agored, onid ydwyt yn rhoi mantais i Atheistiaid na allent fyth ei hennill trwy rym eu dadleuon a'u hymresymiad yn unig?

Nid yn gymaint am i Cleanthes wneud pob dadl grefyddol yn ddadl o brofiad yr wyf yn teimlo amheuaeth ynglŷn â'r mater hwn, meddai Philo, ond am nad yw ei ddadleuon gyda'r sicraf a'r mwyaf diymwad o'r rywogaeth israddol honno. Fe ganfuasom filwaith, a milwaith drachefn, fod cerrig yn disgyn, a thân yn llosgi a'r ddaear yn soled; a phan gyflwynir inni unrhyw enghraifft newydd o'r un natur yr ydym yn tynnu'r casgliad arferol ar ein hunion. Y mae tebygrwydd llwyr yr enghreifftiau'n rhoi inni sicrwydd perffaith y digwydd peth tebyg, ac nid ydym byth yn dymuno nac yn ceisio amlycach ganlyniaeth. Ond lle bynnag y caniatewch y diffyg tebygrwydd lleiaf yn yr enghreifftiau, yr ydych i'r un radd yn lleihau amlygrwydd y ganlyniaeth; ac fe ddichon y gwnewch ohoni yn y pen draw *gydweddiad* gwan iawn y bydd rhaid i chwi gydnabod y gall ef gamarwain a chreu ansicrwydd. Wedi inni ganfod cylchrediad y gwaed mewn creaduriaid dynol nid ydym yn amau y ceir ef yn Titus a Maefius; ond o ganfod ei gylchrediad mewn llyffantod a physgod ni cheir ond tybiaeth wedi ei seilio ar gydweddiad, serch ei bod yn un gref, fod y gwaed yn cylchredeg mewn dynion ac mewn anifeiliaid eraill. Y mae'r ymresymiad cydweddus yn wannach fyth pan dynnwn y casgliad fod y sug yn cylchredeg mewn planhigion ar sail ein profiad fod y gwaed yn cylchredeg mewn anifeiliaid; a'r rhai a frysiodd i ddilyn y cydweddiad amherffaith hwnnw, fe ddangoswyd trwy arbrofion mwy cywrain eu bod wedi mynd ar gyfeiliorn.

Os gwelwn dŷ, Cleanthes, yr ydym â'r sicrwydd mwyaf yn tynnu'r casgliad fod iddo bensaer neu adeiladwr, am mai dyna'r union fath o effaith a ganfuasom yn deillio o'r math hwnnw o achos. Ond prin y gellwch honni fod y bydysawd mor debyg i dŷ fel y gallwn â'r un sicrwydd dynnu'r casgliad fod ei achos yn debyg, neu fod yma gydweddiad llwyr a pherffaith. Y mae'r annhebygrwydd mor drawiadol fel nad oes fodd yn y byd i chwi honni fod yma rywbeth amgenach na dyfalu neu siarad ar fenter neu lunio tybiaethau ynglŷn ag achos tebyg; a phrin y mae angen imi ddweud wrthych sut dderbyniad y caiff yr honiad hwnnw gan y byd.

Nid wyf yn amau na chai dderbyniad gwael iawn, atebodd Cleanthes, ac fe haeddwn innau fy meio a'm collfarnu pe caniatawn nad yw cyfanswm y profion o fodolaeth Duwdod yn ddim amgen na dyfaliadau neu eiriau ar fenter. Ond a yw'r holl gyfaddasiad o foddion at ddibenion a geir mewn tŷ ac yn y bydysawd yn debygrwydd mor ddinod â hynny? Beth am gyfundrefn yr achosion dibennol, a threfn, cyfrannedd a chydleoliad pob rhan? Y mae pob gris mewn rhes o risiau yn amlwg wedi ei ddyfeisio er mwyn i goesau dynol ei ddefnyddio i esgyn. Y mae'r ymresymiad hwnnw'n sicr ac yn anffaeledig. Fe ddyfeisiwyd coesau dynol hwythau at gerdded ac at esgyn. Yr wyf yn cyfaddef nad yw'r ymresymiad hwnnw lawn cyn sicred, o achos yr annhebygrwydd a nodwyd gennych. Ond a yw o'r herwydd yn haeddu ei alw'n ddim ond tybiaeth neu air ar fenter?

Dduw annwyl! ebychodd Demea ar ei draws, beth sydd arnom ni? Amddiffynwyr selog crefydd yn caniatáu nad yw'r profion o Dduwdod yn berffaith amlwg! A thithau, Philo, yr hwn y dibynnwn ar ei gymorth wrth brofi mor gysegredig o ddirgeledig yw'r Natur Ddwyfol: a ydwyt ti'n cydsynio â'r holl opiniynau eithafol hyn gan Cleanthes? Pa enw arall a rof arnynt? Neu pam y dylwn atal fy ngherydd pan gyflwynir y fath egwyddorion gydag ategiad y fath awdurdod o flaen dyn cyn ifanced â Phamffilus?

Nid ydwyt fel petaet yn deall, atebodd Philo, fy mod yn dadlau â Cleanthes yn ei ddull ei hun, a'm bod yn gobeithio ei ddwyn yn y pen draw i'r un farn â ni trwy ddangos iddo pa mor beryglus yw canlyniadau ei ddaliadau. Ond fe welaf mai'r hyn sy'n glynu fwyaf yn dy lwnc yw'r modd y darluniodd Cleanthes y ddadl *a posteriori*; ac wrth gael fod y ddadl honno'n debygol o ddianc o'th afael a diflannu yr wyt yn meddwl ei bod wedi ei harallwisgo mor drwyadl fel mai prin y gelli gredu ei bod wedi cael ei chyflwyno dan ei gwir wedd. Yn awr, pa faint bynnag yr anghytunaf ag egwyddorion peryglus Cleanthes mewn materion eraill, y mae'n rhaid imi gyfaddef ei fod wedi darlunio'r ddadl honno'n deg; ac fe ymdrechaf innau i fynegi'r mater i ti yn y fath ffordd fel na'th flinir di bellach gan amheuon yn ei gylch.

Petai dyn yn cau allan o'i feddwl bopeth y mae'n ei wybod neu a welodd, byddai'n hollol analluog i benderfynu ar sail ei syniadau ei hun yn unig sut le y mae'n rhaid i'r bydysawd fod, nac i ddweud fod un cyflwr neu sefyllfa yn fwy tebygol na'i gilydd. Oherwydd beth bynnag y lluniai syniad eglur ohono, ni ellid barnu fod hwnnw'n amhosibl neu ei fod yn goblygu ymwrthebiad, a chan hynny byddai holl ffrwyth ei ddychymyg ar yr un gwastad, ac ni allai gynnig unrhyw reswm da i egluro pam y mae'n arddel rhyw syniad neu gyfundrefn ac yn gwrthod y gweddill, a hwythau yr un mor bosibl.

At hynny: wedi iddo agor ei lygaid ac ystyried y byd fel ag y mae, ni fedrai ar y cyntaf briodoli achos i unrhyw un digwyddiad, chwaethach fyth i'r cyfanwaith neu i'r bydysawd. Hwyrach y gosodai ei ddychymyg ar grwydr ac y deuai hwnnw ag amrywiaeth ddihysbydd o adroddiadau ac o ddelweddau ato. Byddai'r rheini oll yn bosibl; ond gan y byddent bob un yr un mor bosibl â'i gilydd ni fedrai ef fyth gynnig ohono'i hun reswm boddhaus dros roi'r flaenoriaeth i un ohonynt yn hytrach nag i'r lleill. Profiad yn unig a all ddangos iddo wir achos unrhyw ffenomen.

Yn awr, Demea, yn ôl yr ymresymiad hwn y mae'n canlyn (ac yn wir fe gyfaddefir hyn yn dawel fach gan Cleanthes ei hun) nad yw trefn na chydleoliad na chyfaddasiad achosion dibennol ohonynt eu hunain yn brofion o gynlluniaeth: nid ydynt yn brofion ond i'r graddau y mae profiad wedi eu canfod yn deillio o'r tarddle hwnnw. Am a wyddom ni *a priori*, fe all fod trefn yn tarddu neu'n deillio'n wreiddiol o fater yn ogystal ag o'r meddwl; ac y mae synio fod y gwahanol elfennau'n syrthio i'r patrwm caethaf oherwydd rhyw achos mewnol anhysbys cyn hawsed ag yw synio fod y syniadau cyfatebol yn y meddwl mawr holl-lywodraethol yn syrthio i'r patrwm hwnnw oherwydd achos sydd yr un mor fewnol ac anhysbys. Fe ganiateir fod y naill dybiaeth mor bosibl â'r llall. Ond yn ôl Cleanthes, y mae profiad yn dangos inni fod gwahaniaeth rhyngddynt. Lluchiwch ynghyd sawl darn o ddur heb na siâp na ffurf, ac ni wnânt fyth ymdrefnu fel ag i ffurfio oriawr; a heb bensaer nid yw cerrig a morter a phren byth yn codi tŷ. Ond yn y meddwl dynol, oherwydd rhyw gyfansoddiad mewnol anhysbys ac anesboniadwy, fe welwn syniadau'n ymdrefnu fel ag i ffurfio cynllun o oriawr neu o dŷ. Y mae profiad, gan hynny, yn dangos fod yn y meddwl darddle gwreiddiol i drefn, ond nid mewn mater. Ar sail tebygrwydd yr effeithiau, 'rydym yn tynnu'r casgliad fod yr achosion hwythau'n debyg. Fe geir yn y bydysawd gyfaddasiad moddion a dibenion tebyg i'r hyn a geir mewn peiriant o ddyfeisiad dynol. Y mae'n rhaid, gan hynny, fod yr achosion yn debyg i'w gilydd.

Fe'm tramgwyddwyd o'r dechreuad, y mae'n rhaid imi gyfaddef, gan y datganiad fod tebygrwydd rhwng y Duwdod a chreaduriaid dynol, ac ni allaf ond meddwl ei fod yn ymhlygu diraddio'r Bod Goruchaf mewn modd na allai unrhyw Theistiad uniongred ei oddef. Gyda'th gymorth di, Demea, fe ymdrechaf, gan hynny, amddifyn yr hyn a elwaist gynnau yn ddirgeledd gysegredig y Natur Ddwyfol, ac fe wrthbrofaf ymresymiad Cleanthes os bydd yntau'n cydnabod fod fy narlun ohono yn un teg.

Wedi i Cleanthes gydsynio, distawodd Philo ennyd, ac yna fe aeth rhagddo yn y modd canlynol:

Sylfaen pob casgliad a dynnir ynghylch ffeithiau, Cleanthes, yw profiad, a sylfaen pob ymresymiad ar sail profiad yw'r dybiaeth fod tebygrwydd achosion yn profi tebygrwydd effeithiau, a thebygrwydd effeithiau yn profi tebygrwydd achosion. Nid af i anghytuno lawer â thi ynghylch hynny, am y tro. Ond sylwer, da thi, mor eithriadol o ofalus y mae ymresymwyr cywir wrth drosglwyddo i feysydd eraill tebyg gasgliadau a seiliwyd ar brofiad. Onid yw'r enghreifftiau yn y maes arall yn berffaith debyg, yna nid â sicrwydd llwyr y maent yn defnyddio eu profiad blaenorol i drafod ffenomen neilltuol. Y mae pob newid yn yr amgylchiadau'n achlysur amheuaeth ynglŷn â'r digwyddiad, ac y mae angen arsylliadau newydd i brofi'n sicr nad oes unrhyw arwyddocâd na phwysigrwydd i'r amgylchiadau newydd. Fe all unrhyw newid mewn mas, lleoliad, trefn, oedran, unrhyw newid yng nghyflwr yr awyr, yn y gwrthrychau oddi amgylch, ddwyn gydag ef ganlyniadau hollol annisgwyl. Ac onid yw'r gwrthrychau'n hollol gyfarwydd inni, dyn byrbwyll iawn a ddisgwyliai'n hyderus gael gweld yn sgîl unrhyw un o'r newidiadau hyn ddigwyddiad tebyg i'r hwn a ddaeth gynt dan ein sylw. Yma yn anad unman arall y gwelir y rhagor sydd rhwng camre araf a phwyllog y doethion a rhuthr pendramwnwgl y lliaws cyffredin sydd, yn eu brys i ddilyn y tebygrwydd lleiaf, yn analluog i wahaniaethu nac i ystyried.

Ond a fedri di, Cleanthes, gredu dy fod yn dangos dy ddoethineb digyffro arferol wrth frasgamu fel y gwnaethost i gymharu tai, llongau, dodrefn a pheiriannau â'r bydysawd, ac i dynnu'r casgliad, ar sail eu tebygrwydd ar rai gweddau, fod iddynt achosion tebyg? Nid yw meddwl, cynllun a deallusrwydd, fel y cawn hwy mewn dynion ac mewn anifeiliaid eraill, ond yn un o ffynnonellau a tharddleoedd y bydysawd, ynghyd â gwres neu oerni, atyniad neu wrthyriad, a chant o rai eraill a ddaw i'n sylw beunydd. Y mae'n achos gweithredol trwy'r hwn y mae rhai rhannau neilltuol o natur, fel y gwelwn, yn cynhyrchu newidiadau mewn rhannau eraill. Ond a ellir yn briodol drosglwyddo casgliad o'r rhannau at y cyfanwaith? Onid yw'r anghyfrannedd enfawr yn gwahardd pob cymhariaeth a chasgliad? O wylio twf blewyn o wallt, a fedrwn ddysgu dim ynghylch dyfod o ddyn i fodolaeth? A fyddai gwybodaeth berffaith am ddatblygiad deilen yn dysgu rhywbeth inni am flaguriad a thwf coeden?

Ond a bwrw ein bod yn dewis sylfaenu ein holl farn ynghylch *tarddiad* y cyfanwaith ar *weithrediadau* un rhan o natur ar ran arall — peth na ellir byth mo'i ganiatáu — eto pam y dewiswn darddle sydd yn ôl ein profiad ohono ar y blaned hon gyn lleied, gyn wanned, mor gyfyngedig ag yw rheswm a chynlluniau anifeiliaid? Pa ragorfraint arbennig sydd gan y cynnwrf bach hwnnw yn yr ymenydd a elwir gennym yn *feddwl*, fel bod rhaid inni ei wneud yn batrwm i'r holl fydysawd? Oherwydd ein ffafraeth tuag atom ni ein hunain fe'i cynigiwn yn batrwm bob cyfle; ond fe ddylai athroniaeth gywir ymochel yn ofalus rhag camganfyddiad mor naturiol.

Yn hytrach na chyfaddef fod gweithrediadau rhyw ran yn sail i gasgliadau cywir ynghylch tarddiad y cyfanwaith, (aeth Philo yn ei flaen), gwrthodaf ganiatáu i unrhyw ran ddod yn rheol ar gyfer rhan arall, os bydd bwlch mawr iawn rhyngddynt. A oes unrhyw sail resymol i gasglu fod gan drigolion planedau eraill feddwl, deall a rheswm, neu unrhyw beth tebyg i'r cyneddfau hynny fel y'u ceir mewn dynion? A chofio fod Natur yn gweithredu ar y belen fach hon mewn ffyrdd mor eithriadol o amrywiol, a gawn feddwl ei bod yn ei dynwared ei hun yn ddi-baid trwy gydol bydysawd mor anfesuradwy o fawr? Ac os cyfyngir meddwl i'r gornel gul hon yn unig, fel y gallwn dybio, ac os yw maes ei weithrediadau mor gyfyng hyd yn oed yma, yna pa gyfiawnhad sydd gennym dros ei benodi'n achos gwreiddiol pob peth? O'i gymharu â hynny, soffyddiaeth hawdd ei maddau yw culni meddwl y gwladwr sy'n gwneud egwyddorion cadw ei dŷ yn rheolau llywodraethu teyrnasoedd.

Ond pe bai gennym faint a fynnem o sicrwydd fod meddwl a rheswm tebyg i'r eiddo dynion yn bodoli trwy gydol y bydysawd, a phe bai ei weithgareddau mewn mannau eraill yn llawer mwy sylweddol a llywodraethol nag y maent i'w gweld ar y belen hon, serch hynny ni allaf weld sut y gellir yn briodol estyn gweithrediadau o gyfansoddiad trefnus a chyfaddas i fyd yn ei fabandod sy'n datblygu tuag at y cyfansoddiad a'r drefn honno. Fe rydd ein harsylliadau ryw gymaint o wybodaeth inni am gyfansoddiad mewnol, gweithrediadau ac ymborth anifail gorffenedig; ond rhaid wrth ofal mawr wrth drosglwyddo'r sylwadau hynny at dwf yr embryo yn y groth, a mwy fyth yn achos ffurfiant yr anifeilyn yn llwynau ei genhedlwr. Y mae Natur, fel y dengys hyd yn oed ein profiad cyfyng ni, yn meddu ar nifer diderfyn o ffynonellau ac o darddleoedd a ddatgelir yn ddi-baid gan bob newid yn ei lleoliad a'i sefyllfa. A byddem yn fyrbwyll i'r eithaf pe honnem benderfynu yn ôl pa egwyddorion newydd ac anhysbys y byddai'n gweithredu mewn sefyllfa mor newydd ac anhysbys ag a geid yng nghyfnod ffurfio bydysawd.

Fe ddatgelwyd inni'n annigonol iawn a thros gyfnod byr iawn o amser ran fechan iawn o'r gyfundrefn fawr hon: a feiddiwn ni wedyn lefaru'n hyderus ynglŷn â tharddiad y cyfanwaith?

Dyna gasgliad rhyfeddol! Ar y belen fach hon o bridd yn y cyfnod hwn nid yw cerrig, pren, briciau, haearn, efydd yn arddangos na threfn na phatrwm heb grefft a dyfeisgarwch dynion; gan hynny, ni allasai'r bydysawd gyrraedd yn wreiddiol at ei drefn a'i batrwm heb rywbeth tebyg i grefft ddynol. Ond a yw rhan o natur yn creu rheol ar gyfer rhan arall sydd ymhell iawn ohoni? A yw'n creu rheol ar gyfer y cyfanwaith? A yw rhan fechan iawn yn creu rheol ar gyfer y bydysawd? A yw natur mewn un sefyllfa yn creu rheol sicr ar gyfer natur mewn sefyllfa arall wahanol iawn i'r gyntaf? . . .

Fe weli dy gondemnio, Cleanthes, gan gamrau gofalus y seryddion; neu'n hytrach fe weli fod maes dy lafur tu hwnt i gyrraedd unrhyw ymresymiad neu ymholiad dynol. A honni ddangos unrhyw debygrwydd o'r fath rhwng gwneuthuriad tŷ a dod o'r bydysawd i fodolaeth? A welaist ti natur erioed mewn unrhyw sefyllfa fo'n ymdebygu i drefniant cyntaf yr elfennau? A ffurfiwyd bydoedd erioed o flaen dy lygaid? A fu gennyt yr hamdden i wylio holl gynnydd y ffenomen, o ymddangosiad cyntaf trefn hyd at ei pherffeithiad terfynol? Os do, yna mynega dy brofiad a chyflwyna dy ddamcaniaeth.

IV

. . . Ond am fy mod yn gwybod nad yw enwau ac awdurdodau yn mennu llawer arnat, [meddai Philo wrth Cleanthes,] ceisiaf arddangos iti'n awr rywfaint yn eglurach anfanteision yr Anthropomorffiaeth yr wyt wedi ei chofleidio, a phrofaf nad oes sail i dybio fod cynllun o'r byd wedi ei ffurfio yn y meddwl dwyfol allan o syniadau ar wahân wedi eu trefnu mewn gwahanol ffyrdd, megis y ffurfia pensaer yn ei feddwl gynllun o dŷ y mae'n bwriadu ei sylweddoli.

Nid peth hawdd, y mae'n rhaid imi gyfaddef, yw gweld pa fantais a ddaw o dybio hynny, p'un ai yn ôl Rheswm y barnwn, ai yn ôl Profiad. Fe'n gorfodir i esgyn yn uwch fyth i ddod o hyd i achos yr achos hwnnw yr oeddet wedi ei benodi'n un boddhaus a therfynol.

Onid yw Rheswm (golygaf reswm haniaethol, sy'n deillio o ymholiadau *a priori*) yr un mor fud ynghylch pob cwestiwn ynglŷn ag achos ac effaith, fe fentra o leiaf ddatgan, 'Fod ar fyd meddyliol, neu gyfanfyd o syniadau, gymaint o angen achos ag sydd ar fyd materol, neu gyfanfyd o wrthrychau; ac os cyffelyb yw ei batrwm, y mae arno angen achos cyffelyb.' Oherwydd beth sydd yn y cyfanfyd hwnnw a fyddai'n achlysur canlyniad neu gasgliad gwahanol? O safbwynt haniaethol y maent yn berffaith debyg, ac nid oes unrhyw anhawster yn y naill dybiaeth na'r llall nas ceir ynddynt ill dau.

Ymhellach, pan orfodwn Brofiad i ddatgan dyfarniad hyd yn oed ar bynciau sydd tu allan i'w faes, ni all yntau ychwaith ganfod unrhyw wahaniaeth rhwng y ddau gyfanfyd hyn sy'n berthynasol i'r mater neilltuol hwn. Y mae'n cael fod egwyddorion cyffelyb yn eu rheoli hwy ill dau, a bod eu gweithrediadau'n dibynnu ar amrywiaeth gyfartal o achosion. Y mae gennym enghreifftiau o'r ddau fyd ar raddfa fechan. Y mae'n meddwl ein hunain yn debyg i un ohonynt, a phlanhigyn neu anifail yn debyg i'r llall. Barned Profiad, gan hynny, yn ôl yr enghreifftiau hyn. Nid oes dim i'w weld yn ymateb yn fwy sensitif i'w achosion na'r meddwl, a chan nad yw'r achosion byth yn gweithredu yn yr un modd mewn dau berson, ni cheir byth ddau berson sy'n meddwl yn hollol yr un ffordd. Yn wir, nid yw'r un person yn meddwl yn hollol yr un ffordd mewn unrhyw ddau gyfnod gwahanol. Gwahaniaeth oedran, gwahaniaeth yn nhueddiadau ei gorff, yn y tywydd, yn ei fwyd, yn y cwmni, yn ei lyfrau, yn ei nwydau, y mae unrhyw un o'r rhain, neu rai llai fyth, yn ddigon i newid cyflwr peirianwaith cywrain y meddwl, ac i gyfleu iddo symudiadau a gweithrediadau gwahanol iawn. Hyd y gallwn farnu, nid yw symudiadau anifeiliaid a phlanhigion yn haws dylanwadu arnynt, nac yn dibynnu ar fwy o amrywiaeth o ffynonellau ac o darddleoedd, nac ar gyfaddasiad mwy cywrain ohonynt.

Sut gan hynny y cawn ateb boddhaus ynglŷn ag achos y Bod hwnnw y tybi ei fod yn Awdur Natur, neu, yn ôl dy system Anthropomorffaidd, yn Awdur y byd o syniadau yr wyt yn olrhain y byd materol i mewn iddo? Oni ddylem am yr un rheswm olrhain y byd syniadol hwnnw i mewn i fyd syniadol arall, neu at darddle deallus arall? Ond os safwn a pheidio â mynd ymhellach, pa reswm sydd inni fynd cyn belled? Pam na ddylem aros yn y byd materol? Sut y gallwn ein bodloni ein hunain heb fynd yn ein blaenau *ad infinitum*? Ac wedi'r cyfan, pa foddhad sydd yn yr esgyniad diderfyn hwnnw? Gadewch inni ddwyn i gof yr athronydd Indiaidd a'i eliffant. Y mae'n fwy perthynasol i'r pwnc dan sylw nag a fu i ddim arall. Os yw'r byd materol yn gorffwys ar fyd syniadol cyffelyb, y mae'n rhaid fod y byd syniadol hwnnw'n gorffwys ar un arall; ac felly ymlaen, yn ddiderfyn. Gwell fyddai gan hynny inni beidio byth â bwrw ein golwg tu draw i'r byd materol sydd ohoni. Wrth dybio ei fod yn cynnwys tarddle ei drefn ynddo'i hun, yr ydym mewn gwirionedd yn honni mai Duw ydyw; a gorau po gyntaf y cyrhaeddwn hyd at y Bod dwyfol hwnnw. Pan gymerir un cam tu draw i gyfundrefn y byd, nid ydys ond yn ennyn ysbryd o chwilfrydedd na all dim fyth ei fodloni.

Y mae dweud fod y gwahanol syniadau, rhannau cyfansoddol rheswm y Bod Goruchaf, yn dod i drefn ohonynt eu hunain a thrwy eu natur eu hunain yn ddweud sydd mewn gwirionedd heb unrhyw ystyr pendant. Os oes ganddo ystyr, fe garwn wybod pam nad yw dweud fod rhannau'r byd materol yn dod i drefn ohonynt eu hunain a thrwy eu natur eu hunain yr un mor ystyrlon. A all y naill opiniwn fod yn ddealladwy, ond nid y llall? . . .

8. R. G. Swinburne: 'Y Ddadl o Gynllun y Bydysawd', *Philosophy*, Cyfr. XLIII (1968).

[Dyma ran o ymdrech ddiddorol i fraslunio dadl o gynllun y bydysawd a allai wrthsefyll damcaniaethau gwyddonol, megis rhai Darwin, sy'n disgrifio ffyrdd hollol naturiol i drefn darddu o anhrefn. Ond gellir amau gwerth *gwyddonol* y 'symleiddiad' a ddeuai o ddweud fod rhyw un gweithredwr rhesymol yn gyfrifol am bob olyniaeth reolaidd a geir yn y bydysawd. Os yw'r dweud hwnnw'n gwella ein dealltwriaeth o'r bydysawd, nid fel damcaniaeth wyddonol y gwna hynny.]

Bwriad hyn o bapur yw dangos nad oes yna wrthddadleuon ffurfiol dilys yn erbyn y ddadl o gynllun y bydysawd, ar yr amod y mynegir y ddadl yn ddigon gofalus. A manylu, dymunaf ddadansoddi ymosodiad neilltuol Hume ar y ddadl yn ei *Dialogues Concerning Natural Religion*, a dangos nad yw unrhyw un o'r gwrthddadleuon ffurfiol a gynigir yno gan Philo yn ddilys yn erbyn un fersiwn o'r ddadl, os llunir hi'n ofalus.

Y mae'r ddadl o gynllun y bydysawd yn ddadl sy'n dechrau gyda threfn neu reoleidd-dra pethau yn y byd ac yn diweddu gyda duw, neu, a siarad yn fwy manwl, gyda gweithredwr rhesymol, anghorfforol, rhydd, a thra nerthol, sy'n gyfrifol am y drefn honno. Wrth gorff fe olygaf ran o'r Bydysawd materol sydd, yn rhannol o leiaf, dan lywodraeth uniongyrchol gweithredwr, o'i gwrthgyferbynu â rhannau eraill nad ydynt dan y cyfryw lywodraeth. Y mae corff gweithredwr yn nodi ffiniau'r hyn y gall ef ei lywodraethu'n uniongyrchol; ni all lywodraethu rhannau eraill o'r Bydysawd ond trwy symud ei gorff. Byddai gweithredwr a allai lywodraethu'n uniongyrchol unrhyw ran a fynner o'r Bydysawd yn weithredwr anghorfforol. Felly, pe bai ysbrydion yn bodoli, byddent yn weithredwyr anghorfforol, am nad oes unrhyw ddarnau neilltuol o fater dan eu llywodraeth uniongyrchol, er y gall unrhyw ddarn o fater fod dan y cyfryw lywodraeth. Defnyddiaf y gair 'cynllun' yn y fath fodd fel nad yw'n ddadansoddol wir fod unrhywbeth sy'n arddangos cynllun wedi cael ei gynllunio gan weithredwr; a chan hynny y mae'n gwestiwn synthetig a yw cynllun y byd yn arddangos gweithgaredd cynlluniwr.

Fe gydnabuwyd yn y *Dialogues* gan bleidiwr y ddadl, Cleanthes, nad yw hi, o'i chymryd ar ei phen ei hun, yn dangos fod cynlluniwr y byd yn hollalluog, yn hollwybodus, yn berffaith dda, ac ati. Nid yw ychwaith yn dangos mai ef yw Duw Abraham, Isaac a Jacob. Byddai angen dadleuon ychwanegol i brofi'r pwyntiau hyn. Hwyrach mai cam digon annaturiol yw ynysu'r ddadl oddi wrth rwydwaith yr apologeteg Gristnogol, ond y mae'n angenrheidiol er mwyn dadansoddi ei ffurfiant. Maentumiaf fi nad oes unrhyw wall ffurfiol yn y ddadl, ac wrth hynny golygaf ei bod yn parchu rheolau ymresymiad ynglŷn â materion ffeithiol, heb droseddu yn erbyn yr un ohonynt. Fodd bynnag, dadl ar sail cydweddiad yw hi. Y mae'n dechrau gyda chydweddiad rhwng trefn y byd a chynnyrch crefftau dynol ac yn dadlau o blaid bodolaeth duw sy'n gyfrifol am y cyntaf a sydd mewn rhai ffyrdd yn gyffelyb i ddyn, sy'n gyfrifol am yr ail. A hyd yn oed onid oes unrhyw wallau ffurfiol yn y ddadl, gallai un na fynnai dderbyn y casgliad faentumio fod y cydweddiad yn rhy wan ac yn rhy ansylweddol i'w orfodi i'w dderbyn, ac mai dibwys oedd y rhesymau a gynigid yn y ddadl o blaid y casgliad, a oedd yntau'n parhau'n annhebygol. Wrth amddiffyn y ddadl, gadawaf y ddihangfa hon oddi wrth ei chasgliad yn agored i'r gwrthwynebwr.

Dechreuaf trwy fynegi'r ddadl o gynllun y bydysawd mewn modd mwy gofalus a chywrain nag a wnaeth Cleanthes.

Fe geir yn y byd ddau fath o reoleidd-dra neu drefnu, ac y mae pob enghraifft empeiraidd o drefn yn gyfryw am ei bod yn arddangos y naill fath o drefn neu'r llall, neu'r ddau ynghyd. Cydleoliad rheolaidd, neu drefn ofodol, ac olyniaeth reolaidd, neu drefn amserol, yw'r rheini. Patrwm o drefn ofodol ar un ennyd o amser yw cyd-bresenoldeb rheolaidd. Byddai tref â'i holl ffyrdd yn croesi ei gilydd yn sgwâr yn enghraifft o gydleoliad rheolaidd, neu adran mewn llyfrgell â'r llyfrau wedi eu gosod yn ôl trefn enwau eu hawduron yn y wyddor. Patrymau syml o ymddygiad gan wrthrychau yw olyniaethau rheolaidd, megis eu hymddygiad yn unol â deddfau natur — er enghraifft, deddf disgyrchedd Newton, i'r perwyl fod pob corff yn atynnu pob corff arall â nerth sy'n gyfraneddol â chynnyrch eu masiau ac yn wrthgyfraneddol â sgwâr y pellter rhyngddynt.

Y mae llawer o'r enghreifftiau mwyaf trawiadol o drefn yn y byd yn arddangos trefn sy'n gynnyrch cydleoliad ac olyniaeth reolaidd ill dau. Y mae car modur mewn cyflwr i weithio wedi ei wneud o lawer o rannau sydd wedi eu cyfaddasu i'w gilydd fel ag i ddilyn y gorchmynion a rydd y gyrrwr trwy dynnu a gwthio ychydig o drosolion ac o fotymau a thrwy droi olwyn i gymryd ei gymdeithion i ble bynnag y mynno. Ceir ynddo drefn am fod ei rannau wedi eu trefnu ar ryw ennyd (cydleoliad rheolaidd) yn y fath ffordd fel ei fod, yn unol â'r deddfau natur sydd ohoni (olyniaeth reolaidd), yn cynhyrchu'r canlyniad yn dwt ac yn effeithiol. Yn yr un modd, y mae'r drefn a geir mewn anifeiliaid a phlanhigion byw yn ganlyniad i reoleidd-dra o'r ddau fath.

Gall dynion sy'n rhyfeddu at drefn y byd ryfeddu at y naill ffurf o reoleidd-dra neu at y llall, neu at y ddau. Yn y ddeunawfed ganrif, canrif fawr 'crefydd resymol', braidd na thrawyd dynion gan gydleoliad rheolaidd yn unig. Rhyfeddent at gynlluniaeth a gweithrediadau trefnus anifeiliaid a phlanhigion, ond am eu bod gan amlaf yn cymryd olyniaeth reolaidd yn ganiataol, yr hyn a'u trawai yn yr anifeiliaid a'r planhigion, ac i raddau llai mewn peiriannau o waith dynion, oedd trefniant cain a phwrpasol y myrdd o rannau ynddynt. Y mae *Natural Theology* Paley yn pwysleisio'n bennaf fanylion anatomeg gymharol, llygaid a chlustiau a gewynnau ac esgyrn wedi eu trefnu yn fanwl gywir fel ag i weithredu'n effeithiol iawn, ac y mae Cleanthes Hume yn cyflwyno enghreifftiau o'r un math: 'Ystyriwch y llygad, datgymalwch ef, arolygwch ei ffurfiant a'i gynlluniaeth, a dywedwch wrthyf o'ch teimlad eich hun, onid yw'r syniad o gynlluniwr yn dylifo i'ch meddwl ar unwaith â grym tebyg i rym canfyddiad.'[1]

Serch hynny, y mae'r sawl sy'n dadlau, ar sail bodolaeth mathau o gydleoliad rheolaidd nas cynhyrchwyd gan ddynion, o blaid bodolaeth duw a'u cynhyrchodd yn sefyll ar dir sy'n llithrig iawn mewn llawer man, o'i gymharu â'r sawl y mae ei ragosodiadau'n dibynnu ar olyniaeth reolaidd. Cawn weld nifer o'r gwendidau hyn yn y man wrth ystyried gwrthwynebiad Hume i'r ddadl, ond y mae'n werth inni nodi dwy wrth-ddadl o'r dechreuad. Yn gyntaf, er fod y byd yn cynnwys enghreifftiau trawiadol iawn o gydleoliad rheolaidd (a nifer bychan ohonynt o waith dynion), y mae hefyd yn cynnwys llawer enghraifft o anhrefn ofodol. Y mae dosbarthiad unffurf y clystyrau galactig yn enghraifft ryfeddol o drefn ofodol, ond y mae lleoliad y coed mewn dryswig yn Affrica yn enghraifft ryfeddol o anhrefn ofodol. Er y gall pleidiwr y ddadl ddadlau wedyn fod llawer mwy o drefn, ar ryw ystyr pwysig neu o ryw safbwynt (e.e., lles dynion), na sydd o anhrefn, eto bydd rhaid iddo ddadlau dros y gosodiad hwn, nad yw mewn unrhyw ffordd yn amlwg o wir.

Yn ail, y mae pleidiwr y ddadl yn wynebu'r perygl yr eglurir y gwahanol fathau o gydleoliad rheolaidd yn nhermau rhywbeth arall trwy eglurhad gwyddonol normal[2] mewn ffordd na ellid byth egluro olyniaeth reolaidd. Gallai gwyddonydd ddangos fod cydleoliad rheolaidd R yn deillio trwy weithrediad normal y deddfau natur o gyflwr D sydd ar y wyneb yn anhrefnus. Ni fyddai hynny'n gwneud i ffwrdd yn llwyr â phroblem y cydleoliad rheolaidd, oherwydd gallai pleidiwr y ddadl hon o drefn y byd ddadlau wedyn fod i'r cyflwr D, oedd ar y wyneb yn anhrefnus, drefn gudd, gan ei fod yn gyflwr o'r fath sydd, pan fydd deddfau natur yn gweithredu, yn troi'n gyflwr ag iddo drefn amlwg. A bwrw, allan o'r cyflyrau o anhrefn arwynebol oedd yn ffisegol bosibl, mai ychydig ohonynt yn unig oedd yn gyflyrau o drefn gudd, byddai bodolaeth nifer mawr o gyflyrau o drefn gudd yn ffaith ddamweiniol bwysig a allai fod yn rhagosodiad mewn dadl o drefn y byd. Ond fe erys y perygl y gallai'r gwyddonwyr ddangos fod cyflyrau o anhrefn arwynebol gan amlaf yn gyflyrau o drefn gudd: h.y., os pery'r byd yn ddigon hir, y mae'n rhaid y daw llawer o drefn allan o ba un bynnag o'r llaweroedd o gyflyrau cynradd y dechreuodd ynddo. Pe bai gwyddonydd yn dangos hynny, byddai bodolaeth cydleoliad rheolaidd wedi ei egluro yn y ffordd wyddonol arferol yn nhermau rhywbeth hollol wahanol. Nid oedd pleidwyr y ddadl o gynllun y bydysawd yn y ddeunawfed ganrif yn amau'r perygl hwn, ac o'r herwydd cafodd damcaniaeth Darwin, Esblygiad trwy Ddethol Naturiol, effaith andwyol ar y rhai oedd wedi derbyn eu dadl. Oherwydd fe ddangosodd Darwin fod y gwahanol fathau o gydleoliad rheolaidd yn nheyrnasoedd yr anifeiliaid a'r planhigion wedi esblygu trwy brosesau naturiol o gyflyrau oedd yn arwynebol anhrefnus, ac y buasent hefyd wedi esblygu o lawer o gyflyrau eraill oedd yn arwynebol anhrefnus. Ni ŵyr neb eto a ellir egluro'n llwyr bob cydleoliad rheolaidd yn y modd hwnnw, ond fe erys y perygl y gellir hynny yn fygythiad i bleidiwr y math hwn o ddadl o gynllun y bydysawd.

Fodd bynnag, y mae'r rhai sy'n dadlau, ar sail gweithrediad gwahanol fathau o olyniaeth reolaidd nas cynhyrchwyd gan ddynion, dros fodolaeth duw sy'n eu cynhyrchu yn osgoi y naill anhawster fel y llall. Yn wahanol i gydleoliad rheolaidd, ceir olyniaeth reolaidd (ar wahân i'r rhai o waith dynion) ym mhobman. Rheolir bron pob olyniaeth o ddigwyddiadau gan reolau naturiol syml. Ac ni ellir rhoi eglurhad gwyddonol normal yn nhermau rhywbeth arall o olyniaeth reolaidd. Oherwydd y mae eglurhad gwyddonol normal o weithrediad olyniaeth reolaidd yn eglurhad a fynegir yn nhermau olyniaeth reolaidd fwy cyffredinol fyth. Sylwer hefyd fod eglurhad gwyddonol normal o fodolaeth cydleoliad rheolaidd yn nhermau rhywbeth arall, os oes un i'w gael, yn eglurhad a fynegir yn nhermau olyniaeth reolaidd.

Am y rhesymau hyn, gwell yw i bleidiwr y ddadl o gynllun y bydysawd seilio ei ragosodiad ar olyniaeth reolaidd. Dyna'n union yr hyn a wnaeth St. Tomos o Acwin, yn ddoethach na gwŷr y ddeunawfed ganrif. Y mae'n cynnig yn olaf fel ei bumed ffordd o brofi bodolaeth Duw ddadl o gynllun y bydysawd, ac y mae'n mynegi ei ragosodiad fel a ganlyn:

> 'Seiliwyd y bumed ffordd ar y ffaith fod natur yn cael ei llywio. Ymhob corff sy'n ufuddhau i ddeddfau natur, hyd yn oed pan nad oes ganddo ymwybyddiaeth, fe welir fod ei weithred-oedd wedi eu trefnu er mwyn cyrraedd rhyw nod. Oherwydd braidd y mae ei ymddygiad byth yn newid, ac y mae'n diweddu'n dda bron bob amser; yr hyn sy'n dangos ei fod mewn gwirionedd yn tueddu tuag at nod, ac mai nid trwy ddamwain bur y mae'n ei tharo.[3]

Os anwybyddwn unrhyw werthfarniad yn y geiriau 'y mae'n diweddu'n dda bron bob amser', dadl ar sail olyniaeth reolaidd sydd gan St. Tomos.

Y rhagosodiad mwyaf boddhaus, felly, i'r ddadl o gynllun y bydysawd yw gweithrediad gwahanol fathau o olyniaeth reolaidd ar wahân i'r rhai a gynhyrchir gan ddynion, h.y., gweithrediad deddfau natur. Braidd nad yw popeth bron bob amser yn ufuddhau i ddeddfau naturiol syml, ac o'r herwydd yn ymddwyn mewn modd trawiadol o reolaidd. A chaniatáu'r rhagosodiad, pa gyfiawnhad sydd gennym dros fynd yn ein blaenau at y casgliad fod gweithredwr anghorfforol rhydd a thra nerthol yn gyfrifol am y cyfryw ymddygiad? Y cyfiawnhad a roddir gan Acwinas yw 'Nid yw dim . . . nad oes ganddo ymwybyddiaeth yn tueddu tuag at nod oni chyfeirir ef gan rywun a chanddo ymwybyddiaeth a deall; er enghraifft, y mae'n rhaid gan saeth wrth saethwr. Gan hynny, cyfeirir popeth ym myd natur at ei nod gan rywun a chanddo ddeall, a hwnnw a elwir gennym wrth yr enw "Duw".'[4] Ers dyddiau Acwinas cynigiwyd dadl gyffelyb gan lawer o amddiffynwyr crefydd, ond y mae'n amlwg ei bod, yn y ffurf hon, yn euog o *petitio principii* o'r math mwyaf amrwd. Yn sicr y mae *rhai* pethau sy'n tueddu tuag at nod yn gwneud hynny am i gyfeiriad gael ei roi iddynt gan rywun 'a chanddo ymwybyddiaeth a deall'. Pe na osodai'r saethwr y saeth mewn modd neilltuol a thynnu'r llinyn mewn modd neilltuol, ni thueddai'r saeth tuag at ei nod. Ond a yw *popeth* sy'n tueddu tuag at nod yn tueddu felly am y rheswm hwnnw? Dyna'n union y cwestiwn dan sylw, ac ni ellir defnyddio'r rhagosodiad eu bod yn tueddu felly am y rheswm hwnnw er mwyn profi'r casgliad. Rhaid inni gan hynny ailwampio'r ddadl mewn ffordd mwy boddhaus.

Yr unig ffurfiant posibl i ddadl dderbyniol o gynllun y bydysawd yw fod bodolaeth duw sy'n gyfrifol am y drefn yn y byd yn hypothesis sy'n cael ei gadarnhau'n gryf ar sail y dystiolaeth, sef y dystiolaeth a gynhwysir yn y rhagosodiad a fynegwyd gennym gynnau, a'i gadarnhau'n gryfach nag unrhyw hypothesis arall. Dechreuaf trwy ddangos na ellir unrhyw eglurhad arall o weithrediad deddfau naturiol ond gweithgaredd duw, ac yna fe ystyriaf i ba raddau y mae'r hypothesis yn cael ei gadarnhau ar sail y dystiolaeth.

Fel y gwelsom, braidd na ellir egluro pob ffenomen trwy gyfrwng eglurhad gwyddonol normal yn nhermau gweithrediad deddfau naturiol ar sefyllfaoedd blaenorol. Ond y mae un ffordd arall o egluro ffenomenau naturiol, sef yn nhermau dewisiad rhesymol gweithredwr rhydd. Pan yw dyn, sydd wedi ystyried dadleuon o blaid y naill ddewis a'r llall, yn priodi Siân yn hytrach nag Anna, yn dod yn dwrnai yn hytrach nag yn fargyfreithiwr, yn lladd yn hytrach nag yn tosturio, y mae'n cynhyrchu sefyllfa yn y byd trwy ei ddewis rhydd a rhesymol. Y mae hon i bob golwg yn ffordd hollol wahanol y gall sefyllfaoedd godi yn y byd heb weithrediad deddfau natur ar sefyllfaoedd blaenorol. Hwyrach y dadleua rhywun yn f'erbyn fod rhaid i ddeddfau ffisiolegol neu ddeddfau gwyddonol eraill weithredu er mwyn i'r gweithredwr gynhyrchu effeithiau. F'ateb yw ei bod yn sicr yn rhaid i'r fath ddeddfau weithredu er mwyn i'r effeithiau a gynhyrchwyd yn uniongyrchol gan y gweithredwr ddod â chanlyniadau pellach yn eu sgîl. Ond onid oes rhai effeithiau a gynhyrchir yn uniongyrchol gan y gweithredwr heb i weithrediad deddfau gwyddonol ar sefyllfaoedd blaenorol eu cynhyrchu, yna fe allai'r deddfau a'r sefyllfaoedd hynny egluro'r effeithiau'n llwyr, ac ni fyddai angen cyfeirio at ddewis rhesymol y gweithredwr wrth eu hegluro. Yn ddiau, fe ddichon y dangosir mai rhith yw rhyddid a rhesymolrwydd yr ewyllys ddynol. Fe all nad oes gan ddyn ddim mwy o ddewis beth i'w wneud na sydd gan beiriant, ac nad arweinir ef gan ddadl ddim mwy na darn o haearn. Ond nid oes neb erioed wedi profi hynny, ac yn niffyg dadleuon athronyddol a gwyddonol da i'w brofi fe dderbyniaf fel ffaith yr hyn sy'n ymddangos felly, fod achosiaeth o fath gwahanol i ddeddfau gwyddonol ar waith yng ngweithred dyn pan yw'n gweithredu'n ôl ei ddewis rhydd a rhesymol. Heblaw eglurhad gwyddonol normal, dewis rhydd gweithredwr rhesymol yw'r unig ffordd i roi cyfrif am ffenomenau naturiol; yr unig ffordd a gydnabyddir felly gan bawb, ac na chafodd ei rhydwytho i eglurhad gwyddonol normal.

Braidd nad yw pob olyniaeth reolaidd i'w phriodoli i weithrediad normal deddfau gwyddonol. Ond nid yw dweud hynny yn ddim amgen na dweud fod yr olyniaethau hynny'n enghreifftiau o olyniaethau mwy cyffredinol. Y mae'n amlwg na ellir cynnig eglurhad gwyddonol normal o'r olyniaethau mwyaf sylfaenol. Os oes eglurhad o'u gweithrediad i fod, yn hytrach na'u gadael yn ffeithiau moel, y mae'n rhaid i'r eglurhad hwnnw, gan hynny, fod yn nhermau dewis rhesymol gweithredwr rhydd. Os felly, ar ba sail y cymeradwyir yr hypothesis hwn, a derbyn mai ef yw'r unig un sy'n bosibl?

Y sail yw ein bod yn medru egluro rhyw ychydig o olyniaethau rheolaidd fel rhai a gynhyrchwyd gan weithredwyr rhesymol, ac na ellir egluro'r olyniaethau eraill onid yn y modd hwn. Fe geir fel cynnyrch nodweddiadol o weithredoedd rhydd gweithredwr rhesymol enghreifftiau o gydleoliad rheolaidd ac o olyniaeth reolaidd. Os yw'r llyfrau ar silff mewn llyfrgell yn nhrefn y wyddor, y mae hynny i'w briodoli i weithgarwch llyfrgellydd a ddewisodd eu trefnu felly. Os yw pecyn o gardiau wedi ei drefnu yn ôl eu teuluoedd a gwerth y cardiau ym mhob teulu, y mae hynny i'w briodoli i weithgaredd y chwaraewr cardiau a'u trefnodd felly. Ymhlith yr enghreifftiau o olyniaeth reolaidd a gynhyrchir gan ddynion, fe geir nodau cân a genir gan gantor neu symudiadau corff dawnsiwr wrth iddo ddawnsio i gyfeiliant offeryn. Gan hynny, a ninnau'n gwybod fod gan rai olyniaethau rheolaidd achos o'r math hwnnw, yr ydym yn cynosod fod ganddynt oll y cyfryw achos. Y mae rhyw weithredwr yn cynhyrchu'r gynghanedd nefol fel dyn yn canu cân. Ond yn y fan hon fe gyfyd anhawster amlwg. Y mae'r olyniaethau rheolaidd, megis caneuon a gynhyrchir gan ddynion, yn cael eu cynhyrchu gan weithredwyr â galluoedd cymharol bitw, gweithredwyr y medrwn leoli eu cyrff. Os yw gweithredwr yn gyfrifol am weithrediad deddfau natur, rhaid ei fod yn gweithredu'n uniongyrchol ar y Bydysawd cyfan, fel yr ŷm ninnau'n gweithredu'n uniongyrchol ar ein cyrff. At hynny, rhaid ei fod, o'i gymharu â dynion, yn meddu ar allu a deallusrwydd anfesuradwy. Ni all, gan hynny, fod mwy na mwy o debygrwydd rhyngddo ef a dynion: bydd ganddo ef, fel hwythau, ddeallusrwydd a rhyddid dewis, ond ar raddfa wahanol i'r eiddynt; ac ni bydd ganddo gorff. Oherwydd y mae corff, yn ôl y gwahaniaeth a nodais yn gynharach, yn rhan o'r Bydysawd sydd dan lywodraeth uniongyrchol gweithredwr, ac i'w chyferbynnu â rhannau nad ydynt dan yr un llywodraeth. Y mae'r ffaith fod gwahaniaethau yn yr effeithiau yn ein gorfodi i gynosod gwahaniaethau yn yr achosion, sef dynion a'r duw, yn gwanychu'r ddadl. Fe ddibynna maint y gwanychiad ar faint y gwahaniaethau.

Fe welir felly mai dadl o gydweddiad yw ein dadl, a'i bod yn enghraifft o batrwm sy'n gyffredin mewn ymresymiad gwyddonol. Fe achosir A gan B, y mae A* yn debyg i A. Gan hynny — a bwrw nad oes esboniad mwy boddhaus o fodolaeth A* — fe'i cynhyrchir gan B* sy'n debyg i B. Cynosodir nad yw B* yn wahanol i B ar unrhyw wedd ond i'r graddau y dangoswyd fel arall, sef i'r graddau y mae'r gwahaniaethau rhwng A ac A* yn ein gorfodi i gynosod gwahaniaeth. Dyma enghraifft wyddonol gyfarwydd o ymresymiad o'r math hwn. Cynhyrchir pwyseddau arbennig (A) ar ochrau cynwysyddion gan beli biliard (B) sy'n symud mewn ffyrdd arbennig. Cynhyrchir pwyseddau tebyg (A*) ar ochrau cynwysyddion sy'n cynnwys nid peli biliard ond nwyau.

Gan hynny, am nad oes gennym well eglurhad o fodolaeth y pwyseddau, gronynnau (B*) yw nwyau, sy'n debyg i beli biliard ond nid ar rai gweddau — e.e., maint. Trwy ddefnyddio dadleuon tebyg y mae gwyddonwyr wedi dadlau dros fodolaeth llawer o bethau anghanfyddadwy. Fe wanychir dadl o'r math hwn i'r graddau y'n gorfodir ni gan y gwahaniaethau rhwng yr A a'r A* i briodoli i'r B* ansoddau gwahanol i eiddo'r B. Yn y bedwaredd ganrif ar bymtheg cynosododd y ffisegwyr fodolaeth corff elastig a solet, yr ether, i egluro ymledaeniad goleuni. Ond daethpwyd i weld fod y modd y mae goleuni'n ymledaenu mor wahanol i'r ffordd arferol y mae tonnau'n ymledaenu mewn cyrff solet, er gwaethaf y tebygrwydd, fel y bu rhaid i'r ffisegwyr ddweud, os oedd yna ether fod ganddo lawer iawn o ansoddau rhyfedd na cheid mohonynt yn arferol mewn hylifau a chyrff solet. Gan hynny, fe dynasant y casgliad fod y ddadl o blaid ei fodolaeth yn un wan iawn. Y mae pleidiwr y ddadl o gynllun y Bydysawd yn pwysleisio'r tebygrwydd rhwng yr olyniaethau rheolaidd a gynhyrchir gan ddynion a'r rheini sy'n ddeddfau natur, ac felly'n pwysleisio'r tebygrwydd rhwng dynion a'r gweithredwr y mae ef yn cynosod ei fod yn gyfrifol am ddeddfau natur. Y mae gwrthwynebwr y ddadl yn pwysleisio'r annhebygrwydd. Fe gadarnheir y casgliad gan y dystiolaeth i'r graddau y mae'r tebygrwydd yn fwy neu'n llai agos.

Eithr nid yw casgliad dadl o gydweddiad yn cael ei gadarnhau yn unig i'r graddau y mae tebygrwydd rhwng y gwahanol fathau o dystiolaeth, ond hefyd i'r graddau y mae'r ddamcaniaeth a geir yn arwain at eglurhadau symlach a mwy cydlynol o faterion empeiraidd. Yn achos y ddadl o gynllun y Bydysawd y mae'r casgliad yn symleiddio eglurhadau o faterion empeiraidd yn helaeth iawn. Oherwydd os yw'r casgliad yn wir, os yw gweithredwr anghorfforol rhesymol tra nerthol yn gyfrifol am weithrediad deddfau natur, yna fe welir mai eglurhad personol yw eglurhad gwyddonol normal. Hynny yw, yn y pen draw eglurhad yn nhermau gweithrediad gweithredwr fyddai eglurhad o ffenomen yn nhermau gweithrediad deddf natur. Gan hynny (a bwrw fod rhyw drefniant dechreuol o fater) byddai gennym un egwyddor egluro ffenomenau yn lle dwy. Y mae'n un o egwyddorion sylfaenol egluro ein bod yn cynosod cyn lleied o fathau o eglurhad ag y gallwn. A chymryd enghraifft llai arbennig — os oes gennym ddewis rhwng egluro ffenomenau ffisegol trwy gyfrwng gweithrediad dau fath o rym, y grym electromagnetig a grym disgyrchedd, a'u hegluro yn nhermau un math o rym yn unig, grym disgyrchedd, dylem bob amser wneud yr ail ddewis, *ceteris paribus*. Gan ein bod, fel y gwelsom, dan reidrwydd, ar hyn o bryd o leiaf, i egluro llawer o ffenomenau empeiraidd yn nhermau dewis rhydd gan weithredwyr rhesymol, yna os oes digon o debygrwydd rhwng y drefn yn y Bydysawd nas cynhyrchwyd gan weithredwyr dynol a'r drefn a gynhyrchwyd gan weithredwyr dynol i'w gwneud hi'n dderbyniol i'r graddau lleiaf i gynosod fod gweithredwr yn gyfrifol am y drefn gyntaf yn ogystal â'r ail, dylem wneud hynny. Felly i'r graddau fod olyniaethau rheolaidd a gynhyrchwyd gan weithrediad deddfau natur yn debyg i'r rhai a gynhyrchwyd gan weithredwyr dynol, byddai cynosod fod gweithredwr rhesymol yn gyfrifol amdanynt yn darparu eglurhad syml, cyfunol a chydlynol o ffenomenau naturiol. Beth sydd yn erbyn cymryd y cam hwnnw? Dim oll ond yr egwyddor egluro enwog honno—*entia non sunt multiplicanda praeter necessitatem* — peidiwch ag ychwanegu duw at eich ontoleg onid oes rhaid i chwi. Asgwrn y gynnen yw a yw'r dystiolaeth yn creu digon o *necessitas* i'n gorfodi i luosi endidau. Y mae'r ateb yn dibynnu ar nerth y cydweddiad rhwng yr olyniaethau rheolaidd a gynhyrchwyd gan weithredwyr dynol a'r rhai a gynhyrchwyd gan weithrediad deddfau natur. Nid wyf am gynnig pwyso a mesur nerth y cydweddiad; fe faentumiaf yn unig fod popeth yn dibynnu arno. Maentumiaf fod dadlau o ddeddfau natur at fodolaeth duw sy'n gyfrifol amdanynt yn ddadl o fath sy'n berffaith briodol mewn ymresymiadau ynglŷn â materion ffeithiol, ac mai'r unig bwnc dadleuol yw a yw'r dystiolaeth yn ddigon cryf i ganiatáu inni ddatgan y tebygolrwydd fod y casgliad yn wir.

* * * *

Nodiadau

1 David Hume, *Dialogues Concerning Natural Religion*, adran III.

2 Golygaf wrth 'eglurhad gwyddonol normal' eglurhad sy'n cydymffurfio â'r patrwm o eglurhad diddwythol neu ystadegol a ddefnyddir mewn gwyddorau empeiraidd safonol megis ffiseg a chemeg, ac a esboniwyd yn y blynyddoedd diwethaf gan Hempel, Braithwaite, Popper ac eraill. Er bod llawer o bwyntiau ansicr ynglŷn ag eglurhad gwyddonol, y mae pob

athronydd gwyddoniaeth yn derbyn y rheini yr wyf yn apelio atynt yn y testun.
[3] St. Tomos o Acwin, *Summa Theologiae*, 1a, qu. 2, art. 3.
[4] Ibid., Ia, qu. 2, art. 3.

Gweithiau Ychwanegol

Rhoddwyd mynegiant clasurol i'r ddadl o drefn y bydysawd gan William Paley yn ei *Natural Theology* (Llundain, 1802). Am ddatganiad modern, gw. F. R. Tennant, *Philosophical Theology*, 2 gyfrol (Caergrawnt: Cambridge University Press, 1928 a 1930), cyf. II, pen. 4. Cafwyd trafodaeth yn *Religious Studies* yn sgîl erthygl Swinburne: gw. cyf. 7 (1971), 8 (1972), 9 (1973), ac erthygl J. C. A. Gaskin yn cyf. 12 (1976). Y mae W. I. Mason, *The Existence of God* (Ithaca: Cornell University Press, 1965), tt. 87-131 yn werthfawr.

CH. Dadleuon o Brofiad Crefyddol

[Gwelwyd hyd yma ddadleuon o blaid bodolaeth Duw sy'n dibynnu ar ystyriaethau 'allanol': ar ystyr y gair 'Duw' i Gristnogion, ar weddau mwy neu lai cyffredinol ar y byd. Wedi beirniadaeth Kant o'r cyfryw ddadleuon, troes athroniaeth crefydd y traddodiad Protestannaidd at ddadleuon 'mewnol' a ddibynnai ar ddadansoddiad o brofiad crefyddol. Ond esgorodd amrywiaeth a chymhlethdod y ffenomen hwnnw ar amrywiaeth o ddadleuon, fel y gwelir o gymharu'r ddau ddarn isod. Fe amlygir ynddynt, er enghraifft, y gwahaniaeth rhwng profiad crefyddol fel episôd eithriadol a phrofiad crefyddol fel buchedd.]

9. Alasdair MacIntyre: 'Gweledigaethau', yn A. G. N. Flew ac A. MacIntyre (gol.), *New Essays in Philosophical Theology* (Llundain: SCM Press Ltd., 1955).

1. Y mae dwy ffurf draddodiadol ar yr ymgais i seilio cred grefyddol ar dystiolaeth profiad crefyddol. Ymhlith y Protestaniaid apeliwyd yn arferol at dystiolaeth cyflyrau teimladol arbennig. Ymhlith cynhemlwyr Catholig a hefyd ymhlith y sectau Protestannaidd hynotaf dehonglwyd profiad crefyddol fel ag i gynnwys gweld gweledigaethau a chlywed lleisiau. Yn y papur

hwn yr wyf am amddiffyn tri gosodiad: *yn gyntaf*, na allai unrhyw brofiad llai echblyg na gweledigaethau a lleisiau ddwyn tystiolaeth o blaid credau crefyddol; *yn ail*, na allai gweledigaethau a lleisiau mewn egwyddor ddwyn tystiolaeth o blaid bodolaeth bodau anweladwy a goruwchnaturiol; ac *yn drydydd*, hyd yn oed pe na bai hynny'n wir, ei bod yn anochel y cyfyd anawsterau anorchfygol ynglŷn â'r honiadau a wneir ynglŷn ag unrhyw weledigaeth neu lais neilltuol. Gellir trin y cwestiynau rhesymegol a gyfyd yn y drafodaeth yn nhermau gweledigaethau gan amlaf, a chan hynny anaml y byddaf yn cyfeirio'n echblyg at leisiau.

2. Y mae'n arferiad gan ddiwinyddion cynhemliadol wahaniaethu rhwng tri dosbarth o weledigaethau, y rhai allanol, y rhai dychmygol neu ddelweddol, a'r rhai meddyliol. Ceir gweledigaeth allanol pryd y mae'r hyn sy'n ymddangos yn ymddangos fel rhan o'r amgylchfyd ac o bosibl yn cael ei gamgymryd am y byd cyffredin o bethau ac o bobl. Ceir gweledigaeth ddelweddol pryd y mae'r hyn sy'n ymddangos yn ymddangos fel gwrthrych y golwg ar ryw ystyr, ond pryd y gellir gwahaniaethu'n ddigamsyniol rhyngddo ef a gwrthrychau materol. Nid gweledigaeth o unrhyw fath yw gweledigaeth feddyliol ond teimlad o bresenoldeb. At ein dibenion ni gellir cwtogi'r nifer at ddau ddosbarth: yn gyntaf, y gweledigaethau hynny y gellir yn briodol roi'r enw hwnnw arnynt, hynny yw, y rheini lle *gwelir* rhywbeth; ac yn ail, y rheini lle profir cyflwr teimladol neu ddelwedd feddyliol, ac nas gelwir yn weledigaethau ond trwy ehangu ystyr y gair er anrhydedd. Y mae'n werth sylwi ar ddau bwynt i ddechrau. Y cyntaf yw fod y cynhemlwyr clasurol megis y Santes Teresa yn gosod y gwerth mwyaf ar weledigaethau meddyliol a'r lleiaf ar weledigaethau allanol, er y byddaf yn dadlau fod eu gwerth fel tystiolaeth, ar yr olwg gyntaf, yn groes i hynny, os rhywbeth; ac fe ymddengys fel canlyniad, a bydd y ddadl yn goblygu hynny, nad yw pa werth bynnag sy'n perthyn i weledigaethau yn perthyn iddynt am eu bod yn dystiolaeth. Yr ail bwynt i'w nodi yw fod y profiadau hynny yr arferir cymathu gweledigaethau â hwy, sef rhithweledigaethau, yn rhai anaddas i'r gymhariaeth. Oherwydd galwn ymddangosiad eliffant mewn tŷ tafarn yn rhithweledigaeth am ein bod yn medru cymharu ei ymddygiad ef ag ymddygiad yr eliffantod normal, an-rhithiol yn y sŵ, a'r gwahaniaeth rhwng

hwnnw a'n profiad normal sy'n cyfiawnhau ein defnydd o'r term 'rhithweledigaeth'. Pryd bynnag y defnyddiwn y term hwnnw, ceir cymhariaeth ymhlyg ag ymddygiad normal yr hyn yr ydym fel petaem yn cael profiad ohono, a chan hynny, os dymunwn ddweud, 'Y mae'r X hwn yn rhithiol', rhaid inni bob amser fedru dweud pa fath o beth fyddai'n enghraifft normal o X. Yn awr, y mae'n eglur na fedrwn wneud hynny gyda gweledigaethau o'r Fendigaid Forwyn neu o'r Archangel Gabriel, er enghraifft. Y mae pob profiad o archangel yn weledigaethol, ac nid oes yna brofiad normal, anweledigaethol ohonynt. Felly ni ellir ei gymharu ag enghraifft normal, a heb hynny ni allwn alw'r weledigaeth yn rhith. Yn wir, pan soniwn am 'weledigaeth' rydym yn awgrymu ymwelydd o fath annormal, yn hytrach na bod normal (eliffant neu lygoden fawr) yn ymddwyn yn annormal.

3. Cawn ddychwelyd yn awr at ein dosbarthiad deublyg o weledigaethau, ac yr wyf am ddadlau na allai na chyflyrau teimladol na delweddau meddyliol ddwyn tystiolaeth o blaid cred grefyddol, hyd yn oed o dderbyn rhagdybiau cefnogwyr profiad crefyddol. Ni wna dim llai na gweledigaethau (a lleisiau) y tro i gynnal eu hachos. Y rheswm am hynny yw mai diben y profiad yw ei fod, fe honnir, yn cyfleu gwybodaeth am rywbeth heblaw'r profiad, sef am ffyrdd Duw. Yn awr, ni all profiad sy'n ddigamsyniol 'feddyliol', yn gyflwr teimladol neu'n ddelwedd, roi inni ohono'i hun unrhyw wybodaeth am ddim heblaw'r profiad. Ni allem fyth wybod o'r cyfryw brofiadau mai negesau oeddynt oddi wrth y duwdod, onibai fod gennym eisoes wybodaeth flaenorol am y duwdod ac am y ffordd i adnabod negesau oddi wrtho. Fe ymddengys felly, y byddai'r dystiolaeth derfynol o blaid y duwdod yn rhagflaenu'r profiad ac nid yn deillio oddi wrtho; eithr y cwestiwn sydd gennym dan sylw yma yw, i ba raddau y gall y profiad ei hun ddarparu'r cyfryw dystiolaeth.

Gallwn ddod at yr un anhawster o gyfeiriad ystyr ymadroddion crefyddol. Naill ai y mae'r crediniwr sy'n seilio ei ffydd ar brofiad yn dysgu o'i brofiadau ystyron yr ymadroddion crefyddol a ddefnyddir ganddo yn ei ddatganiadau, neu ynteu nid yw. Os yw'n diffinio eu hystyron yn ddangosol trwy gyfeirio at ei brofiadau, yna gallwn holi beth sy'n gyffredin i'r gair 'Duw' fel y defnyddir ef ganddo ef ac i'r gair 'Duw' fel y defnyddir ef, er enghraifft, yn y credoau. Os yw'n defnyddio'r gair â'r ystyr sydd iddo mewn cyd-destunau traddodiadol megis y credoau, y mae gennym hawl i ofyn sut y mae'n gwybod mai gwneuthurwr nef a daear a amlygwyd yn ei gyflwr teimladol. Nid yw'n bosibl y gallai dim a geir fel cydran o gyflwr teimladol roi inni dystiolaeth foddhaus ar sail yr hon y gellid ateb y naill neu'r llall o'r cwestiynau hynny.

Tu ôl i'r anawsterau hyn sy'n deillio o'r honiad fod y duwdod yn cael ei ddatguddio mewn *Bewusstseinslage*[1] mewnol arbennig y mae un o anawsterau symlaf a mwyaf amrwd theistiaeth uniongred. Os yw Duw'n anfeidrol, sut y gellir ei amlygu mewn unrhyw wrthrych neu brofiad meidrol neilltuol? Union ddiben y diffiniad o Dduw fel bod anfeidrol yw gwahaniaethu rhwng Duw a phopeth meidrol, ond y mae didoli'r duwiol oddi wrth y meidrol yn ei dynnu allan o holl fyd profiad dynol. Y mae gofynion anorfod iaith addas i grefydd fel pe baent yn gwneud y syniad o brofiad o Dduw'n ymwrthebol.

Fodd bynnag, nid yw'r apêl at weledigaethau a lleisiau yn yr un cyfwng yn union yma. Oherwydd nid yw hi'n honni cael profiad digyfrwng o'r creawdwr anfeidrol. Fe all fod anawsterau o bob math ynglŷn â'r berthynas rhwng Duw a'i negeswyr, ond gan mai'r prif honiad yw ein bod mewn gweledigaeth yn wynebu negesydd ac nid Duw, gallwn ateb y cwestiwn sut y cyflwynir y wybodaeth gan y profiad. Oherwydd yma nid oes a wnelom â dehongliad esoterig o deimladau, ond â gwybodaeth a gyflwynir gan ffigur yn siarad iaith gyffredin, Lladin neu Bortwgaeg neu pa iaith bynnag. Ni chymhlethir problem ystyr yr ymadroddion crefyddol a ddefnyddir gan yr ymddangosiad gan unrhyw ymgais i'w diffinio'n ddangosol yn nhermau'r profiad. Gan hynny, os ydym i apelio at brofiad crefyddol, rhaid apelio at weledigaethau yn hytrach nag at deimladau.

4. Fodd bynnag, y mae anhawster pellach yn y syniad o brofiad crefyddol, anhawster sy'n perthyn yn arbennig i'r honiadau a wneir ar sail gweledigaethau. Gellid tybio mai derbyn ym maes cred grefyddol ffordd o ymresymu sy'n arferol gennym mewn meysydd eraill yw trin gweledigaeth fel arwydd o'r anweladwy. Oherwydd yn ddiau yr ydym byth a hefyd yn tynnu casgliadau ar sail yr hyn a welwn yn awr am yr hyn nas gwelir eto neu nas gwelir bellach. Os casglwn o weld mwg fod yno dân, o weld y

signal fod trên yn nesáu, pam na chawn gasglu o weledigaeth fod duwiau'n bodoli? Yr ateb yw na chawn ymresymu o'r gweledig at yr anweledig ond pan fo gennym reol ymresymiad a rydd inni'r hawl i wneud hynny. Unig gyfiawnhad unrhyw reol o'r fath yw fod gennym resymau dros gredu mewn cydberthynas rhwng digwydd o'r arwydd (y gweledig) ac o'r hyn y mae'n arwydd ohono (yr anweledig). Felly er mwyn ymresymu o ryw ymddangosiad at fodolaeth rhywbeth duwiol byddai rhaid inni wrth brofiad o gysylltiad rhyngddynt yn yr un ffordd ag y mae gennym brofiad o'r cysylltiad rhwng mwg a thân.[2] Ond y weledigaeth yw'r hyn y mae gennym brofiad ohono, a'r cwbl y mae gennym brofiad ohono; ac yn wir pe bai gennym y profiad ychwanegol o'r duwdod y byddai arnom ei angen er mwyn datgan mai ef yn wir oedd awdur y weledigaeth, gellid tybio na fyddai arnom angen y weledigaeth i gael gwybodaeth am y duwdod.

Ond oni allai'r weledigaeth warantu ei dilysrwydd ei hun? Ped ymddangosai angel a chyhoeddi ei fod yn negesydd oddi wrth Dduw, oni fyddai gennym resymau dros ei gredu pe gallem ddarganfod rhesymau dros gredu'n gyffredinol ei fod yn ddibynadwy? Ac oni allem ddarganfod rhesymau o'r fath pe bai'r angel yn rhoi inni wybodaeth wireddadwy y ceid bob amser ei bod yn gywir? Ond dyma'r gwall yn y ddadl hon. Bwrier fod yr angel yn llwyddo enwi ymlaen llaw enillwyr pob un o'r prif rasus ceffylau, a'i fod yn ymddangos wythnos cyn y ras er mwyn gwneud hynny. Fe roddai hynny'r hawl inni dynnu'r casgliad 'Bydd X yn ennill y Derby' o'r gosodiad 'Y mae'r angel yn dweud y bydd X yn ennill y Derby', ond nid yw cywirdeb cyson rhagfynegiadau'r angel yn rhoi'r hawl inni dynnu unrhyw gasgliad ynglŷn â ffynhonnell gwybodaeth yr angel. Ni fyddai gennym hyd yn oed yr hawl i ddweud fod yr angel yn *gwybod* pwy enillai'r Derby oni ddywedai'r angel wrthym beth oedd seiliau ei ragfynegiad; ac ni fyddai'r seiliau hynny'n ddealladwy inni oni fyddent heb ddatganiadau anwireddadwy ac o'r herwydd heb gyfeiriadau at unrhyw realiti anweladwy. Felly ni fyddai cywirdeb yr angel yn warant dros gredu unrhyw osodiad ganddo a berthynai i briod faes crefydd. Yn y fan hon gallwn ail-fynegi'r pwynt a wnaeth Hume wrth ddadlau fod olion o gynllun yn y Bydysawd yn y gorffennol yn ein galluogi, o bosibl, i dynnu'r casgliad y bydd olion o gynllunio yn y dyfodol, ond nid fod yna gynlluniwr anweledig.[3] Ar sail ffenomenau'r gorffennol cawn dynnu casgliadau ynglŷn â ffenomenau'r dyfodol, ond nid ynglŷn â'r hyn sy'n perthyn i fyd tu hwnt i ffenomenau. Nid yw gweledigaethau yn ddim ond un set o ffenomenau a all ddal cydberthynas â ffenomenau eraill, ond nid ydynt, ddim mwy nag unrhyw ddigwyddiad arall, yn ein harwain tu draw i fyd profiad.

5. Gellid defnyddio'r anawsterau y daethom ar eu traws hyd yma fel dadleuon yn erbyn unrhyw weledigaeth. Awn yn ein blaenau yn awr i ystyried rhai o'r anawsterau anochel ynglŷn â gweledigaethau neilltuol. Ystyriwn, er enghraifft, weledigaethau o'r Fendigaid Forwyn Fair, megis honno y mae William James[4] yn ei chrybwyll yn achos M. Alphonse Ratisbonne, rhydd-feddyliwr a ymatebodd i weledigaeth trwy ddod yn aelod o Eglwys Rufain. Sut y gwyddai mai'r Forwyn oedd hi? Gellid tybio mai yn unig am ei bod wedi ymddangos mewn eglwys Gatholig a'i bod yn edrych yn debyg i'r darluniau crefyddol a welsai. Ond onid yw'r fath uniaethiad yn annigonol? Ac eto pa uniaethiad ychwanegol a ellid? Nid amheuon sgeptig yn unig yw'r cwestiynau hyn. Fe'u codir yn ogystal, er enghraifft, gan gyfaddefiad crefydd-wyr y gall fod y cyfryw weledigaethau'n ystrywiau'r diafol yn hytrach nag yn negesau oddi wrth Dduw. Y mae hynny'n cau allan unrhyw sicrwydd y gallasai M. Ratisbonne ei gael am i'r weledigaeth ei chyflwyno ei hun fel y Forwyn. At ba feini prawf yr apelia'r crediniwr er mwyn gwahaniaethu rhwng gweledig-aethau dilys a rhai gau? Gellid tybio mai'r unig faen prawf posibl fyddai cytundeb y negesau a gyflwynwyd yn y weledigaeth â pha athrawiaethau diwinyddol bynnag a gredir yn barod. Os caniateir hynny, hwyrach y dadleuai rhywun na allai gweledigaethau fyth fod yn gynseiliau cred, ond y gallent serch hynny ei chadarnhau. Ni wna hynny mo'r tro. Gan na fyddem yn derbyn fel rhai dilys ddim ond y profiadau hynny a oedd mewn gwirionedd yn cadarnhau ein cred, byddai'r gosodiad fod profiad crefyddol dilys yn cadarnhau cred yn ail-adroddiad gwag.

Neu ystyriwch y cwestiwn o safbwynt uniaeth bersonol. Pe bai rhywun yn dychwelyd wedi bod i ffwrdd am bum mlynedd, byddai rhaid iddo fod wedi newid lawer iawn cyn y byddem mewn gwirionedd yn amau ei uniaeth; ond wedi dwy fil o flynyddoedd byddai Rip van Winkle hyd yn oed yn ei chael hi'n anodd i argyhoeddi pobl ei fod yr hwn ydoedd. Fodd bynnag, y mae'r sefyllfa'n waeth yn achos y Fendigaid Forwyn. Nid oes gan neb dystiolaeth ddilys am ei golwg allanol. Felly o'i huniaethu hi ar sail darluniau crefyddol ni cheir unrhyw warant fod yr hon a ymddangosodd i M. Ratisbonne yn un â honno a breswyliai yng Ngalilea yn fam i Iesu. Dwysheir yr anawsterau cyffredin sy'n codi wrth inni enwi meini prawf uniaeth bersonol, oherwydd ein bod fel arfer yn barnu uniaeth bersonol yn ôl arbrofion safonol. Ai etifedd ystâd Tichborne yw hwn? A yw'n ddigon tebyg iddo? A yw'n deall Lladin? A yw'n cofio ei ddyddiau ysgol gyda'r Jeswitiaid? Ni fyddai dim ond ateb cywir i'r tri chwestiwn hyn ac i gwestiynau perthnasol eraill yn cyfiawnhau dweud mai hwn yn wir yw'r etifedd coll ac nid neb arall. Ai'r Fendigaid Forwyn yw hon? A yw'n edrych yn debyg iddi? Ni wyddom sut yr edrychai'r Fendigaid Forwyn. A yw'n medru Aramaeg? Pe bai hi, byddai ymddangosiadau'r Fendigaid Forwyn yn hynod o drawiadol, ond hyd y gwn i yn ymddangosiadau safonol Mair-addoliaeth fodern traddodir y negeseuau bob amser yn iaith y gwrandawr. A yw'r Fendigaid Forwyn yn cofio Galilea? Beth fyddai'r meini prawf priodol i arbrofi ei chof? Byddai rhaid fod gennym ffynhonnell annibynnol o wybodaeth am faterion y gellid rhagdybio fod ganddi hi wybodaeth arbennig amdanynt, ac nid oes gennym unrhyw ffynhonnell o'r fath. I'r graddau y byddai dywediadau'r ffigur yn y weledigaeth yn cytuno ag adroddiad yr Efengylau, ni allem warantu nad yr Efengylau oedd ffynhonnell y wybodaeth. Y mae'n eglur mai'r anhawster yw darganfod rheswm dros ddatgan ynglŷn ag unrhyw weledigaeth ei bod mewn gwirionedd yn weledigaeth o'r Fendigaid Forwyn.

Fe erys un anhawster olaf ynglŷn â defnyddio gweledigaethau fel tystiolaeth. Pe baem yn gallu tynnu casgliadau ontolegol o ragosodiadau sy'n adroddiad o weledigaeth, byddai gweledigaethau gwrthwynebus yn cyfreithloni ontolegau oedd yn anghyson y naill â'r llall. Y mae rhai Catholigion Rhufeinig wedi gwneud gweledigaethau o'r Fendigaid Forwyn yn seiliau i gredau ynglŷn â'i statws a'i gweithredoedd presennol. Y mae Hindwiaid yn adeiladu o weledigaethau o Krishna ddiwinyddiaeth sydd, os yw'n wir, yn anghyfreithloni Catholigiaeth Rufeinig. Nodwn gyda llaw mai Catholigion Rhufeinig bron yn ddieithriad sy'n cael gweledigaethau o'r Forwyn, a Hindwiaid bron yn ddieithriad sy'n cael gweledigaethau o Krishna; ac yn anaml eithriadol, os byth, y ceir enghreifftiau i'r gwrthwyneb.

Dyna gwblhau'r ddadl yn erbyn cyfiawnhau credau crefyddol trwy gyfeirio at weledigaethau. Os oes sail ddilys i'w chael i gred grefyddol, rhaid ei chael yn rhywle arall. Yr un modd, os oes lle dilys i fod mewn crefydd i brofiadau gweledigaethol, ni ellir eu deall fel tystiolaeth o blaid cred: rhaid eu dehongli ryw ffordd arall.

Nodiadau

1 Cyflwr o ymwybyddiaeth heb unrhyw gynnwys synhwyrus (Gol.).
2 Cymharer *Dialogues Concerning Natural Religion* Hume, *passim*, a'i *An Enquiry Concerning Human Understanding*, adrannau X ac XI.
3 *loc. cit.*
4 *The Varieties of Religious Experience*, pen. X.

10. John Hick: *Arguments For The Existence of God*, pen. 7 (b) (Llundain: Macmillan, 1970).

(b) *A ellir cred theistaidd resymol heb brofion?*

Yn ystod cyfnod pen-arglwyddiaeth y dadleuon theistaidd traddodiadol, byddai athronwyr yn aml yn trin bodolaeth Duw fel rhywbeth i'w ddarganfod trwy ymresymiad. Gwelid hi fel casgliad dadl; ac uniaethid rhesymolrwydd y casgliad â nerth y ddadl. Ond o safbwynt crefydd, fel y gwelsom eisoes, ffordd ryfedd iawn oedd honno o ymwneud â'r broblem. Y mae'n cyfleu darlun o bobl yn sefyll y tu allan i deyrnas ffydd, a'r apolegwr yn ceisio adeiladu dadl resymol yn bont iddynt groesi'r ffin i mewn i'r deyrnas honno. Ond wrth gwrs, nid dyna'r ffordd wreiddiol na nodweddiadol na normal y daw ffydd grefyddol i fod. Pan ddatblygwyd y dadleuon cosmolegol, ontolegol, teleolegol a moesol, yr oedd credau theistaidd eisoes yn rhan weithredol o ffurf ar fywyd dynol oedd wedi'i sefydlu ers cyn cof ac oedd yn dal i ymddatblygu. Y mae honiadau crefydd yn honiadau a wneir gan unigolion a chan gymdeithasau ar sail eu profiad — eu profiad hwy, serch iddynt etifeddu'r fframwaith o syniadau y mae'n digwydd ynddo. Nid ydym yn ymwneud â rhyw hypothesis metaffisegol, rhywbeth y gellir ei feddwl yn unig ac a ddyfeisiwyd fel dyfaliad gan rywun, ond nad oes neb ond odid yn ei gredu o ddifrif. Yr ydym yn ymwneud yn hytrach ag argyhoeddiadau a aned o brofiad ac o fyfyrdod ac o fywyd mewn cymunedau sy'n rhannu'r un ffydd a'r un arferion. O safbwynt hanes, gan hynny, ymddangosodd y 'profion' athronyddol o fodolaeth Duw fel arfer i gynnal ac i ategu cred, ond nid i'w chreu. Yn unol â hynny, fe ymddengys mai gwaith priodol athroniaeth fyddai ymchwilio i sylfeini a ffurfiant gwirioneddol cred fyw a gweithredol, yn hytrach nag i ddadleuon damcaniaethol ac anweithredol a luniwyd yn ddiweddarach fel rhesymau dros arddel y credau hynny. Ni ddylid gofyn a oes modd profi bodolaeth Duw gan ddechrau o ddim; dylid gofyn, 'A oes gan y dyn crefyddol, a chofio'r ffurf nodweddiadol grefyddol o fodolaeth ddynol y mae'n cyfrannu ohoni, hawl ddilys fel person rhesymol i gredu'r hyn y mae'n ei gredu?'

Yn y fan hon rhaid inni ystyried yr hyn yr ydym yn ei olygu wrth gred resymol. Os golygwn wrth gred osodiad a gredir, yna y mae a wnelom yn awr nid â chredau rhesymol ond â chredu rhesymol. Gall gosodiadau fod yn gywir neu'n anghywir eu ffurf, a gallant fod yn wir neu'n anwir, ond ni allant fod yn rhesymol nac yn afresymol. *Pobl* sy'n rhesymol neu'n afresymol, ac y mae'n deillio o hynny y gall eu cyflyrau a'u gweithredoedd, gan gynnwys eu cyflyrau a'u gweithredoedd o gredu, fod yn rhesymol neu'n afresymol. Ymhellach, ac eithrio credu gosodiadau dadansoddol, sy'n wir trwy ddiffiniad ac sydd o'r herwydd yn cael eu credu'n rhesymol gan unrhyw un sy'n eu deall, rhaid barnu rhesymolrwydd gweithred (neu gyflwr) o gredu yn unigol ym mhob achos. Oherwydd y mae'n dibynnu ar y berthynas rhwng y gosodiad a gredir a'r dystiolaeth sydd gan y crediniwr yn sail i gredu hynny. Gellir synied y byddai'n rhesymol i Mr. A gredu *p* ond nid yn rhesymol i Mr. B gredu *p*, oherwydd yng ngoleuni'r dystiolaeth sydd gan Mr. A y mae *p* yn haeddu ei gredu, ond nid yng ngoleuni'r dystiolaeth sydd gan Mr. B. Felly, y mae'r cwestiwn a yw credu yn realiti Duw'n rhesymol yn un â'r cwestiwn a yw'n rhesymol i berson neilltuol gredu hynny, a chofio'r dystiolaeth y mae'n ei defnyddio; neu'n un â'r cwestiwn a yw'n rhesymol i ddosbarth o bobl y mae ganddynt yr un data gredu hynny. Neu, a gwrthdroi'r pwynt, rhaid fod barnu a yw'r gosodiad fod Duw'n bodoli yn haeddu ei gredu yn fater i'w farnu yng ngoleuni setiau neilltuol o ddata.

Yn awr, y mae un math o ffeithiau neu o dystiolaeth sydd fel arfer gan y rheini sy'n credu yn Nuw ac sy'n rhan bwysig iawn o seiliau eu credu ond nad yw fel arfer gan y rheini nad ydynt yn credu felly, ac sydd o'r herwydd yn cael ei anwybyddu ganddynt; a phrofiad crefyddol yw hwnnw. Fe ymddengys fod y dyn crefyddol yn rhannol seilio'i gredu ar ddata arbennig mewn profiad crefyddol nad yw'r dyn anghrefyddol yn eu defnyddio am nad ydynt ganddo. Felly daw ein cwestiwn yn gwestiwn am hawl y theistiad, a chofio ei brofiad nodweddiadol grefyddol, i fod yn sicr o fodolaeth Duw. A yw honiad y dyn crefyddol ei fod yn adnabod Duw yn honiad rhesymol neu afresymol, yn gorffwys ar seiliau cadarn neu ar rai sigledig? Dyna'r cwestiwn. Ni all y theistiad obeithio profi bodolaeth Duw; ond serch hynny gall fod modd iddo ddangos mai peth hollol resymol yw iddo ef gredu ym modolaeth Duw.

Nid wyf yn trafod yma a yw'n rhesymol i rywun arall, nad yw'n cyfranogi o'r math nodweddiadol grefyddol o brofiad, gredu yn Nuw ar sail adroddiadau'r dyn crefyddol. Nid wyf yn cynnig unrhyw fath o 'ddadl o brofiad crefyddol' sy'n tynnu'r casgliad fod Duw'n bodoli fel achos y profiadau arbennig a ddisgrifir gan gyfrinwyr a chan bobl grefyddol eraill. Nid wyf am ystyried y defnydd damcaniaethol y gallai'r dyn anghrefyddol ei wneud o adroddiadau am brofiad crefyddol rhywun arall, ond y defnydd ymarferol a wneir o brofiad crefyddol gan y dyn crefyddol. A yw'n gweithredu'n rhesymol wrth ymddiried yn ei brofiad ei hun ac wrth fyw ar sail y profiad hwnnw? Dyna'r cwestiwn.

Er mwyn ymchwilio i'r cwestiwn hwn rhaid inni ystyried beth a gyfrifir yn gred resymol mewn achos cydwedd. Cynigiaf y cydweddiad rhwng honiad y person crefyddol ei fod yn ymwybod â Duw a honiad unrhyw ddyn ei fod yn ymwybod â'r byd materol fel amgylchfyd sy'n bodoli'n annibynnol arno ef ei hun, ac sy'n un y mae rhaid iddo ei gymryd i ystyriaeth.

Yn y naill achos fel y llall, cymerir fod math o brofiad y tybir ei fod yn wybyddol yn dangos realiti fel ag y mae, a gweithredir yn unol â'r cymeriad hwnnw, er na ellir arddangos yn rhesymegol fod y profiadau'n dangos realiti. Ym maes profiad y synhwyrau daeth hynny'n eglur yn sgîl methiant ymgais Descartes i lunio damcaniaeth a fyddai'n gwarantu fod ein synhwyrau'n ein cysylltu ag amgylchfyd materol real, a hefyd yn sgîl llwyddiant ymgais Hume i ddangos nad yw ein cred normal, an-solipsyddol mewn byd gwrthrychol o wrthrychau arhosol o'n hamgylch mewn gofod yn gynnyrch ymresymiad athronyddol, nac yn un y gellid ei chyfiawnhau felly, ond ei bod yr hyn a elwid mewn rhai esboniadau o feddwl Hume (er na ddefnyddiwyd y term gan Hume ei hun, yn ôl pob golwg) yn gred naturiol. Y mae'n gred sy'n tyfu'n naturiol ac yn wir yn anorfod yn y meddwl dynol normal fel ymateb i brofiad canfodiadol normal dynion. Y mae'n gred yr ydym yn byw ar ei sail ac yn un y byddai ymwrthod â hi er mwyn arddel o ddifrif y dewis solipsyddol yn bwrw ein perthynas â phobl eraill mewn amgylchfyd materol cyffredin i'r fath anhrefn fel y cyfrifid ni'n wallgof. Byddem yn wallgof yn rhinwedd y ffaith na fyddem mwyach yn ystyried pobl eraill fel canolfannau annibynnol o ymwybyddiaeth, gyda'u hamcanion a'u hewyllys eu hunain, y gellid cynnal perthynas rhyng-bersonol â hwy. Yn lle hynny, byddem yn byw mewn byd un person.

Gan hynny, y mae'n wirionedd gwaelodol yn ein hiaith, neu'n rhagdyb ynddi, mai peth rhesymol neu gall yw credu yn realiti'r byd allanol yr ydym yn cyd-drigo ynddo gyda phobl eraill, ac mai peth afresymol neu wallgof yw peidio â chredu felly.

Pa rai o nodweddion ein profiad synhwyrus sy'n peri ein bod oll yn edrych felly ar bethau? Fe ymddengys fod dwy nodwedd: y ffaith fod y ffurf hon o brofiad gwybyddol wedi ei rhoi inni, neu ei bod yn anorfod, a'r ffaith ein bod yn gallu gweithredu'n llwyddiannus yn nhermau ein cred mewn byd allanol, a'n bod yn gweithredu felly. Hynny yw, am fod ein gwneuthuriad a'n hamgylchiadau fel ag y maent, ni allwn beidio â chredu fel y gwnawn yn y dechreuad, ac ni wrthddywedir ein cred wrth i'n profiad ymestyn mewn amser; i'r gwrthwyneb, fe'i hategir yn barhaus. O'u cymryd ynghyd, y mae'r nodweddion hynny'n rheswm digonol dros ymddiried yn ein profiad canfodiadol ac i fyw ar ei sail, onibai fod rhyw reswm cadarnhaol dros beidio ag ymddiried ynddo; ac nid rheswm o'r fath yw ein hanallu i gau allan y posibilrwydd fod ein profiad fel cyfanswm yn gyfangwbl oddrychol. Fe ymddengys mai honno yw'r egwyddor ymhlyg yr ydym yn ei dilyn. Ac y mae'n rhesymol trwy ddiffiniad inni ddilyn y ffordd honno. Hynny yw, dyma'r ffordd y mae pob bod dynol yn ei dilyn ac wedi ei dilyn erioed, ar wahân i leiafrif bychan iawn a gafodd o'r herwydd yr enw o wallgofion gan y mwyafrif. Gallwn ddweud, gan hynny, fod y derbyniad arferol hwn o'n profiad canfodiadol yn rhan o'n syniad gweithredol o resymolrwydd dynol.

Gallwn ofyn yn awr, gan hynny, a ellir apelio at egwyddor debyg ar ran ymateb cyfochrog i brofiad crefyddol. Wrth gwrs, y mae 'profiad crefyddol' yn gysyniad hydwyth iawn. Gadewch inni at ein dibenion presennol gyfyngu'n sylw i'r syniad theistaidd o 'ymdeimlo â phresenoldeb Duw', y profiad tybiedig o ymwybod â Meddwl dwyfol trosgynnol yr ydym yn bodoli oddi mewn i faes ei ymwybyddiaeth, fel ein bod ni ac yntau yn ymwybod â'n gilydd. Nid yw'r ymdeimlad hwnnw â 'byw yn y presenoldeb dwyfol' yn digwydd dan lun gweledigaeth uniongyrchol o Dduw, ond trwy brofi digwyddiadau mewn hanes ac yn ein bywyd personol ein hunain fel cyfryngau i Dduw ymwneud â ni drwyddynt. Felly y mae profiad crefyddol yn wahanol i brofiad anghrefyddol, nid am ei fod yn ymwybod â byd gwahanol ond am ei fod yn ymwybod mewn ffordd wahanol â'r un byd. Y mae'r meddwl crefyddol yn profi digwyddiadau y gellir eu profi fel rhai ag iddynt arwyddocâd hollol naturiol fel rhai ag iddynt yn ychwaneg ac ar yr un pryd arwyddocâd crefyddol, ac fel rhai sy'n cyfryngu presenoldeb a gweithgaredd Duw.[1]

Gellir astudio profiad crefyddol o'r math hwn naill ai trwy'r enghreifftiau dwysaf ohono, fel y'i ceir mewn crefyddwyr creadigol a gwreiddiol, neu trwy enghreifftiau llawer gwannach, fel y'i ceir yn aelodau cyffredin y traddodiadau a gychwynwyd gan gewri ffydd. Gan mai'r honiadau a gyfiawnheir gan brofiad crefyddol sy'n ein diddori ni, y mae'n briodol edrych ar y profiad hwnnw yn ei ffurfiau dwysaf a phuraf. Felly bydd y disgrifiad ohono'n ddisgrifiad tra bylchog o'r crediniwr cyffredin dinod, boed heddiw neu yn y gorffennol.

Os ystyriwn, gan hynny, yr ymdeimlad â byw ym mhresenoldeb Duw fel y'i mynegwyd, er enghraifft, gan Iesu o Nasareth, neu gan St. Paul, St. Ffransis, St. Anselm, neu broffwydi mawr yr Hen Destament, fe gawn fod eu 'harwybod o Dduw' mor fyw nes ei fod yn rhan mor ddiymwad o'u profiad â'u hamgylchfyd materol. Ni allent beidio â chredu yn realiti Duw, ddim mwy nag y gallent beidio â chredu yn realiti'r byd materol a'u cymdogion dynol. Y mae llawer o dudalennau'r Beibl yn atseinio gan ymdeimlad â phresenoldeb Duw, megis adeilad yn diasbedain dan gerddediad rhyw fod aruthrol trwyddo. Adwaenai'r proffwydi a'r apostolion Dduw fel ewyllys ddynamig mewn cydberthynas weithredol â'u hewyllys hwy; realiti personol sy'n eu hwynebu'n ddiymwad, un na ellir osgoi cymryd cyfrif ohono, ddim mwy nag o'r storm ddinistriol a'r heulwen fywhaol, y dirwedd digyfnewid, neu gasineb eu gelynion a chyfeillgarwch eu cymdogion.

Gan hynny, y mae a wnelo ein cwestiwn ag un y mae i'w 'brofiad o Dduw' y fath ansawdd anorfod nes bod ynddo gyn lleied o duedd i amau a yw'n dangos realiti ag sydd o duedd i amau tystiolaeth ei synhwyrau. Y mae'n sicr yn rhesymol iddo gymryd y dystiolaeth hon fel adnabyddiaeth ddibynadwy o un wedd ar ei amgylchfyd cyfan, a'i chyfrif felly'n wybodaeth y gellir gweithredu yn ei goleuni; ond a yw hi'n rhesymol iddo gymryd ei 'brofiad o Dduw' yn yr un modd? A geir yn hwnnw hefyd y ddwy nodwedd a berthyn i'n profiad synhwyrus, fel y nodwyd uchod, sef y ffaith ei fod wedi ei roi inni, ei ansawdd anorfod, a'r ffaith ein bod yn gallu gweithredu'n llwyddianus yn ei oleuni? Fe ymddengys y ceir hwy ynddo yntau. Y mae i'r ymdeimlad â phresenoldeb Duw, fel y mynegwyd ef gan yr arweinwyr crefyddol mawr, gymeriad sy'n gyffelyb o anorfod a diwrthdro; ac wrth iddynt fyw ar sail yr ymdeimlad hwnnw y mae eu profiadau pellach yn cynnal ac yn cadarnhau eu hargyhoeddiad eu bod yn byw mewn perthynas â realiti, nid â rhith. Ar yr olwg gyntaf, felly, fe ymddengys fod gan y dyn crefyddol hawl i ymddiried yn ei brofiad crefyddol ac i lywio ei fywyd yn ei oleuni.

Y mae'r ddadl hon yn rhoi ar waith gydweddiad rhwng ein harferiad o dderbyn ein profiad synhwyrus fel canfyddiad o fyd allanol gwrthrychol, a derbyniad cyfatebol o'r profiad crefyddol o 'fyw ym mhresenoldeb Duw' fel ymwybod â realiti dwyfol y tu allan i'n meddyliau ni ein hunain. Yn y naill achos fel y llall ceir dewis solipsyddol, sef cau allan y trosgynnol trwy ddatgan *solus ipse* (neb ond myfi): mewn un achos fe wedir fod yna amgylchfyd materol sy'n trosgynnu ein hymwybyddiaeth breifat ein hunain, ac yn y llall fe wedir fod yna Feddwl dwyfol sy'n trosgynnu ein hymwybyddiaeth breifat ein hunain. Dylid nodi na seiliwyd y cydweddiad hwn ar ganfod gwrthrychau materol neilltuol, ac nad yw'n dibynnu ar y gwrthgyferbyniad rhwng canfyddiadau cywir a rhai rhithiol; fe'i seiliwyd yn hytrach ar ein hymwybod â byd allanol gwrthrychol, ac y mae'n dibynnu ar y gwrthgyferbyniad rhwng yr ymwybod hwnnw a dehongliad sy'n ddamcaniaethol bosibl, sef y dehongliad solipsyddol o'r un ffrwd o brofiadau ymwybodol.

Nodiadau

1 Datblygir y syniad hwn yn J. Hick, *Faith and Knowledge*, ail argraffiad (Ithaca, N.Y.: Cornell University Press, 1966, a Llundain: Macmillan, 1967).

Gweithiau Ychwanegol

Ceir fersiynau mwy soffistigedig a thrwyadl o'r ddadl o brofiad crefyddol yn J. Baillie, *The Sense of the Presence of God* (Llundain: Oxford University Press, 1962), ac yn H. P. Owen, *The Christian Knowledge of God* (Llundain: Athlone Press, 1969). Am wrthddadleuon, gw. A. Flew, *God and Philosophy* (Llundain: Hutchinson, 1966), pen. 6, a C. B. Martin, *Religious Belief* (Ithaca, Efrog Newydd: Cornell University Press, 1959), pen. 5.

ADRAN II

CYSYNIADAU O DDUW

[Yn ystod canrifoedd cyntaf y cyfnod Cristnogol fe ddatblygwyd, ar sail y datguddiad Iddewig a Christnogol ac â chymorth geirfa a syniadau athronyddol y traddodiad Groeg, gysyniad uniongred o Dduw a gadwodd ei le breiniol mewn diwinyddiaeth hyd at ail hanner y ddeunawfed ganrif. Yna daeth oes yr ail-ddehongli. Cyn hynny, a siarad yn fras, fe wyddai pawb beth oedd ystyr 'Duw', a'r broblem a flinai rai ohonynt oedd beth y dylid ei gredu am Dduw. Ond yn yr ail gyfnod, sy'n parhau hyd y dydd heddiw, gofynnir yn gyntaf a ydym yn sicr ein bod yn deall y gair 'Duw'. Y mae angen ail-ddarganfod neu ail-greu ei ystyr yn llwyr, medd rhai, a chynigiant gysyniadau pur wahanol i'r hen un. Rhy ychydig o athronwyr crefydd sydd wedi sylweddoli ein bod yn byw yn yr ail oes.]

11. H. P. Owen: *Concepts of Deity*, pen. 1 (Llundain: Macmillan, 1971).

[Dyma esboniad o'r cysyniad uniongred traddodiadol o Dduw gan ddiwinydd cyfoes. Er cymaint y newid a ddaeth ar ddiwinyddiaeth ni all athronydd crefydd anwybyddu'r cysyniad hwn. Y mae'n gefndir i lawer o ddiwinydda, ac fe'i cymerir fel y gwir gysyniad o Dduw mewn llawer iawn o drafodaethau athronyddol.]

(a) *Theistiaeth Glasurol* (1)

Gellir diffinio theistiaeth fel y gred mewn un Duw, y Creawdwr, sy'n anfeidrol, yn bodoli ohono'i hun, yn anghorfforol, yn dragwyddol, yn anghyfnewidiol, yn anaffeithiadwy (*impassible*), yn syml, yn berffaith, yn hollwybodus ac yn hollalluog. Byddaf yn ystyried pob un elfen yn y diffiniad hwn yn y drefn a roddais iddynt. . .

* * * *

Cyn mynd yn fy mlaen i esbonio'n fanwl, rhaid imi egluro'r berthynas rhwng theistiaeth glasurol a'r datguddiad Iddewig-Gristnogol.

Gellir galw theistiaeth glasurol (fel y diffiniais i hi) yn 'Gristnogol' dan bedwar pen o leiaf. Yn gyntaf, daeth i fod yng nghyd-destun y gred uniongred yn natguddiad y Beibl. Yn ail, er y ceir yn ysgrifau athronwyr an-Iddewig ac anghristnogol yr hen fyd nifer helaeth o bethau sy'n gyfochrog â llawer gwedd ar theistiaeth Gristnogol, y mae rhai gweddau arni nad oes dim i'w weld yn gyfochrog â hwy. Er enghraifft, anodd iawn yw darganfod dim sy'n eglur ac yn gyson gyfochrog â'r syniad Cristnogol am Dduw fel un sy'n creu'r byd *ex nihilo*, neu â'r syniad Cristnogol amdano fel un sydd yn anfeidrol a hefyd yn berson ym mhob ffordd. Yn drydydd, hyd yn oed pan geir cyfochredd, nid oes dim mewn unrhyw ffynhonnell anghristnogol y gellir ei gymharu fel athroniaeth â'r cyflwyniadau o theistiaeth a roddwyd gan Acwinas a'r meddylwyr Cristnogol hynny sy'n uniongyrchol neu'n anuniongyrchol ddyledus iddo. Yn bedwerydd (ac o achos hynny), trwy gydol y cyfnod Cristnogol y mae athronwyr anghristnogol yn ogystal â rhai Cristnogol wedi trafod theistiaeth bron yn ddieithriad dan ryw ffurf Gristnogol neu'i gilydd.

I gwblhau'r crynodeb hwn o'r cefndir, rhaid gwahaniaethu rhwng tri pheth.

(a) Rhaid gwahaniaethu rhwng yr elfennau hynny yn y syniad Cristnogol o Dduw sy'n dibynnu'n hanfodol ar ddatguddiad y Beibl, a'r rhai nad ydynt. Odid y byddaf yn trafod elfennau o'r math cyntaf. Yn wir, nid oes un elfen yn y diffiniad o theistiaeth a roddais sy'n dibynnu'n hanfodol ar ddatguddiad. Ond o bryd i'w gilydd byddaf yn cyfeirio at athrawiaethau (rhai'r Drindod a'r Ymgnawdoliad yn bennaf) sydd o anghenraid yn gysylltiedig â'r digwyddiadau datguddiol (fel y tybir) y tarddasant ohonynt.

(b) Rhaid gwahaniaethu rhwng ystyr gosodiad theistaidd a'r rhesymau dros gredu ym modolaeth y Duw y mae'r gosodiad yn cyfeirio ato. Gall gosodiad o'r fath fod yn ystyrlon (mewn sawl ffordd, o bosibl) hyd yn oed os nad oes yna resymau (neu ddim rhesymau addas) dros dderbyn ei fod yn ddatganiad gwir o fodolaeth. Mae'n amlwg fod cwestiwn yr ystyr yn gorgyffwrdd â chwestiwn y rhesymau; ond fy mhrif ofal i yw'r cwestiwn cyntaf; ac felly, er na allaf osgoi cyffwrdd â'r ail, rhaid imi adael i awduron eraill yn y gyfres hon y gwaith o'i drafod yn drwyadl.

(c) Rhaid gwahaniaethu rhwng y rhesymau dros gredu ym modolaeth Duw a'r rhesymau dros dderbyn un cysyniad o Dduw yn hytrach nag un arall. Unwaith eto, ceir gorgyffwrdd. Serch hynny, cwestiynau o'r ail fath fydd fy mhrif ofal. Nid ateb y cwestiwn, 'Pa resymau (os oes rhai) sydd dros dybio fod Duw'n bodoli?' yw fy ngwaith i. Ond rhan o'm gorchwyl yw ceisio ateb y cwestiwn: 'Pa resymau (os oes rhai) sydd dros dderbyn un cysyniad o Dduw yn hytrach nag un arall?'

* * * *

1. *Undod Duw*

Trwy gydol hanes Cristnogaeth cymerwyd undod Duw yn ganiataol gan y Gorllewin. Ond amldduwiaeth oedd y gred gyffredin trwy'r byd Groegaidd-Rufeinig lle tarddodd Cristnogaeth . . .

Yn raddol y tyfodd undduwiaeth yng nghrefydd Israel. Mae ysgolheigion yn dal i ddadlau pryd yn union yr ymddangosodd gyntaf; ond yn sicr fe'i datganwyd yn y chweched ganrif gan yr 'Ail Eseia',[1] fel y'i gelwir; ac yn fuan daeth yn wireb diymwad mewn diwinyddiaeth Iddewig. O'r herwydd fe'i cymerwyd yn ganiataol gan St. Paul, a wrthgyferbynnai aml dduwiau'r byd paganaidd ag un Duw'r datguddiad Iddewig-Gristnogol.[2] Parhaodd undod Duw i fod yn eitem pennaf yn apologeteg Gristnogol yr ail a'r drydedd ganrif.

Gellir datgan undod Duw ar dair cynsail: datguddiad, profiad, a rheswm. Mewn gwirionedd rhaid bob amser gyfiawnhau cred theistaidd mewn un o'r dulliau hyn, ac y maent yn gorgyffwrdd ac yn ymweu mewn sawl ffordd.

Mae'r gynsail gyntaf yn amlwg. Datganai'r Iddewon fodolaeth un Duw (Yahweh), nid ar sail dyfaliadau haniaethol, ond am eu bod yn credu fod Yahweh wedi ei ddatguddio'i hun iddynt felly trwy gydol eu hanes, ac yn enwedig yn nhrobwyntiau'r Ecsodus a'r Gaethglud. Yn ôl y Testament Newydd, fe gyflawnwyd yng Nghrist yr hunan-ddatguddiad hwnnw gan yr un wir Dduw — yn ei ddysgeidiaeth am y Tad a hefyd yn ei berson fel unig Fab y Tad.

Nid bodolaeth profiad crefyddol ynddi'i hun yw'r ail gynsail (fe fu ffurfiau amldduwiol ohono), ond ymresymiad o wedd oddrychol y profiad at ei wrthrych tybiedig. Dyma'r ymresymiad: Os yw'r dwyfol i fod yn wrthrych ymroddiad diamod rhaid iddo feddu ar fod diamod; ond ni all un duw ymhlith llawer feddu ar y cyfryw fod, am ei fod yn rhannu ei natur â duwiau eraill; gan hynny, rhaid fod y dwyfol yn un. Byddaf yn defnyddio ffurf arall ar y ddadl hon, un fwy treiddiol ac argyhoeddiadol (i'm tyb i), wrth drafod sut y mae Duw'n bodoli ohono'i hun.

Yn olaf, y mae athronwyr wedi ceisio profi undod Duw trwy ymresymiad pur. Fel yna y mae Acwinas yn mynegi'r prawf. Dyfynnaf ei ddadl yn ei chrynswth am ei bod yn enghraifft ardderchog o'i arddull (ac felly o ymresymiad theistaidd):

> Gellir dangos mewn tair ffordd fod un Duw.
>
> Yn gyntaf, am fod Duw'n syml. Oherwydd y mae'n amlwg na all unrhyw unigolyn rannu ei unigoliaeth ei hun ag eraill. Gall Socrates rannu â llawer o rai eraill yr hyn sy'n ei wneud yn ddyn, ond ni all yr hyn sy'n gwneud y dyn hwn ohono berthyn ond i un yn unig. Gan hynny, pe bai Socrates yn un â'r dyn hwn yn unig trwy fod yn ddyn, ni allai fod mwy nag un dyn, dim mwy nag y gall fod mwy nag un Socrates. Yn awr, felly y mae gyda Duw, oherwydd fel y dangosasom y mae Duw ei hun yn un â'i natur ei hun. Gan hynny, y mae bod yn Dduw yn un â bod y Duw hwn. Ac o'r herwydd ni all fod amlder o Dduwiau.
>
> Yn ail, am fod perffeithrwydd Duw yn ddibendraw. Oherwydd y mae Duw, fel y gwelsom, yn cynnwys ynddo'i hun holl berffeithrwydd bodolaeth. Yn awr, pe bai amlder o Dduwiau, byddai'n rhaid iddynt fod bob un yn wahanol i'w gilydd. Fe berthynai i un rywbeth na berthynai i un arall. A phe bai hynny'n ddiffyg, ni fyddai'r Duw cyntaf yn gyfangwbl berffaith, ond pe bai'n berffeithrwydd, byddai'r llall yn ddiffygiol ohono. Gan hynny, ni all fod mwy nag un Duw. A dyna paham y byddai athronwyr yr hen oesoedd yn dweud, gan dalu gwrogaeth, fel petai, i'r gwirionedd, na allai tarddle pethau fod yn niferog os oedd yn anfeidrol.
>
> Yn drydedd, am fod y byd yn un. Oherwydd yr ydym yn cael fod yr holl fodolion wedi eu trefnu ynghyd, rhai'n bod er mwyn eraill. Yn awr ni chyfunir gwahanol bethau mewn un drefn oni cheir un achos trefn. Oherwydd gosodir undod a threfn mwy gorffenedig ar nifer o bethau gan un achos na chan lawer, gan fod undod yn cynhyrchu undod o'i hanfod a nifer yn ei gynhyrchu'n unig i'r graddau y mae yntau'n digwydd bod yn un rywfodd. Gan hynny, y mae'n rhaid i ffynhonnell gyntaf undod a threfn y bydysawd, sef Duw, fod yntau'n un, am fod

y cyntaf bob amser yn berffeithiaf nid trwy ddigwyddiad ond o'i hanfod.[3]

* * * *

2. *Duw'r Creawdwr*

Yn ôl y theistiaeth glasurol, fe greodd Duw y byd 'o ddim' (*ex nihilo*). Rhaid nodi dau beth ynglŷn â'r ymadrodd *ex nihilo*. Yn gyntaf, y mae'n ddadansoddol, nid yn synthetig. Nid yw'n ychwanegu dim at y syniad o greu; nid yw ond yn echblygu'r syniad. Yn ail, rhaid deall 'dim' yn ôl yr ystyr caeth o anfod neu anfodolaeth lwyr. Nid oes unrhyw ffurf o fod sy'n bodoli'n annibynnol ar weithred greadigol Duw. Y mae pob peth yn dibynnu'n llwyr arno ef, hyd yn oed am ei fodolaeth.

* * * *

Ni ellir deall yn llawn athrawiaeth y cread oni chedwir mewn cof y pwyntiau canlynol.

(a) Rhaid gwahaniaethu rhwng y gwrthgyferbyniad rhwng y creadur a'r Creawdwr a'r gwrthgyferbyniad rhwng ymddangosiad a realiti. Nid yw'r cread yn afreal ar unrhyw ystyr. Y mae'n gyfangwbl real yn ôl y terfynau a dderbyniodd gan y Creawdwr. *Ni all* byd a grewyd fod yn ymddangosiad yn unig o fyd (ac o'r herwydd yn fyd rhithiol), oherwydd Duw yw'r unig realiti y gallai fod yn ymddangosiad ohono; ond holl ergyd y gwrthgyferbyniad creadur-Creawdwr yw datgan fod y byd a Duw yn ontolegol wahanol y naill i'r llall.

* * * *

(b) Er bod y byd yn dibynnu'n llwyr ar Dduw, y mae ganddo rywbeth y gellir ei alw'n 'annibyniaeth gymharol' neu'n 'ymreolaeth ddeilliadol'. Wrth greu'r byd cynysgaeddodd Duw ei weithrediadau â'u hegwyddorion eu hunain, sydd o'r herwydd yn ddealladwy yn eu braint eu hunain. Felly gallwn egluro ymddygiad gwrthrychau ffisegol trwy gyfrwng y deddfau hynny a ddarganfyddir gan y gwyddorau naturiol. Yn ail, gallwn egluro ymddygiad dynion yn rhannol trwy gyfrwng deddfau ffiseg a seicoleg, ond yn rhannol hefyd (a dyma honiad y theistiaid) trwy gyfrwng y ffaith fod gennym ryddid ewyllys.

(c) Er mai Duw, a siarad yn ontolegol, yw achos cyntaf popeth (yn gymaint ag y mae popeth yn dibynnu ar ei *fiat* creadigol), y mae fel arfer yn gweithredu'n gyfangwbl trwy achosion eilraddol — hynny yw, trwy ddeddfau natur a thrwy ewyllys rydd dynion.

(ch) Ni allwn ynysu a gwylio gweithgaredd Duw fel yr achos cyntaf. Y mae'r weithgaredd honno yn gyfangwbl guddiedig yn yr achosion eilraddol y mae'n eu bywhau. Ni ellir ei dirnad ond trwy weithred nodweddiadol fetaffisegol o reswm neu o ffydd.

(d) Serch hynny, gan mai Duw yw'r Creawdwr, y mae ganddo'r gallu i ymyrryd trwy weithred oruwchnaturiol ddigyfrwng â phrosesau arferol y cread, os yw ymyrryd o'r fath yn gyson â'i natur ef ei hun ac hefyd â natur yr endidau creëdig y mae a wnelo'r weithred â hwy. Os yw endidau meidrol yn dibynnu'n hanfodol ar Dduw, rhaid eu bod yn agored i dderbyn unrhyw effeithiau posibl y mae ef yn dewis eu creu ynddynt. Ni allaf ond datgan yr egwyddor sylfaenol hon. Rhaid imi adael i eraill y gwaith o drafod gwyrthiau'n fanwl.

(dd) Y mae bodolaeth y byd yn dibynnu'n *barhaus* ar Dduw. Yn y ddeunawfed ganrif daliai'r deistiaid fod Duw, wedi iddo wneud y byd 'yn y dechreuad', wedi gadael iddo fynd yn ei flaen ar ei ben ei hun yn ôl y deddfau a osodasai arno. Y mae'n wir yr ategir y farn honno gan ddehongliad gor-lythrennol o fythau'r creu yn llyfr Genesis; ond y mae llawer yn awr yn cytuno fod rhaid deall y rheini fel datganiadau sumbolaidd o berthynas barhaol rhwng Duw a'r byd; ac y mae dysgeidiaeth y Beibl fel cyfangorff yn awgrymu'r cyfryw berthynas. A fodd bynnag, os yw'r byd yn dibynnu'n llwyr ar Dduw (fel y maentumiodd y theistiaid yn gyson), y mae'n hunanamlwg ei fod yn dibynnu felly arno trwy gydol ei hanes; oherwydd os yw'n llwyr ddibynnol byddai'n peidio â bod ar unwaith pe tynnid ymaith allu creadigol Duw. Y mae'n rhesymegol amhosibl fod terfynau ar ddibyniaeth absoliwt. Gan hynny, o safbwynt Duw nid oes gwahaniaeth rhwng creu a chynnal.

(e) Y mae'n canlyn nad yw cosmoleg gwyddonol yn effeithio ar theistiaeth. A gor-symleiddio o reidrwydd, y mae rhai cosmolegwyr yn dal fod y bydysawd wedi deillio o ffrwydriad dechreuol (y gellir ei ddyddio'n fras) mewn cyflwr dechreuol o fater; ond y mae eraill yn dal fod y bydysawd yn bod ers cyfnod anfeidrol o faith. Pe cyfyngid gweithgaredd greadigol Duw i ennyd dechreuol o amser, ni fyddai hynny'n gyson â'r ail ddamcaniaeth; ond oni chyfyngir hi felly, gellir ei hestyn am ba hyd bynnag o amser y parhao'r bydysawd. Rhaid cyfaddef fod estyn felly'n ymhlygu nad oes gan Dduw ei hun ddechreuad mewn amser. Ond elfen cwbl anhepgorol yn y syniad o dragwyddoldeb Duw yw'r gred nad oes na dechrau na diwedd i Dduw — a byddaf yn trafod y syniad hwnnw yn nes ymlaen.

(f) Nid oes dim byd cyfochrog â gweithred greadigol Duw yn y byd meidrol. Ni all unrhyw berson dynol greu dim oll *ex nihilo*. Felly, y mae'r artist 'creadigol', fel y'i gelwir, bob amser yn gweithio ar ryw ddefnydd parod — geiriau, paent, meini. Y mae cerddoriaeth hyd yn oed, y gelfyddyd buraf, yn rhagdybio offeryn materol a'i bosibiliadau tonaidd. Heblaw hynny, person dynol yw pob artist, ac nid rhywbeth a greir *ex nihilo* gan ddynion yw person dynol, ond (yn ôl yr ymadrodd Saesneg arwyddocaol) rhywbeth '*pro*-created' gan ei rieni allan o'u helfennau genetig.

(ff) Fel canlyniad, y mae gweithgaredd greadigol Duw'n rhwym o fod yn anamgyffredadwy. Gallwn synio am weithgareddau cydweddus â hi; ond nid yw'r un ohonynt yn hollol gyfochrog; o'u goleddfu maent yn cyfeirio at weithred sy'n wahanol ei math i unrhyw un y mae gennym ni brofiad uniongyrchol ohoni, a sydd o'r herwydd yn rhwym o ddianc rhag rhwydau ein deall.

Y mae'n arbennig o amlwg na allwn amgyffred gweithgaredd greadigol Duw pan ystyriwn *pam* y mae Duw'n creu'r byd. Y pryd hwnnw, fe ymddengys, deuwn wyneb yn wyneb â'r wrthebiaeth ganlynol: os dywedwn fod Duw'n creu trwy weithred rydd ei ewyllys, yr ydym yn awgrymu y gallasai Duw beidio â chreu, neu hyd yn oed ei fod yn anfodlon creu; ond y mae rhesymau (y byddaf yn eu hystyried yn ddi-oed) dros ddal fod pob un o weithredoedd Duw yn fynegiad rheidiol o'i natur, ac ni allwn gysoni'r cariad dwyfol ag unrhyw anfodlonrwydd i roi. Eto, os dywedwn fod Duw'n creu 'o reidrwydd', onid ydym yn awgrymu fod ar Dduw angen y byd i gwblhau ei fod, fel na all ef fod yn hunan-ddigonol fel y dywed y theistiaid ei fod?

Ateb y theistiaid i'r wrthebiaeth honno yw datgan yr y naill law fod gweithred greadigol Duw yn rhydd yn gymaint ag y mae'n rhydd o orfodaeth allanol ac nad yw'n angenrheidiol i gwblhau ei fywyd ei hun, ond ei bod ar y llaw arall yn *ganlyniad* rheidiol i'r bywyd hunan-ddigonol o gariad y mae'n ymhyfrydu ynddo yn ei Dduwdod tri-yn-un. Gallwn ddeall y rheidrwydd hwnnw'n rhannol yn gymaint â'n bod ninnau'n gallu gwneud daioni i eraill heb ddisgwyl iddynt dalu'n ôl inni, ac yn wir heb fod arnom angen cael ein talu'n ôl. Eto ni allwn ei ddeall yn llwyr; oherwydd y mae'n ffaith fod ein holl weithredoedd allgareddol yn gymorth i gwblhau ein natur foesol, er nad ydym yn eu cyflawni er mwyn y cwblhad hwnnw.

(g) Fodd bynnag, er na allwn amgyffred na natur na chymhelliad gweithred greadigol Duw, y mae'n gwbl rhesymol inni gynosod y weithred honno; oherwydd gallwn weld cymaint â hyn, ei bod yn arddangos y radd eithaf o nerth ac o gariad, sy'n digwydd yn ein profiad ni mewn ffurfiau cyfyngedig yn unig. Am fod Duw'n hunan-ddigonol fe all ymarfer nerth creadigol yn absolwt. A hefyd am ei fod yn hunan-ddigonol ef yn unig a all arddangos cariad mewn ffurf sy'n *gyfangwbl* allgareddol.

Y triawd arferol o resymau dros dderbyn athrawiaeth y creu yw: rheswm, datguddiad a phrofiad. Dywed y ddadl gosmolegol fod rhaid inni gynosod Bod sy'n bodoli ohono'i hun fel tarddiad creadigol y byd, os ydym i feddu ar reswm digonol dros fodolaeth y byd neu ar eglurhad terfynol ohono. Y mae'r Testament Newydd (y cytunir yn gyffredinol mai ef yw prif ffynhonnell y datguddiad Cristnogol) yn ymhlygu drwyddo draw fod Duw'n creu'r byd *ex nihilo*.

Ceir y datganiad egluraf yn rhagair Efengyl Ioan, lle dywedir am y Gair dwyfol oedd yn cyn-fodoli, 'trwyddo ef y gwnaethpwyd pob peth'. Y rheswm profiadol yw'r teimlad o ddibyniaeth, a ystyrid gan Schleiermacher yn graidd crefydd, ac y mae'r Beibl yn tystio iddo ymhob rhan ohono.

3. *Anfeidredd Duw*

Rhaid dechrau trwy ddweud tri pheth *nad* yw 'anfeidredd' yn eu golygu mewn theistiaeth glasurol. Yn gyntaf, nid yw'n golygu fod Duw heb na llun na ffurf. I'r gwrthwyneb. Ffurf bur yw ef, a siarad yn nhermau'r gwrthgyferbyniad Aristotelaidd; oherwydd nid yw'n fodolyn cyfansawdd. Byddaf yn ymhelaethu ar y gosodiad hwn yn nes ymlaen. Yn ail, nid dweud fod Duw'n ddi-ansawdd yw dweud ei fod yn anfeidrol. Y mae iddo ansawdd Ysbryd pur.

Tueddwn at y dehongliadau cyfeiliornus hynny o anfeidredd Duw yn enwedig pan geisiwn feddwl amdano trwy gyfrwng y dychymyg synhwyrus. Yr ydym yn barod iawn i ddychmygu'r 'anfeidrol' fel mas di-lun ac amhendant (neu, efallai, fel gofod gwag). Rhaid inni gofio yma, megis mewn mannau eraill, fod Duw'n gyfangwbl anghorfforol; a chan hynny, er na allwn gael gwared yn llwyr o ddelweddau synhwyrus wrth feddwl amdano, rhaid inni yn y pen draw negyddu'r holl ansoddau hynny na allant berthyn ond i endidau materol.

Yn drydydd, ac yn arbennig iawn, rhaid inni beidio â meddwl am anfeidredd Duw fel pe na bai'n ddim ond estyniad anfeidrol o briodoleddau dynol. Y mae sawl gwrthddadl yn erbyn y farn honno. Ni chaniatâi inni briodoli natur bendant i Dduw; oherwydd gellid bob amser estyn y priodoleddau dynol ymhellach. Byddai'n ymwrthebol; oherwydd y mae'r syniad o berson dynol yn cynnwys ynddo'i hun y syniad o fod a chanddo derfynau mewn perthynas â bodau eraill o'r un rywogaeth (ac wrth gwrs, mewn perthynas â phob peth arall yn y bydysawd). Byddai'n wrthun gan grefyddwyr; oherwydd ni ddarluniai Dduw fel dim amgen na dyn ar raddfa fawr, ac yn wahanol i'w greaduriaid mewn gwedd ond nid yn ei rywogaeth.

Rhaid deall yr 'an' yn 'anfeidrol' fel rhagddodiad negyddol. Y mae'n golygu fod Duw'n 'nid-meidrol'. Er mwyn ffurfio syniad cywir ohono rhaid inni wadu fod ganddo unrhyw un o'r cyfyngiadau hynny'n sy'n llesteirio bodau creëdig. Gan hynny, yn aml iawn y mae arnom angen traethiadau negyddol (megis 'anghyfnewidiadwy') i fynegi ei anfeidredd. Ond cawn ddefnyddio rhai cadarnhaol yn ogystal, o'u dehongli'n gywir. Felly, y mae 'symlrwydd' Duw'n golygu ei fod yn llwyr fynegi ei holl briodoleddau yn ei holl weithredoedd.

Peth di-fudd fyddai sôn lawer rhagor am anfeidredd Duw fel y cyfryw; oherwydd nid yw dweud ei fod yn nid-meidrol, neu heb gyfyngiadau, yn cynnig mwy na sylfaen gyda'r lleiaf i theistiaeth. Gan hynny, ystyriwn y ffurfiau o fod y mynegir anfeidredd Duw ynddynt.

4. *Duw'n bodoli ohono'i hun*

Yr arwydd sylfaenol o anfeidredd Duw, a'r un sy'n penderfynu popeth arall, yw ei fod yn bodoli ohono'i hun. Dangosir natur gyfyngedig pob endid creëdig yn bennaf gan y ffaith ei fod yn ddibynnol. Cymerwn fy modolaeth i (yr awdur) a'ch bodolaeth chwi (y darllenydd). Y mae'r naill a'r llall ohonom yn ddibynnol ar ffactorau dirifedi, rhai ffisegol a rhai meddyliol, yn y gorffennol ac yn y presennol. Heb ffactorau'r gorffennol ni fuasem wedi dod i fodolaeth, a heb ffactorau'r presennol ni fyddem yn parhau mewn bodolaeth. Nid yw'r naill na'r llall ohonom yn cynnwys ynddo'i hun y rheswm dros ei fodolaeth.

Y mae Duw, ar y llaw arall, yn bodoli ohono'i hun. Nid yw ei fodolaeth yn dibynnu ar unrhyw ffactorau allanol. Y mae'n gyfangwbl hunan-ddigonol. Ei hunan-fodolaeth neu ei hunan-ddigonedd yw man cychwyn sylfaenol y gwahaniaeth rhyngddo ef a'i greaduriaid meidrol. A chydberthnasu, hi yw nod flaenaf ei anfeidredd, fel y dywed Acwinas: 'Y mae'r ffaith fod bodolaeth Duw yn hanfod ynddi ei hun heb i ddim ei derbyn arno'i hun, a'i bod fel y cyfryw yn ddigyfyngiad (*prout dicitur infinitum*), yn ei gwahaniaethu oddi wrth bob dim arall, ac yn gosod pethau eraill ar wahân iddi.'[4]

Gellir mynegi hunan-fodolaeth Duw trwy dri chategori ychwanegol.

(a) Y mae creaduriaid yn bodoli *per se* ('wrthynt eu hunain', neu 'yn eu braint eu hunain') ond y Creawdwr yn unig sy'n bodoli *a se* ('trwyddo'i hun' neu 'ohono'i hun'). Y mae dweud fod creaduriaid yn bodoli *per se* yn datgan (yn erbyn monistiaeth) fod pob un ohonynt yn real, yn wahanol ac yn hunanlywodraethol. Serch hynny, hunanlywodraeth gyfyngedig sydd ganddynt; a'r prif ffurf ar y cyfyngu yw eu dibyniaeth ar ffactorau allanol. Y mae Duw'n drwyadl annibynnol ar ffactorau o'r fath, ac o'r herwydd yn drwyadl hunan-ddigonol; mynegir hynny weithiau trwy ddweud mai ef yn unig sy'n bodoli *a se* (neu mai ef yn unig sy'n meddu ar *aseitas*).

(b) Gallwn hefyd ddatgan hunan-fodolaeth Duw trwy ddweud yn ogystal mai'r un yw hanfod a bodolaeth ynddo ef. Mewn pob bodolyn meidrol y mae hanfod yn wahanol i fodolaeth, er na ellir eu rhannu. Gadewch inni drafod y pwynt o safbwynt hanfod yn gyntaf. Gydag unrhyw endid meidrol, nid yw'n wir fod ei hanfod (*beth* ydyw) yn un â'i fodolaeth (y ffaith ei fod). Cymerwn yn enghraifft ryw ddyn — Siôn. Hyd yn oed petai gennym ddisgrifiad cyflawn o natur Siôn, neu sythwelediad ohoni, ni fyddai gennym eto gyfrif cyflawn am ei fodolaeth; ni fyddai ei natur yn egluro'i fodolaeth; gallem eto ofyn 'Beth sy'n peri iddo fod?' Yn achos Duw, ar y llaw arall, nid oes unrhyw wahaniaeth o'r fath rhwng ei natur a'i fodolaeth. Petaem yn gallu amgyffred yn llwyr ei natur, neu ei hanfod, fe welem ei bod wedi ei thrwytho mewn gallu anorfod i fodoli. A chydberthnasu, gellir dweud mai'r un yw bodolaeth Duw a'i hanfod. Cyfyngir bodolaeth pob endid meidrol gan ei hanfod neu'i natur; fel ei bod yn fodd o fod, neu'n ffurf benodol o fod. Felly, y mae Siôn yn ddyn (yn hytrach nag yn anifail), ac yn ddyn neilltuol (yn hytrach nag yn ddyn arall). Ond ni chyfyngir bodolaeth Duw felly gan ei natur. Nid oes unrhyw ffurf o fod nad yw ef yn ei mynegi'n gyflawn ac yn gydamserol.

* * * *

(c) Gellir yn ogystal gyflwyno hunan-fodolaeth Duw trwy'r datganiad ei fod yn bodoli'n 'rheidiol', neu ei fod yn fod 'rheidiol' (*ens necessarium*). Ond er mwyn deall y datganiad hwnnw'n gywir, rhaid cofio tri pheth.

Yn gyntaf, rhaid gwahaniaethu rhwng rheidrwydd perthynol a rheidrwydd absolwt. Os credwn (er gwaethaf Hume) fod rheidrwydd gwrthrychol ynglŷn ag olyniaeth achos ac effaith, rhaid inni ddatgan fod popeth yn rheidiol yn gymaint ag y mae wedi ei achosi. Ond y mae ei reidrwydd yn hollol berthynol i'w achosion, a gwneir hwythau'n rheidiol gan achosion eraill. Duw'n unig sy'n rheidiol yn y ffordd absolwt; oherwydd ef yn unig sy'n cynnwys yn ei fod ei hun reidrwydd o fodoli.

Yn ail, nid ystyr rhesymegol sydd i 'reidrwydd' yn y cyd-destun hwn, ond un ontolegol; y mae'n cyfeirio at fodolaeth Duw, nid at osodiadau am ei fodolaeth. At hynny nid yw rheidrwydd ontolegol yn ymhlygu rheidrwydd rhesymegol. Nid anghysondeb yw datgan fod bodolaeth Duw'n rheidiol, a gwadu ar yr un pryd (fel y gwadwn i) fod y datganiad ei fod yn bodoli yn rhesymegol reidiol (neu'n gysyniadol anorfod) . . .

Yn olaf, y mae rheidrwydd Duw'n rhwym o fod yn anamgyffredadwy. Ni allwn lunio unrhyw syniad cadarnhaol amdano, oherwydd nid oes iddo unrhyw gyfochredd â gwrthrychau profiad meidrol. Gyda llawer o briodoleddau Duw gallwn gynnig cydweddiadau meidrol (er eu hanaddased); ond nid oes dim sy'n cydweddu â'i hunan-fodolaeth. Yn y fan hon gallwn sôn amdano'n fanwl gywir fel 'y cyfangwbl Arall' sy'n 'ddiamodol unigryw', ac sydd gan hynny'n ddirgelwch anhreiddadwy i feddyliau meidrol.

* * * *

Y rhesymau yr wyf wedi cyfeirio atynt eisoes, wrth gwrs, yw'r rhesymau dros ragosod hunan-fodolaeth Duw. Yn gyntaf, y gynsail resymol bur a fynegir yn y ddadl gosmolegol. Nid yw dim ond Duw sy'n bodoli ohono'i hun yn rheswm digonol dros y byd. Petai Duw'n feidrol ni fyddai'n ddim amgen nag un o'r eitemau dirifedi yn y byd; ac o'r herwydd gallem ofyn 'Beth achosodd ef?', yn union fel y gallwn ofyn 'Beth achosodd hwy?' A achoswyd ef gan 'dduw' arall (ac felly ymlaen yn ddibendraw)? Y mae'n eglur na all dim ond Duw sy'n trosgynnu'r cyfresi meidrol yn llwyr fod yn eglurhad *terfynol* o'r endidau meidrol *i gyd*.

Profiad crefyddol yw'r gynsail brofiadol dros ragosod ei hunan-fodolaeth; nid y ffaith foel ei fod yn digwydd, ond dadl oddi wrth y ffurf ddwysaf arno. Y ddadl yw (ac onid yw'n amhosibl ei gwrthbrofi?) na allwn gynnig addoliad cyflawn — moliant a hunan-ymroddiad cyflawn — i Dduw nad yw ond *primus inter pares* ac yn ddarfodedig. Rhaid i Dduw fod yn unigryw ac yn annarfodedig; ond ni all fod felly onid yw'n anfeidrol ac yn bodoli ohono'i hun.

Rhaid cyfaddef nad yw'r gynsail a geir yn natguddiad y Beibl cyn amlyced. Nid yw ysgrifenwyr y Beibl yn datgan hunan-fodolaeth Duw'n echblyg, am nad oedd ganddynt mo'r diddordeb gofynnol mewn myfyrdod metaffisegol; ond y maent yn ei hymhlygu trwy ddweud mai Duw yw Creawdwr popeth sydd, ac mai ef yw gwrthrych teilwng addoliad diamodol. Yn anad dim y maent yn ei hymhlygu trwy ragdybio natur derfynol Duw. Cymerent yn ganiataol na *all* fod dim y tu hwnt i Dduw. O'r herwydd cafwyd mai anorfod oedd dehongli'r enw dwyfol fel 'yr Hwn Sydd'.

Y mae'r holl briodoleddau dwyfol y byddaf yn mynd ati i'w trafod wedi eu goblygu gan y syniad o anfeidredd neu o hunan-fodolaeth Duw, a chan hynny (cyhyd ag y mae a wnelom â theistiaeth glasurol) rhaid eu dehongli trwy gyfrwng y syniad hwnnw. Os yw Duw'n fod anfeidrol neu'n un sy'n bodoli ohono'i hun, rhaid ei fod yn anghorfforol (oherwydd y mae mater o'i hanfod yn cyfyngu), yn dragwyddol (oherwydd cyfyngir presennol pob bod amserol gan ei orffennol a chan ei ddyfodol), yn anghyfnewidiadwy (oherwydd fod newid yn ymhlygu diffyg bod), yn anaffeithiadwy (o leiaf yn yr ystyr na all Duw newid, boed yr achos yn fewnol neu'n allanol), yn syml (am fod ei natur gyfan ar waith ym mhopeth yw ef ac ym mhopeth a wna), yn berffaith (am y byddai unrhyw nam ar ei natur hefyd yn nam ar ei fod), yn hollwybodus (yn yr ystyr fod rhaid i'w holl alluoedd gwybyddol fod ar waith), ac yn hollalluog (yn yr ystyr fod rhaid i'w holl alluoedd ewyllysiol hwythau fod ar waith).

(b) *Theistiaeth Glasurol* (2)

5. *Duw'n anghorfforol*

Y mae'n amlwg fod pob mater, ac yn arbennig y corff materol, yn cyfyngu o'i hanfod. Y mae popeth sy'n bodoli mewn gofod yn rhwym o gau allan bethau eraill sy'n llenwi rhannau eraill o ofod. Gan hynny, os yw Duw'n anfeidrol, rhaid nad yw'n bodoli mewn gofod, nac yn meddu ar gorff. Rhaid ei fod yn Ysbryd *pur*.

Sail arall i brawf fod Duw'n anghorfforol yw ei hunan-fodolaeth, sydd, fel y dylid cofio bob amser, yn arwydd sylfaenol o'i anfeidredd. Ni all unrhyw endid materol fodoli ohono'i hun; oherwydd y mae pob un yn ffurf benodol, neu'n fodd o fod. Fel canlyniad gallwn bob amser holi ynghylch unrhyw endid o'r fath: 'Beth yw ei achosion a'i amodau?'

Weithiau codir yr wrthddadl fod y syniad o fod anghorfforol yn ddiystyr (neu efallai'n ymwrthebol). Ein barn flaenorol am berthynas y meddwl dynol â'i gorff fydd yn penderfynu a fyddwn yn cytuno ai peidio. Os mynnwn fod gweithgareddau meddyliol yn un â gweithgareddau corfforol, neu'n foddau ohonynt, ni bydd gennym ddim byd i'w gydweddu ag Ysbryd pur. Ond os mynnwn fod gwahaniaeth ontolegol rhwng ein meddyliau a'n cyrff, fe fydd gennym rywbeth i'w gydweddu. Er ein bod bob amser yn cael fod meddyliau dynol wedi eu cysylltu â chyrff, a hyd yn oed os yw'r corff (ac yn enwedig yr ymenydd) yn amod unrhyw weithred feddyliol yn ein cyflwr presennol, y mae'n rhesymol inni gynosod bodolaeth Meddwl a fyddai'n rhydd oddi wrth y cysylltiad a'r amod hwnnw.

* * * *

6. *Tragwyddoldeb Duw*

Gall fod i'r ansoddair 'tragwyddol' ddau ystyr: 'bythol' a 'diamserol'. Gellir fersiwn gref neu wan o'r ystyr cyntaf. Yn ôl y fersiwn gref, y mae'r endid a ddynodir felly wedi bodoli, ac fe fydd yn bodoli, bob amser. Yn ôl y fersiwn wan, bu gan yr endid ddechreuad ond ni bydd diwedd arno. Y fersiwn wan a ddefnyddir mewn datganiadau Cristnogol o anfarwoldeb dynion. Y mae pob enaid dynol yn amserol yn yr ystyr y bu iddo ddechreuad; ond y mae'n dragwyddol yn yr ystyr na fydd diwedd arno byth. Eto, y fersiwn gref a ddefnyddiwyd bob amser gan theistiaid ynghylch Duw — fersiwn y ceir enghraifft berffaith ohoni yn Salm 90: 2: 'Cyn gwneuthur y mynyddoedd, a llunio ohonot y ddaear, a'r byd; ti hefyd wyt Dduw, o dragwyddoldeb hyd dragwyddoldeb'.

Fodd bynnag, y mae'r theistiaid clasurol wedi mynnu nad digon yw dweud fod Duw'n fythol. Y mae Duw, fe ddatganant, y tu allan i unrhyw gyfres amserol; y mae'n gyfangwbl ddiamserol. Deilliodd yr hafaliad rhwng tragwyddoldeb a diamseredd o waith Platon. Boethius a roes y mynegiant clasurol iddo, fel hyn: *aeternitas est interminabilis vitae tota simul et perfecta possessio* ('meddiant cyflawn, cydamserol a pherffaith ar fywyd diderfyn yw tragwyddoldeb').[5] Y mae Acwinas yn dyfynnu'r geiriau hynny fel diffiniad o dragwyddoldeb Duw. Y mae'n ychwanegu fod disgrifiadau'r awduron Beiblaidd o Dduw yn iaith olyniaeth amserol yn 'drosiadol'.[6]

Y mae'n berffaith eglur fod datgan anfeidredd a hunan-fodolaeth Duw'n goblygu (fel y maentumia Acwinas) datgan ei ddiamseredd neu ei gydamseredd. Petai Duw'n fod amserol (hyd yn oed petai'n amserol ddiddiwedd), fe gyfyngid ei bresennol (fel pob presennol dynol) gan ei orffennol a'i ddyfodol. Yn yr un modd, ni fyddai'n bodoli ohono'i hun; oherwydd byddai ei fod ar amser 2 yn cau allan ei fod ar amser 1 ac ar amser 3. Mewn geiriau eraill, petai Duw'n fod amserol ni fyddai ei hanfod yn un â'i fodolaeth; oherwydd byddai bob amser ffurfiau o fod a gollasai, a ffurfiau nad oedd eto wedi eu cyrraedd. Mewn geiriau eraill eto, petai Duw'n amserol gallem bob amser ofyn: 'Beth yw'r achos ei fod fel ag y mae'n awr?' Wrth ateb y cwestiwn hwnnw byddai'n rhaid inni fynd yn ein holau *ad infinitum* wrth ddisgrifio ei gyflyrau blaenorol; ond ni allai unrhyw ddisgrifiad o'r fath fod yn derfynol; ac felly byddai bodolaeth Duw yr un mor ddamweiniol — yn 'ffaith foel' na ellid yn y pen draw mo'i hegluro — â bodolaeth y byd. Gan hynny, os yw Duw'n fodolyn rheidiol, rhaid ei fod yn bodoli mewn presennol diamserol.

Gellir cynnig dwy brif wrthddadl yn erbyn y syniad o gydamseredd Duw.

Yn gyntaf, fe ddywedwyd fod y syniad o berson diamserol yn ddiystyr. Rhaid cyfaddef ei fod yn ddiystyr yn gymaint â'n bod yn methu cysylltu ag ef ystyr addas, cadarnhaol. Ond nid yw'n ddisynwyr yn yr ystyr ei fod yn amlwg yn ymwrthebol. Nid yw 'personol' yn cau allan 'diamserol', megis y mae'n cau allan 'amhersonol', na megis y mae 'diamserol' yn cau allan 'amserol'. Y mae angen profi'r cyhuddiad fod yma ymwrthebiad; ni all ddibynnu ar yr honiad fod ymwrtheb cysyniadol wedi cael ei ddatgan.

* * * *

Y mae'r ail wrthddadl yn fwy pwysfawr. Gellir dweud mai ymwrthebiad yw'r datganiad fod Duw diamserol yn Greawdwr byd amserol. Tybiaf y bydd y sylwadau canlynol yn ddigon i roi taw ar yr wrthddadl hon.

(a) Rhaid inni wahaniaethu rhwng gweithred Duw'n creu'r byd, a'r byd ei hun. Os yw Duw'n ddiamserol byddem yn ein gwrthddweud ein hunain pe datganem ei fod yn cynnwys y byd amserol (llawn cymaint â phetaem yn datgan fod yr un gwrthrych materol yn las ac yn goch i gyd). Ond sail theistiaeth yw'r datganiad fod Duw a'r byd yn ontolegol wahanol y naill i'r llall. Nid yw gweithred greadigol Duw byth yn ymdoddi i'r endidau y mae'n eu creu. Nid yw theistiaid (yn wahanol i bantheistiaid ac i banentheistiaid) yn cynosod yn y Duwdod ei hun ansoddau sy'n cau ei gilydd allan.

(b) Er bod amser yn groes i dragwyddoldeb, y mae perthynas ffurfiannol y cyntaf â'r ail ar wastad y berthynas rhwng copi a'r cynddelw; ond nid oes unrhyw berthynas o'r fath rhwng yr ansoddau syml sy'n wrthrychau'r synhwyrau. Fel y dywedodd Platon, 'delwedd fudol o dragwyddoldeb' yw amser.[7] Mewn termau theistaidd, y mae'r byd yn bod trwy feidroli a gwahaniaethu, trwy amser, ansoddau a syniadau sy'n bodoli yn Nuw yn anfeidrol, yn syml, ac yn gydamserol. Natur y byd fel rhywbeth amserol (llawn cymaint â'i natur fel peth meidrol a llawn gwahaniaethau) yw bod yn adlewyrchiad creëdig o'i Gwaelod anghreëdig.

* * * *

7. *Duw'n anghyfnewidiadwy*

Y mae fod Duw'n anghyfnewidiadwy, neu'n ddigyfnewid, yn canlyn o'i anfeidredd (yn yr ystyr o ddiamseredd). Mynegodd St. Awstin yr amhosibilrwydd hwn o newid yn Nuw mewn termau Platonaidd. Ail-fynegodd St. Tomos ef yn nhermau gwrthgyferbyniad Aristotlys rhwng dichonolrwydd a dirweddiad. Am fod Duw'n bodoli ohono'i hun y mae'n ddirweddiad pur; y mae'n rhoi pob dichonolrwydd o'r eiddo ar waith yr un pryd; am hynny, nid oes unrhyw ffurf na graddfa o fod y gall ef naill ai ei hennill neu ei cholli. Y mae'r gosodiadau metaffisegol hyn yn cyfateb i'r natur foesol ddigyfnewid a briodola'r Hebreaid i Yahweh, ac a fynegent trwy'r syniadau o 'ffyddlondeb', o 'wirionedd' ac o 'gariad diysgog' (cyfieithiad yr R.S.V. o *hesed*). Crynhowyd y cyfan gan Malachi yn ei eiriau: 'Canys myfi yr Arglwydd ni'm newidir'.[8]

Rhaid nodi dau bwynt. Yn gyntaf, nid yw'r syniad fod Duw'n anghyfnewidiadwy'n goblygu'r syniad o ragordeiniad. Nid yw'r datganiad na all ewyllys Duw newid yn goblygu ei fod yn gosod tynged neu gynllun digyfnewid ar ei holl greaduriaid dynol. Y mae fod Duw'n anghyfnewidiadwy yn ei berthynas â ni yn golygu fod ei fryd yn ddigyfnewid ar ein lles. Ond os yw ein lles yn cynnwys ein rhyddid, rhaid iddo gymryd y rhyddid hwnnw i ystyriaeth yn ei holl ymwneud â ni. Yn ail, nid yw fod Duw'n anghyfnewidiadwy yn gwrthdaro â gweddi ddeisyfol; oherwydd nid newid ewyllys Dduw yw gwir amcan y cyfryw weddi ond ymofyn beth bynnag a fo'n gyson â hi.

Y mae Duw, gan hynny, yn cydweithredu â'n penderfyniadau rhydd ac yn cyflawni rhai o'i weithredoedd i ateb ein gweddïau. Eto, nid yw wrth wneud hynny yn glastwreiddio dim ar yr amhosibilrwydd sydd ynddo o newid; oherwydd y mae'n cydweithredu gyda ni, ac yn ymateb inni, mewn ffyrdd a benderfynir gan ei ddoethineb a'i allu digyfnewid. Er ei fod yn ymaddasu i'n hamgylchiadau ni, ni newidir ef fymryn ganddynt. Yn wir, arwydd o'i gariad digyfnewid yw'r ffaith ei fod yn ymaddasu'n barhaus i ni.

8. *Duw'n anaffeithiadwy*

Gellir rhoi ystyr i'r amhosibilrwydd o affeithio Duw sy'n ddim amgen na manyliad ar yr amhosibilrwydd o newid ynddo. Fe all olygu na all Duw gymryd ei newid gan unrhyw achos, boed allanol neu fewnol. Ond ystyr arbennig y gair yw na all Duw brofi gofid, tristwch na phoen. 'Roedd yn wireb yn y ddiwinyddiaeth Blatonaidd fod Duw'n anaffeithiadwy yn yr ystyr hwnnw. Ystyrid hynny'n wireb gan y Tadau Cristnogol hwythau, a chan ysgolwyr y Canol Oesoedd. Ac er i lawer o theistiaid yr ugeinfed ganrif ei amau, ni fu heb ei amddiffynwyr (yn arbennig felly Von Hügel yn ail gyfrol ei *Essays and Addresses*).

Dyma'r agwedd fwyaf dadleuol ar theistiaeth glasurol. Y mae'n agored i'r gwrthddadleuon canlynol. Yn gyntaf, sut y gall Duw fod yn Gariad onid yw drygioni'n peri poen iddo (fel y gwna i gariad dynol ar ei orau)? Yn sicr, y mae cariad Duw'n rhagori'n anfeidrol ar yr eiddom ni. Eto, a oes ystyr o gwbl i'n sôn amdano onid yw'n cyfateb i gariad dynol yn y ffordd hanfodol hon? Yn ail, ffaith yr Ymgnawdoliad. Y mae'n wir fod natur ddwyfol Iesu yn wahanol i'w natur ddynol (yn ôl y mynegiant uniongred o'r athrawiaeth). Eto, fe'u canolwyd mewn un 'person' ac fe'u hunwyd gan ymgyfnewid perffaith o briodoleddau (*communicatio idiomatum*). Mewn geiriau syml, anodd iawn yw credu i Dduw beidio â phrofi dim o'r poenau a ddioddefodd ei Ddyndod os daeth ef yn Ddyn yn gyfangwbl. Yn olaf, fel y cyfaddefodd Von

Hügel, os Cariad yw Duw rhaid inni siarad amdano fel un sy'n 'cydymdeimlo' â ni. Ond a ellir siarad yn ystyrlon am gydymdeimlad gwirioneddol sy'n amddifad o unrhyw ofid a phoen?

Fodd bynnag, a yw cynosod dioddefaint yn Nuw yn gyson â chredu ei fod yn anghyfnewidiadwy? Awgrymaf ei fod, o gofio'r ffeithiau canlynol.

(a) Y mae Duw'n profi tristwch a phoen yn gyfangwbl ar ran eraill; ymateb ei ddychymyg ydynt i'r pechod ac i'r dioddefaint sy'n trallodi ei greaduriaid. Ni all dim yn ei natur ei hun beri iddo boen gorfforol na meddyliol . . .

(b) Gan hynny, y mae unrhyw ddioddefaint y mae Duw'n ei brofi oherwydd ei gariad at ei greaduriaid yn cael ei drawsffurfio ar unwaith gan y llawenydd a berthyn iddo o reidrwydd yn ei Dduwdod anghreëdig. Ni allwn ni, wrth gwrs, lunio syniad o'r trawsffurfiad hwnnw, chwaethach ei ddychmygu. Eto, y mae'n rhesymol inni gynosod ei fod, o gofio mai llawenydd *yw* Duw (megis mai ef *yw* ei holl briodoleddau, a bwrw golwg ymlaen at yr adran nesaf); ac o gofio na all creaduriaid, yn ôl natur, oleddfu bod y Creawdwr hollalluog; a bod Duw, trwy ei hollwybodaeth a'i hollalluogrwydd, yn adnabod ac yn ewyllysio buddugoliaeth y da dros y drwg yn y pen draw.[9]

(c) Y mae profiad dynol, hyd yn oed, yn cynnwys pethau sy'n cydweddu â'r trawsffurfiad o dristwch Duw yn ei lawenydd. Felly, gall offeiriad ymlawenhau yn ei ymdrechion i ddod ag achubiaeth i bechaduriaid (er bod y pechod yn wrthun ganddo). Gall meddyg hefyd ymlawenhau yn ei orchwyl o iacháu'r cleifion er bod clefyd yn wrthun ganddo. Yn y naill achos a'r llall y mae'r llawenydd yn effaith rhyw ddaioni mewnol sydd ohono'i hun yn trwytho popeth. Yn y naill achos a'r llall, hefyd, y mae'r llawenydd yn cymathu ac yn trawsffurfio'r drwg. Hyd yn oed yn yr achos mwyaf anodd y mae bywyd ysbrydol meidrolion, ar ei orau, yn cyfeirio at fywyd ysbrydol anfeidrol Duw.

* * * *

9. *Symlrwydd Duw*

Os yw Duw'n anfeidrol, rhaid ei fod yn syml; rhaid ei fod yn mynegi ei natur gyfan mewn un act; oherwydd pe na fynegid rhyw ran o'i natur fe fyddai ef yn gyfyngedig i'r graddau hynny. Mewn geiriau eraill, petai rhyw ansawdd nas mynegai ef, ni fyddai'n bodoli ohono'i hun; oherwydd rhaid fod un sy'n bodoli ohono'i hun — bod y mae hanfod a bodolaeth yn un ynddo — yn mynegi ei natur gyfan yn gydamserol.

Gellir manylu ar y pwynt trwy gyfrwng y categorïau Aristotelaidd o ddichonolrwydd ac o ddirweddiad. Os yw Duw'n anfeidrol neu'n bodoli ohono'i hun ni all fod unrhyw ddichonolrwydd yn ei fod nad ydyw ar waith; rhaid ei fod yn bodoli fel Dirwedd pur, diamodol. Fel canlyniad, rhaid fod ei briodoleddau'n cyd-daro'n berffaith, bob un â'i gilydd. Felly, rhaid fod ei ddeall yn cyd-daro'n berffaith â'i ewyllys, a'i gyfiawnder a'i gariad.

* * * *

Eto, rhaid pwysleisio un peth. Nid yw datgan fod holl briodoleddau Duw yn un yn golygu datgan eu bod yn ymdoddi i undod diwahaniaeth. Y mae Duw mewn gwirionedd yn ddeall ac mewn gwirionedd yn ewyllys; y mae mewn gwirionedd yn gariad ac mewn gwirionedd yn gyfiawnder. Nid yw athrawiaeth symlrwydd Duw'n gwadu nad yw ei briodoleddau mewn gwirionedd yn wahanol i'w gilydd. Y mae'n datgan fod arwahanrwydd pob priodoledd yn cydymdreiddio mor berffaith ag arwahanrwydd yr holl briodoleddau eraill fel bod pob priodoledd yn mynegi'n gyflawn bopeth a fynegir gan y lleill.

Er mwyn cyfuno'r datganiad fod Duw'n syml â'r datganiad fod i'w briodoleddau realiti gwrthrychol, y mae diwinyddion ac awduron crefyddol yn priodoli ansoddau i Dduw mewn ffurf sy'n ymhlygu hunan-fodolaeth. Felly y maent yn sôn am Dduw fel Un sydd yn Ddeall, yn Ewyllys, yn Gariad, ac ati. Fel canlyniad, peth naturiol yw i theistiad gyfarch Duw mewn gweddi dan un o'r enwau hynny. Serch hynny, nid yw hyd yn oed y ffordd honno o ddisgrifio yn ein galluogi i amgyffred hanfod Duw; oherwydd ni allwn ddirnad y modd y mae'r priodoleddau hynny, sy'n bodoli ohonynt eu hunain, yn cydymlynu.

10. *Perffeithrwydd Duw*

Os yw Duw'n anfeidrol, y mae'n amlwg mai perffaith yw ei fod;

ac os yw ei fod yn berffaith, rhaid ei fod ef yn berffaith o ran pob ansawdd a all berthyn i un sy'n bodoli ohono'i hun. Ac, a'i gwrthdroi, petai Duw'n ddiffygiol o ran unrhyw ansawdd ysbrydol, byddai'n ddiffygiol ei fod, ac felly ni fyddai'n bodoli ohono'i hun. Fel y dywed Acwinas, 'er nad yw bodoli'n goblygu bod yn fyw neu fod yn ddoeth (oherwydd nid oes raid i ddim sy'n cyfrannu o fodolaeth gyfrannu o bob modd o fodolaeth), serch hynny, y mae bodolaeth ei hun yn goblygu bywyd a doethineb (oherwydd ni all bodolaeth sy'n hanfod ynddi ei hun fod yn brin mewn unrhyw ffordd o berffeithrwydd bodolaeth).'[10]

Y mae'r ddadl honno'n profi nid yn unig fod gan Dduw ansoddau deallol, ond ei fod hefyd yn foesol dda. Rhaid i 'berffeithrwydd' yn y cyd-destun hwn gynnwys perffeithrwydd moesol; oherwydd petai Duw'n foesol amherffaith ei natur, fe fyddai i'r radd honno yn ddiffygiol ei fod. Rhaid cyfaddef bod estyn y ddadl i gynnwys ansoddau moesol yn dibynnu ar y rhagosodiad mai daioni yn hytrach na drygioni sy'n cyflawni bod ysbrydol. Pe dewisai rhywun ddweud mai drygioni sy'n cyflawni'r cyfryw fod ni ellid ei wrthbrofi ar dir rhesymeg. Ond prin y mae gofyn i'r theistiad gymryd sataniaeth bur i ystyriaeth wrth adeiladu ei gynseiliau metaffisegol.

* * * *

11. *Hollwybodaeth Duw*

Golyga hyn fod Duw'n gwybod popeth. Un o arwyddion amlycaf ein meidredd yw ein hanwybodaeth. Y mae myrdd o bethau na all unrhyw feddwl dynol eu gwybod, neu na all y meddwl dynol mwyaf treiddgar eu gwybod ond mewn ffordd amherffaith. Ond y mae Duw'n gwybod popeth yn berffaith. Amlygir perffeithrwydd ei wybodaeth yn y modd y gŵyr, ac yn ei hehangder.

Yn ei modd, y mae gwybodaeth Duw'n rhagori ar wybodaeth ddynol yn gymaint â'i bod yn gyfangwbl sythweledol. Er bod ein gwybodaeth ni'n cynnwys elfennau sythweledol, y mae'r rhan fwyaf ohoni'n ymresymol. Fe'i henillir a'i hategu trwy gymharu, dosbarthu, haniaethu a thynnu casgliadau o swysau. Nid oes ar Dduw angen gweithredu fesul tipyn fel hynny; fe ŵyr ef bopeth trwy sythwelediad deallol uniongyrchol; fel y dywed Acwinas, nid yw ei wybodaeth 'yn ymresymol neu drwy ymresymiad, er ei fod yn adnabod pob ymresymiad a phob proses.'[11]

Y mae gwahaniaeth cydberthynol rhwng ehangder gwybodaeth Duw a gwybodaeth dynion. Am fod rhaid i ni adeiladu ein gwybodaeth trwy ymresymiad ac oddi mewn i faes cyfyngedig, ni allwn fyth wybod dim yn gyfangwbl; ac y mae llawer o bethau na allwn mo'u gwybod o gwbl. Am yr un rhesymau, y mae'n gwybodaeth yn ffaeledig. Weithiau 'rydym yn tybio ein bod wedi meddiannu'r gwirionedd, ond y gwir yw ein bod ar gyfeiliorn. Ond y mae Duw'n gwybod popeth yn berffaith ac yn anffaeledig trwy ei fodd diamodol o sythwelediad deallol.

Gellir diddwytho'r perffeithrwydd deublyg hwnnw yng ngwybodaeth Duw nid yn unig o'i hunan-fodolaeth, ond yn ogystal o'r ffaith mai ef yw'r Creawdwr. Am ei fod yn creu popeth *ex nihilo* rhaid ei fod yn adnabod popeth yn llwyr trwy sythwelediad. Yn wir, rhaid ei fod wrth ei adnabod ei hun (fel y maentumia Acwinas) yn adnabod hefyd natur popeth sy'n bodoli neu a all fodoli; oherwydd nid oes dim yn y byd nad yw'n cyn-fodoli fel syniad yn ei feddwl ef ac nad yw'n bodoli o achos ei ewyllys ef. Nid yw'r byd ond taflun sylweddol o'r posibiliadau a gynhwysir yn ei feddwl ef.

* * * *

Y mae a wnelo'r ail broblem â gweithredoedd rhydd dynion. Nid yw tybio fod Duw'n eu gwybod yn creu anhawster os yw ei wybodaeth ohonynt yn ddiamserol, fel y mynega Acwinas:

> Yn uchelder tragwyddoldeb y mae Duw'n gweld popeth oddi fry i symudiad amser. Y mae'r hyn sy'n digwydd mewn amser eisoes yn bresennol iddo. Pan welaf i Socrates yn eistedd, y mae fy ngwybodaeth yn sicr ac yn anffaeledig, ond nid yw'n gosod Socrates dan unrhyw reidrwydd i eistedd. Ac felly y mae Duw, wrth iddo edrych ar bethau sydd i ni yn y gorffennol, neu yn y presennol, neu yn y dyfodol, yn eu hadnabod yn anffaeledig ac yn sicr fel realiti presennol, eto heb eu gosod dan reidrwydd i fodoli.[12]

Fodd bynnag, os yw Duw'n gwybod popeth yn ei dro, ni allai

ragweld gweithredoedd rhydd y dyfodol (os dehonglwn ryddid fel y gwna'r amhenderfyniedydd, sy'n dweud mai gweithred rydd yw gweithred y gellir dweud amdani yn ddiamodol y gallasai'r gweithredwr ddewis yn wahanol): oherwydd ni allai Duw 'wybod' (yn hytrach na 'dyfalu') am weithredoedd o'r fath onid oedd modd eu rhagfynegi; ond pe bai modd gwneud hynny, ni fyddent yn weithredoedd rhydd. Serch hynny, ni fyddai diffyg y cyfryw wybodaeth gan Dduw'n peryglu ei hollwybodaeth; oherwydd ni all ef wybod ond yr hyn y mae'n bosibl ei wybod. At hynny, byddai Duw eto'n gwybod, yn uniongyrchol ac yn llwyr, pa weithredoedd oedd yn agored i'w dewis, a beth fyddai canlyniadau unrhyw un ohonynt.

* * * *

12. *Hollalluogrwydd*

Gall galw Duw'n 'hollalluog' olygu naill ai (a) ei fod yn teyrnasu dros bopeth, neu (b) ei fod yn gallu gwneud popeth. Goblygir y ddau ystyr gan y syniad ei fod yn anfeidrol.

(a) Os Duw yw'r Creawdwr anfeidrol, y mae'n amlwg ei fod yn teyrnasu dros yr holl bethau meidrol a greodd. Y mae'r ffyrdd y mae'n teyrnasu — ffurfiau ei ragluniaeth a'i ras — y tu allan i faes llafur y llyfr hwn.

(b) Dyma'r ystyr a roddir fel arfer i 'hollalluogrwydd'. Y mae yntau'n ystyr sy'n canlyn o'r datganiad fod Duw'n anfeidrol. Os yw Duw'n anfeidrol, rhaid ei fod yn gallu gwneud popeth *sydd yn gyson â'i natur*. Y mae'r chwe gair diwethaf yn holl-bwysig. Ni all Duw wneud yr hyn sy'n rhesymegol amhosibl (ac o'r herwydd yn groes i reswm): ni all beri fod $4 + 2 = 7$. Ni all newid egwyddorion moesoldeb; ni all beri fod cariad yn ddrwg na bod twyllo'n dda. Ni all dreisio rhyddid dynion, sy'n dda ysbrydol a roddodd ef ei hun iddynt.

* * * *

(c) *Theistiaeth Glasurol* (3)

Rhaid ystyried pedair elfen bellach mewn theistiaeth glasurol — y syniadau o drosgynnedd Duw, o fewnfodaeth Duw, o bersonoliaeth Duw, a'r modd y priodolir y termau 'gwrthrychol' a 'goddrychol' i Dduw.

Yn gyntaf, Duw *trosgynnol* yw Duw theistiaeth glasurol. Y mae'r ansoddair hwn yn golygu (a) fod Duw'n sylwedd gwahanol i'r byd, (b) nad oes arno angen y byd, ac (c) ei fod yn anamgyffredadwy.

(a) Y mae Duw'n sylwedd gwahanol i'r byd. A gwrthdroi, nid yw'r byd yn rhan o Dduw mewn unrhyw ystyr. Cawn ddweud yn ddiau fod gweithred Duw'n creu'r byd yn fynegiant o'i natur; cawn hyd yn oed ddweud fod y byd ei hun yn fynegiant o'i natur, os golygwn wrth hynny ei fod yn ddelw creëdig o'i berffeithrwydd; ond ni chawn ddweud fod y byd yn mynegi ei natur, os golygwn wrth hynny ei fod mewn gwirionedd yn cyfrannu o'i hunan-fodolaeth ef.

* * * *

(b) Y mae trosgynnedd Duw'n golygu nad oes arno angen y byd. Am ei fod yn hunan-ddigonol yn ei fywyd tri-yn-un o gariad ni all fod arno eisiau dim i gyflawni ei fod, nac ychwaith, gan hynny, i sicrhau ei wynfyd. Os gofynnwn pam, ynteu, y mae Duw'n creu'r byd, ni allwn ond dweud fod ei ddaioni (sy'n un â'i gariad) wrth ei natur yn ymdryledu, mewn ffurf lwyr allgarol o weithgaredd greadigol. Y mae allgaredd o'r fath yn rhwym o fod tu hwnt i'n dirnadaeth ni. Ac felly deuaf at y drydedd elfen yn y syniad o drosgynnedd.

(c) Y mae trosgynnedd Duw'n golygu ei fod yn anamgyffred-adwy. Hyd yn oed pe na bai ei natur ond yn rhagori i'r radd eithaf ar bob natur arall, ni allem lunio syniad cyflawn ohoni; ond gan fod ei natur (am ei bod yn anfeidrol ac yn bodoli ohoni ei hun) yn wahanol ei rhywogaeth i bob natur arall, ni allwn lunio syniad ohoni o gwbl. Er ein bod yn gallu gwybod fod Duw, ni allwn ei amgyffred.

* * * *

Ystyriwn yn nesaf y ffaith gyflenwol fod Duw'n *mewnfodoli*. Ymhlygir y ffaith honno yn y cysyniad theistaidd o greu. Y mae theistiaeth yn wahanol i ddeistiaeth yn gymaint â'i bod yn datgan nad yw gweithgaredd greadigol Duw byth yn pallu. Y mae pob creadur yn dibynnu bob eiliad am ei fodolaeth ar ei allu digyfrwng ef. Mynegir y gwirionedd hwnnw fel hyn gan Acwinas:

> Gan fod rhaid i'r anfeidrol fod ym mhobman ac ym mhopeth, y mae'n bryd inni ystyried a yw hynny'n wir am Dduw yntau. Y mae Duw ym mhopeth, nid fel rhan o'u hanfod, nac fel ansawdd, ond yn y modd y mae achos effeithiol yn bresennol i'r hyn y mae'n gweithredu arno. Rhaid i achos effeithiol fod mewn cysylltiad digyfrwng, a hynny trwy ei rym ei hun, â chynnyrch ei weithgaredd. Yn awr, gan mai ei fodolaeth yw hanfod Duw, ei effaith briodol ef yw bodolaeth greëdig. Y mae Duw'n peri'r effaith honno nid yn unig pan yw pethau'n dechrau bod, y tro cyntaf, ond cyhyd ag y parhânt i fod. Tra phery rhywbeth, gan hynny, rhaid fod Duw'n bresennol iddo yn ôl ei fodd o fod. Y mae bodolaeth yn agosach na dim at bob un peth ac yn ddyfnach na dim mewn pob realiti, gan mai hi yw craidd pob perffeithrwydd. Gan hynny, y mae Duw ym mhopeth, ac yn agos iawn atynt.[13]

Rhaid nodi gosodiad Acwinas fod 'Duw ym mhopeth, nid fel rhan o'u hanfod, nac fel ansawdd, ond yn y modd y mae achos effeithiol yn bresennol i'r hyn y mae'n gweithredu arno.' Nid yw Duw'n rhoi ei fywyd anghreëdig ei hun i greaduriaid. I'r gwrthwyneb, y mae'n mewnfodoli trwy'r union ffaith eu bod yn dibynnu'n barhaus ar ei rym creadigol ef.

Ymhellach, y mae'r grym hwnnw'n ysbrydol ac yn anweledig. Y mae wedi ei guddio'n llwyr rhag ein golwg ni. Gallwn ganfod a deall achosion meidrol trwy arsyllu, trwy gydberthynu, a thrwy fewnsyllu, lle bo hynny'n briodol. Ond ni allwn ddatgelu felly nac amgyffred (hyd yn oed yn rhannol) fewnfodaeth Duw. Fel achos sylfaenol popeth, fe erys Duw ynghudd ynddynt hwy ac yn eu hachosion ailraddol yn dragywydd.

* * * *

Ystyriwn nesaf y syniad o *bersonoliaeth* Duw. Os yw Duw'n meddu ar y priodoleddau ysbrydol a grybwyllais rhaid ei fod yn berson; oherwydd hwy yw'r nodau sy'n gwahaniaethu ffurfiau personol o fod oddi wrth ffurfiau is-bersonol. Felly, os yw cydweddiad bod a chydweddiad cydberthynas yn ddilys, gallwn sôn am Dduw fel un sy'n mynegi dan ffurf anfeidrol y priodoleddau personol hynny a fynegir yn feidrol gennym ni. Fel Ysbryd pur ef yw cynddelw personoliaeth.

* * * *

Fodd bynnag, y mae un pwynt na allaf fynd heibio iddo. Ar ddau gyfrif gellir dweud fod 'bod yn berson', yn ymadrodd mwy cyfyng na 'bod yn ysbryd'. Yn gyntaf, y mae pob person dynol yn uniad o'i enaid ac o'i gorff; ac onid yw ei gorff yn arwydd rheidiol o'i uniaeth bersonol, y mae o leiaf yn un damweiniol. Yn ail, ni allwn ysgaru'r syniad o 'fod yn berson' oddi wrth y syniad o 'fod yn unigolyn'; ond (a defnyddio'r iaith fetaffisegol y dibynna theistiaeth glasurol arni) unigolyddir pob person trwy iddo fod yn aelod neilltuol, unigryw o rywogaeth sydd hithau'n is-ddosbarth o rywogaeth uwch. Ond y mae Duw'n anghorfforol ac (fel y datganodd Acwinas yn groyw) nid yw'n aelod o rywogaeth.

Yr wyf eisoes wedi rhoi ateb cyffredinol i'r cwestiwn cyntaf wrth sôn am natur anghorfforol Duw. Os cyfaddefwn fod y meddwl yn ontolegol wahanol i fater nid oes gennym hawl i wadu'r posibilrwydd y gall gweithgareddau meddyliol (ynghyd â'r hunan ysbrydol y perthynant iddo fel goddrych), hyd yn oed yn achos dyn, oroesi dan ffurf anghorfforol. Fel canlyniad, nid oes gennym hawl i wadu y gallant fodoli yn Nuw mewn ffurf anfeidrol.

Ni ellir datrys problem unigoliaeth trwy wneud dim amgen na nodi nad ydym dan reidrwydd rhesymegol i gyfyngu 'unigolyn' i aelodau o ddosbarth. Y mae yna fod, fe ddichon, y mae ei unigoliaeth yn dibynnu ar y ffaith ei fod yn sefyll y tu allan i bob dosbarth meidrol, am mai ef yw'r Anfeidrol sy'n eu trosgynnu oll. Y mae theistiaid yn honni fod yna'r fath fod, ac mai ef, gan hynny, yw unigoliaeth, neu arwahanrwydd personol, *par excellence.* Fel y dywed Gilson, 'y mae purdeb ei fodolaeth yn unigolyddu Duw ac yn ei osod ar wahân i bopeth arall.'[14]

* * * *

Fe erys un pwnc arall y mae angen ei egluro. Yn ystod y blynyddoedd diwethaf, dan ddylanwad dirfodaeth yn bennaf, buwyd yn dadlau a yw ffydd yn 'wrthrychol' neu'n 'oddrychol'.

Y mae'n rhaid gwahaniaethu yma, fel ym mhobman arall, rhwng trefn bod a threfn gwybod. Y gyntaf yw fy mhrif ofal yn y llyfr hwn, ond ni allaf osgoi trafod yr ail. Yn y pen draw ni ellir didoli ontoleg ac epistemoleg.

I'm dibenion ontolegol y mae ystyron 'gwrthrychol' a 'goddrychol' yn eglur. Y mae Duw'n wrthrychol yn yr ystyr ei fod yn realiti sy'n bodoli'n annibynnol. Ond y mae hefyd yn oddrychol yn yr ystyr ei fod yn oddrych profiad personol — yn 'Fyfi' y gellir ei gyfarch mewn gweddi fel 'Tydi'.

Ar y gwastad epistemolegol yntau, y mae theistiaeth yn wrthrychol ac yn oddrychol. Y mae'n wrthrychol yn gymaint â bod theistiaid yn honni adnabod Duw trwy ddirnadaeth uniongyrchol a thrwy osodiadau disgrifiadol (oddi mewn i'r terfynau a osodir gan gydweddiad cydberthynas.). Y mae'n oddrychol yn gymaint â'i bod yn annhebygol y ceir y ddirnadaeth honno o Dduw, ac yn sicr ni fydd yn datblygu onid yw rhyfeddod, gwyleidd-dra a chynhemliad yn rhannau o'n hymagweddiad personol. Y mae gwybodaeth o Dduw'n oddrychol yn gymaint hefyd â'u bod yn analluog i roi unrhyw ystyr cadarnhaol i'n hiaith theistaidd heblaw'r hwn sydd ganddi yn ein profiad meidrol ein hunain.

Nodiadau

1 Yr enw a roddir ar awdur Eseia 40-55.
2 I Cor. 8: 5-6.
3 *Summa Theologiae*, Ia, qu. 11, art 3.
4 *Summa Theologiae*, Ia, qu. 7, art. 1.
5 Yn ei *De Consolatione Philosophiae*, V. 6.
6 *Summa Theologiae*, Ia, qu. 10, art. 1.
7 *Timaeus* 37d.
8 Mal. 3: 6 (dyfynnwyd gan Acwinas yn y *Summa*, Ia, qu. 9, art. 1).
9 Os ystyriwn y datguddiad, rhoir inni symbol o'r trawsffurfiad dwyfol hwn yn y modd y mae Crist Efengyl Ioan (fel y Gair ymgnawdoledig) yn cysylltu 'gogoniant' â'i Ddioddefaint.
10 *Summa Theologiae*, Ia, qu. 4, art. 3.
11 *Summa Contra Gentiles*, 57.
12 *Opuscula*, 26, 'De Rationibus Fidei'.
13 *Summa Theologiae*, Ia, qu. 8, art. 1.
14 *The Elements of Christian Philosophy* (Mentor-Omega Books, New American Library, 1960), t. 148.

12. Paul Tillich: *Systematic Theology*, cyfr. I, pen. 9, 10 (Llundain: Nisbet & Co., 1953). Adargraffwyd trwy ganiatâd Gwasg Prifysgol Chicago, hawlfraint U.D.A., Gwasg Prifysgol Chicago, 1951

[Dyma bigion o waith diwinydd modern y daeth rhai o'i syniadau'n hysbys i lawer o Gymry trwy ysgrifau angerddol y diweddar Athro J. R. Jones. Gwahaniaetha Tillich rhwng datganiadau symbolaidd ac an-symbolaidd am Dduw. Y mae pob datganiad symbolaidd, megis 'Y mae Duw'n un byw', 'Person yw Duw' yn cyfeirio at yr unig bethau y gellir eu dweud yn an-symbolaidd am Dduw: mai ef yw bod-ei-hunan, grwndwal a gwaelod bod, y gallu i fod, gwaelod bywyd, gwaelod popeth personol. Oherwydd diben sôn am Dduw yw gwneud y ffaith fod yna rywbeth, fod yna fywyd, fod yna bersonau, yn ddealladwy. Ac fel hyn fe gysylltir y syniad o Dduw fel gwaelod bod â'r syniad o Dduw fel testun gofal eithaf neu waelodol dyn.]

Pen. 9: Disgrifiad Ffenomenolegol

(a) *Duw a gofal gwaelodol dyn*

'Duw' yw'r ateb i'r cwestiwn sy'n ymhlyg ym meidroldeb dyn; ef yw enw'r hyn sydd yn y bôn yn bwysig gan ddyn, enw testun ei ofal eithaf. Ni olyga hyn fod yn y lle cyntaf fodolyn a elwir Duw, ac yna'r gofyn mai am hwnnw y dylai dyn falio'n waelodol. Fe olyga fod beth bynnag a fo'n destun i ofal gwaelodol dyn yn dod yn dduw iddo, ac, yn gyferbyniol, fe olyga na all gofal dyn fod yn waelodol ond am yr hyn sy'n dduw iddo. Mae'r ymadrodd 'gofalu'n waelodol' yn mynegi tyndra yn y profiad dynol. Ar y naill law, ni ellir gofalu am rywbeth na ellir cyfarfod ag ef yn ddiriaethol, boed ym maes pethau real neu ynteu ym maes pethau'r dychymyg. Ni all cyffredinolion ddod yn destunau gofal gwaelodol ond trwy'r gallu sydd ganddynt i gynrychioli profiadau diriaethol. Po fwyaf diriaethol y peth, mwyaf fydd y gofal a ellir amdano. Y bodolyn llwyr ddiriaethol, sef y person unigol, fydd gwrthrych y gofal nesaf at y bôn, sef gofal cariad. Ar y llaw arall, rhaid fod y gofal eithaf yn rhagori ar bob gofal meidrol, diriaethol, rhagarweiniol. Rhaid iddo ragori ar holl faes meidroldeb os ef yw'r ateb i'r cwestiwn sy'n ymhlyg mewn meidroldeb. Eithr wrth ragori ar y meidrol, fe gyll y gofal crefyddol ddiriaetholdeb y gydberthynas rhwng bodolyn a bodolyn. Mae'n dueddol o fynd nid yn unig yn ddiamod ond yn haniaethol hefyd, gan ennyn adwaith ar ran yr elfen ddiriaethol. Dyna'r tyndra mewnol anesgor sydd yn y drychfeddwl o Dduw. Fe fydd y gwrthdaro rhwng diriaetholdeb a therfynoldeb y gofal crefyddol ar waith lle bynnag yr ymglywir â Duw a lle bynnag y mynegir y profiad hwn, o weddi gyntefig hyd at y gyfundrefn ddiwinyddol fwyaf datblygedig.

Y gwrthdaro hwn yw'r allwedd er deall dynameg hanes crefydd, ac ef hefyd yw problem sylfaenol pob athrawiaeth am Dduw, o'r ddoethineb offeiriadol gynharaf hyd at y trafodaethau mwyaf cywrain am y dogma trindodol.

O disgrifio'n ffenomenolegol ystyr 'Duw' ym mhob crefydd, gan gynnwys y grefydd Gristnogol, fe geir y diffiniad canlynol o ystyr y gair 'duw'. Bodau yw duwiau, sydd o ran gallu ac ystyr yn rhagori ar fyd profiad cyffredin, rhai y mae dynion yn ymwneud â hwy mewn dulliau sy'n ddwysach ac yn fwy arwyddocaol na'r cyffredin. O drafod pob elfen o'r disgrifiad sylfaenol hwn fe geir darlun ffenomenolegol cyflawn o ystyr 'duw', a hwn fydd yr offeryn er llunio dehongliad o natur a datblygiad y ffenomenau a elwir yn 'grefyddol'.

Mae duwiau'n 'fodolion'. Fe wyddys oddi wrthynt a'u henwi a'u diffinio mewn termau diriaethol sythweliadol (*anschaulich*), gan ddefnyddio holl elfennau a chategorïau ontolegol meidroldeb. Mae duwiau'n sylweddau sy'n effeithiau ac yn achosion, sy'n weithredol ac yn oddefol, sydd yn cofio ac yn edrych ymlaen, ac yn dyfod a darfod mewn amser a gofod. Er eu galw yn 'fodau goruchaf', fe gyfyngir arnynt o ran gallu ac arwyddocâd. Fe gyfyngir arnynt gan dduwiau eraill neu gan wrthsafiad bodolion ac egwyddorion eraill, megis deunydd a thynged. Mae'r gwerth-oedd y safant drostynt yn cyfyngu ar ei gilydd ac ar adegau yn diddymu ei gilydd. Fe all y duwiau gyfeiliorni, tosturio, digio, casáu, pryderu. Delweddau ydynt o anian dyn neu o nerthoedd is-na-dynol, wedi eu dyrchafu i fyd uwch-na-dynol. Y ffaith hon, y mae'n rhaid i ddiwinyddion ei hwynebu gyda'i holl oblygiadau, yw sylfaen yr holl ddamcaniaethau am 'daflunio' sy'n dweud nad yw'r duwiau'n ddim amgen na thafluniadau delweddol o elfennau a berthyn i feidroldeb, yn elfennau naturiol a dynol. Yr hyn a esgeulusir yn y damcaniaethau hyn yw mai taflunio *ar* rywbeth yw taflunio bob amser, ar bared, ar sgrîn, ar fodolyn arall, ar fyd arall. Mae'n amlwg mai gwrthun yw rhoi'r hyn y taflunnir arno yn yr un dosbarth â'r taflunio ei hun. Sgrîn nis taflunnir; derbyn y tafluniad a wna. Nid tafluniad yw'r byd y taflunnir y delweddau dwyfol arno. Nid yw amgen nag eithafedd bod ac ystyr, fel y gwyddys oddi wrtho mewn profiad. Byd y gofal eithaf ydyw.

Gan hynny, nid yn unig y mae ar y delweddau o'r duwiau holl gyneddfau meidroldeb — dyna a'u gwna'n ddelweddau diriaethol — y mae iddynt hefyd deithi sy'n llwyr ragori ar feidroldeb categorïaidd. Fe gaiff eu cymeriad o hanfodau meidrol ei negyddu â phob math o drawsnewid ac ehangu ar eu hanfod, er mai enwau unwedd sydd arnynt. Goresgynnir eu cyfyngiadau amserol, a'u galw yn 'anfarwolion' er bod eu dyfod a'u darfod yn rhagdybiedig. Negyddir eu penodoldeb mewn gofod pan weithredant fel rhai aml- neu holl-bresennol, ac eto mae ganddynt drigfan arbennig y cysylltir hwy'n glos â hi. Fe wedir eu bod yn ddarostyngedig i'r gadwyn o achosion ac effeithiau, gan briodoli iddynt allu goresgynnol neu ddiamod er eu bod yn dibynnu ar alluoedd dwyfol eraill ac ar y dylanwad a gaiff meidrolion arnynt hwythau. Ar droeon diriaethol fe'u ceir yn arddangos hollwybodaeth a pherffeithrwydd, er gwaethaf yr ymgiprys a'r ymfradychu sydd rhwng duw a duw. Rhagori a wnant ar eu meidroldeb eu hun o ran nerth eu bod ac i berwyl ymgorffori ystyr. Mae'r duedd at eithafoedd yn ymladd yn ddi-dor â'r duedd at ddiriaetholdeb . . .

Fe ragora'r duwiau nid o ran gallu eithr hefyd o ran ystyr. Ymgorfforant y gwir a'r da. Ymgorfforant werthoedd diriaethol, ac fel duwiau hawliant ddiamodrwydd iddynt. Oddi wrth y sefyllfa hon y deillia imperialaeth y duwiau, sydd hithau'n sail i bob imperialaeth arall. Ni bydd imperialaeth fyth yn amlygiad o ewyllysio gallu fel y cyfryw. Ymdrech fydd hi bob amser am fuddugoliaeth ddiamod i werth arbennig neu i gyfundrefn arbennig o werthoedd, a gynrychiolir gan dduw arbennig neu gan hierarchaeth arbennig o dduwiau. Fe fydd eithafedd y gofal crefyddol yn cyrchu tua chyffredinolrwydd o ran gwerth ac ystyr; a diriaetholdeb y gofal crefyddol yn cyrchu tua gwerthoedd ac ystyron neilltuol. Mae'r tyndra yn annatod. Cydraddoli'r holl werthoedd diriaethol, disodli eithafedd y gofal crefyddol a wna. Rhoi'r gwerthoedd diriaethol yn israddol o dan unrhyw un ohonynt, ni wna ond peri i'r lleill adweithio'n wrthimperialaidd. Boddi'r holl werthoedd diriaethol mewn dyfnder o ystyr a gwerth, ennyn adwaith gwrthgyfriniol a wna, ar ran yr elfen ddiriaethol yng ngofal gwaelodol dyn. Mae'r gwrthdaro rhwng yr elfennau hyn yn bresennol ym mhob gweithred o gyffesu ffydd, ym mhob tasg genhadol, ym mhob hawlio fod gan ddyn ddatguddiad terfynol. Natur y duwiau sy'n creu'r gwrthdrawiadau hyn, a gofal eithaf dyn a adlewyrchir yn natur y duwiau . . .

. . . (b) *Duw a'r drychfeddwl o'r sanctaidd.* Cylchedd y duwiau ydyw cylchedd sancteiddrwydd. Lle bynnag yn amlygir y dwyfol, yno fe sefydlir cylchfyd cysegredig. Beth bynnag a ddygir i'r gylchedd ddwyfol, fe'i cysegrir. Y dwyfol ydyw'r sanctaidd . . .

. . . Y sanctaidd yw *ansawdd* yr hyn sy'n ofal gwaelodol gan ddyn. Ni all dim namyn yr hyn a fo'n sanctaidd ennyn gofal gwaelodol dyn, ac ni all dim fod yn sanctaidd ond yr hyn a enynno ofal gwaelodol dyn . . .

. . . Yn ei natur hanfodol, nid cylchfyd arbennig, ychwanegol at y bydol ydyw'r sanctaidd. Mae'r ffaith ei fod, dan amodau dirfodol, yn ymsefydlu'n gylchfyd arbennig ei hunan yn amlygiad o'r mwyaf trawiadol o ymrwygiad dirfodol. Calon yr hyn a alwyd yn 'bechod' gan Gristnogaeth glasurol yw'r ddeuoliaeth ddigymod o ofalon eithaf a gofalon rhagarweiniol, o'r meidrol a'r hyn a ragora ar feidroldeb, o'r bydol a'r sanctaidd. Pechod yw sefyllfa lle bo'r bydol a'r sanctaidd ar wahân, yn ymryson â'i gilydd ac yn ceisio gorchfygu ei gilydd. Y sefyllfa honno yw lle nad yw Duw 'oll yn oll', y sefyllfa lle bo Duw yn 'ychwanegol at' bopeth arall . . .

Pen. 10: Dirwedd Duw: Duw fel bod ac fel un byw

(a) *Duw fel bod, a'r bod meidrol*

Bod Duw, bod-ei-hunan ydyw, bod fel bod. Ni ellir deall bod Duw fel bodolaeth bodolyn wrth ochr bodolion eraill neu uwchlaw iddynt. Os bodolyn yw Duw, rhyw hwn-a-hwn sy'n bod, fe'i delir gan gategorïau meidroldeb, a chan ofod a sylwedd yn arbennig. Hyd yn oed os gelwir ef 'y Bod Goruchaf', gan feddwl y Bod 'mwyaf perffaith' a 'mwyaf nerthol', ni newidir y sefyllfa hon. O'u cymhwyso at Dduw, fe â'r graddau eithaf yn fachigol, gan ei roi ef yn gydradd â bodau eraill wrth ei ddyrchafu'n uwch na hwy i gyd. Y mae llawer o'r diwinyddion a arferai'r term 'Bod Goruchaf' wedi gwybod yn amgenach. Disgrifio'r goruchaf fel yr absolwt a wnaethant mewn gwirionedd, fel yr hyn sydd o radd amgenach ei hansawdd na gradd yr un bodolyn — boed hwnnw'n fod goruchaf, hyd yn oed. Pan briodoler i'r bod goruchaf allu ac ystyr anfeidrol neu ddiamod, nid bodolyn mohono mwyach, ond bod-ei-hunan, bod fel bod. Fe ellid osgoi llawer dryswch yn yr athrawiaeth am Dduw, a llawer gwendid wrth amddiffyn y ffydd, pe deellid Duw yn gyntaf oll fel bod-ei-hunan neu fel grwndwal a gwaelod bod. Ffordd arall o fynegi'r un peth ag ymadrodd amgylchynol yw y gallu i fod. Byth er amser Platon fe wyddys — er i'r pwynt gael ei ddiystyru'n aml, gan yr enwolwyr yn enwedig, a chan eu dilynwyr modern — fod y cysyniad o fod fel bod, neu o fod-ei-hunan, yn cyfeirio at y gallu i fod sydd ym mhob peth ac uwch pob peth, y gallu i wrthsefyll yr anfod. Gan hynny, yn lle dweud mai bod-ei-hunan yw Duw yn y lle cyntaf, gellir dweud mai ef yw'r gallu i fod sydd ym mhob peth ac uwch pob peth, y gallu anfeidrol i fod. Diwinyddiaeth na feiddia uniaethu Duw â'r gallu i fod, yn gam cyntaf tua'i hathrawiaeth am Dduw, syrthio'n ôl a wna i undduwiaeth freniniaethol, oblegid os nad bod-ei-hunan yw Duw, mae'n ddarostyngedig iddo, fel y mae Zews yng nghrefydd y Groegiaid yn ddarostyngedig i dynged. Tynged arno fydd cystrawiaeth bod-ei-hunan, fel y mae'n dynged ar bob bod arall. Eithr Duw, ei dynged ei hunan ydyw; 'wrtho'i hun' ac 'ohono'i hun' y mae. Ni ellir dweud hyn amdano, onid ef yw'r gallu i fod, bod-ei-hunan . . .

. . . Gan mai sail a gwaelod bod ydyw Duw, ef yw sail cystrawiaeth bod. Nid yw'r gystrawiaeth hon yn ei reoli ef; ynddo ef y seilir hi. Ef *ydyw'r* gystrawiaeth hon, ac ni ellir sôn amdano ond yn ei thermau hi. Trwy elfennau cystrawiaethol bod-ei-hunan y mae'n rhaid cyrchu am wybodaeth o Dduw. Yr elfennau hyn a'i gwna'n Dduw byw, yn Dduw a all fod yn destun diriaethol i ofal dyn, a hwy sydd yn ein galluogi i ddefnyddio symbolau y byddwn yn sicr eu bod yn fynegbyst at waelod pob dirwedd.

(b) *Duw fel bod, a gwybod am Dduw.*

Datganiad nad yw'n symbolaidd yw hwn, mai bod-ei-hunan ydyw Duw. Nid yw'n cyfeirio y tu hwnt iddo'i hun. Fe olyga'n union ac yn briodol yr hyn y mae'n ei ddweud; os sôn a wnawn am ddirwedd Duw, ein haeriad cyntaf yw nad Duw mohono os nad bod-ei hunan ydyw. Yn ddiwinyddol, ar y sail hon yn unig y gellir haeru pethau eraill am Dduw. Nid oes ar haeriadau crefyddol, bid siŵr, eisiau'r fath sail i'r hyn a ddywedant am Dduw; mae'r sail yn ymhlyg ym mhob tro ar y meddwl crefyddol am Dduw. Rhaid i ddiwinyddion wneud yn echblyg yr hyn sy'n ymhlyg mewn meddwl a mynegiant crefyddol; ac er mwyn gwneud hyn, rhaid iddynt ddechrau gyda'r datganiad mwyaf haniaethol a mwyaf ansymbolaidd a ellir, sef mai bod-ei-hunan neu'r diamod ydyw Duw.

Sut bynnag, wedi dweud hyn, ni ellir dweud dim byd arall am Dduw fel Duw nad ydyw'n symbolaidd. Fel y gwelsom eisoes, Duw fel bod-ei-hunan yw gwaelod cystrawiaeth ontolegol bod, heb fod ei hunan dan ei rheolaeth. Ef *ydyw'r* gystrawiaeth; hynny yw, ganddo ef mae'r gallu i benodi cystrawiaeth pob peth sy'n bod. Gan hynny, os dywedir am Dduw unrhyw beth ymhellach na'r haeriad hwn, nid datganiad uniongyrchol a phriodol mohono mwy, nid cysyniad mohono mwy. Anuniongyrchol yw, a chyfeirio y mae at rywbeth y tu hwnt iddo'i hun. Mewn gair, mae'n symbolaidd.

Fe ddisgrifiwyd cymeriad cyffredinol y symbol. Rhaid rhoi pwyslais arbennig ar y ddirnadaeth fod symbol ac arwydd yn wahanol i'r gilydd: tra nad oes o reidrwydd berthynas rhwng yr arwydd a'r hyn y mae'n cyfeirio ato, fe fydd y symbol yn gyfrannog o ddirwedd yr hyn y saif drosto. Gellir newid arwydd yn fympwyol yn ôl mantais a chyfle, ond fe dyf y symbol a darfod amdano yn ôl y gydberthynas rhwng yr hyn a symboleiddir a'r bobl sy'n ei dderbyn yn symbol. Gan hynny, i'r symbol crefyddol, y symbol sy'n cyfeirio at y dwyfol, i fod yn wir symbol, mae'n anhepgor iddo gyfranogi o allu'r dwyfol y mae'n cyfeirio ato . . .

(c) *Duw fel bod a Duw fel un byw*

. . . Bywyd yw'r dirweddoliad o fod, neu, yn fwy manwl, y broses honno ydyw y ceir ynddi, o fod dichonol, fod dirweddol. Eithr yn Nuw fel Duw nid oes gwahaniaeth rhwng dichonoldeb a dirweddoldeb. Gan hynny, ni allwn sôn am Dduw fel un byw yn ystyr briodol neu ansymbolaidd y gair 'bywyd'. Sôn yn symbolaidd am Dduw fel un byw sy raid inni. Ac eto fe fydd pob gwir symbol yn cyfranogi o'r dirwedd y mae'n ei symboleiddio. Byw y mae Duw, cyn belled ag mai ef yw grwndwal a gwaelod bywyd ('Oni wêl yr hwn a luniodd y llygad'? Salm

94: 9). Y mae symbolau anthropomorffaidd yn ddigonol at sôn yn grefyddol am Dduw. Fel hyn yn unig y gall fod mai ef yw'r Duw byw i ddyn. Eithr hyd yn oed yn y sythwelediad mwyaf cyntefig o'r dwyfol fe ddylai fod, ac y mae fel arfer, ymdeimlad fod ynghylch enwau dwyfol ddirgelwch a'u gwna'n amhriodol, yn ymdrosgynnol, yn symbolaidd . . .

(ch) *Y bywyd dwyfol a'r elfennau ontolegol*

. . . Mae'r symbol 'Duw personol' yn llwyr sylfaenol, am mai cydberthynas person â pherson yw cydberthynas ddirfodol. Ni all fod ar ddyn ofal eithaf am ddim a fo'n llai na phersonol, ond gan fod personoliaeth (*persona, prosôpon*) yn cynnwys unigoliaeth, fe gyfyd y cwestiwn ym mha ystyr y gellir galw Duw yn unigolyn. A yw'n ystyrlon ei alw ef 'yr unigolyn diamod'? Rhaid ateb nad yw'n ystyrlon ond cyn belled ag y gellir ei alw 'y cyfranogwr diamod'. Ni ellir cymhwyso'r naill derm heb y llall. Yr unig beth y gall hyn ei olygu yw fod unigoliad a chyfranogiad ill dau wedi eu gwreiddio yng ngwaelod y bywyd dwyfol, a bod Duw yr un mor 'agos' at bob un o'r ddau gan ragori arnynt ill dau.

Oddi wrth hyn y cawn ddatrys yr anawsterau ynghylch yr ymadrodd 'Duw personol'. Ni olyga 'Duw personol' mai person ydyw Duw. Fe olyga mai Duw yw gwaelod popeth personol, a bod ganddo ynddo'i hun y gallu ontolegol o bersonoliaeth. Nid person ydyw, ond nid yw'n llai na phersonol chwaith. Ni ddylid anghofio mai am *hypostaseis* y Drindod yr arferai'r ddiwinyddiaeth glasurol y gair *persona*, ac nid am Dduw ei hun. Nid cyn y bedwaredd ganrif ar bymtheg yr aeth Duw yn 'berson', yn sgîl gwaith Kant yn gwahanu anian dan reolaeth deddf ffisegol oddi wrth bersonoliaeth dan reolaeth deddf foesol. Y mae theistiaeth gyffredin wedi gwneud Duw yn berson nefol, hollberffaith, sy'n preswylio uwchlaw'r byd a'r ddynolryw. Y mae gwrthdystiad atheistiaeth yn erbyn y fath berson goruchaf yn gywir. Nid oes garn dros ei fodolaeth, ac nid testun gofal eithaf mohono. Nid Duw heb gyfranogiad cyffredinol. Symbol sy'n peri dryswch yw 'Duw personol' . . .

Gweithiau Ychwanegol

Ceir esboniad ac amddiffyniad o'r cysyniad traddodiadol yng

ngwaith cawraidd R. Garrigou-Lagrange, *Dieu, Son Existence et Sa Nature*, 2 gyfrol, (St. Louis a Llundain: B. Herder Book Co., 1946). Ceir trafodaeth groyw iawn yn llyfryn D. J. B. Hawkins, *The Essentials of Theism* (Llundain: Sheed & Ward, 1949), ac un mwy cyfoes gan R. Swinburne, *The Coherence of Theism* (Rhydychen: Clarendon Press, 1977). Y mae J. H. Thomas, *Paul Tillich* (Llundain: S.C.M. Press Ltd., 1963) yn esboniad hwylus ar brif syniadau'r diwinydd. Am drafodaeth dreiddgar ar rai pynciau pwysig yn ei waith, gw. J. R. Jones, 'Ontoleg Ffydd', *Diwinyddiaeth*, cyf. XX (1969).

ADRAN III

FFYDD

[Fel y diwinyddion, y mae athronwyr crefydd wedi ceisio rhoi disgrifiad cywir o ffydd grefyddol, ond â phwyslais arbennig ar berthynas y rheswm a'r ewyllys yn y broses o ddod i gredu. Cytunir fod ffydd grefyddol, fel pob ffydd arall, yn golygu mynd tu hwnt i'r hyn y gall rheswm y crediniwr ei warantu — yn wir, fe olyga'r ffydd hon fynd tu hwnt i gyrraedd rheswm unrhyw feidrolyn. Serch hynny, y mae digon o le i anghytuno. Nodwn ddwy ddadl yn unig. Yn gyntaf, beth yn union yw cyfraniad y rheswm? A oes modd gwybod, yn rhesymol ddiamau, rywbeth a ymhlygir gan ddaliadau'r ffydd? Ynteu a yw ffydd yn ffydd drwyddi draw? Yn ail, os yw credu'n grefyddol yn golygu mynd tu hwnt i bob gwarant gan y rheswm dynol, onid yw'n batrwm o weithred wrthresymol? Yn y ddau ddetholiad isod, y mae Acwinas yn ymwneud fwy â'r cwestiwn cyntaf, a Pascal â'r ail.]

13. St. Tomos o Acwin (1225-1274): *Summa Theologiae*, IIa IIae.

[Qu. 2, art. 1, ei ddadansoddiad o ddod i gredu'n grefyddol, sy'n mynegi craidd diffiniad St. Tomos o ffydd. Terfyn proses ymgynghorol yn y deall yw dod i gredu, terfyn proses o ystyried rhesymau sy'n berthnasol i un o osodiadau'r ffydd. Mynegir natur yr ystyriaethau yn 1, 5, ad 2um; 2, 10, ad 2um; 2, 1, ad 3um; 1, 4, ad 2um; 1, 5, ad 2um. Nid ydynt yn ddigon ohonynt eu hunain i greu sicrwydd diymod fod y gosodiad yn wir — rhaid wrth ras Duw at hynny (6, 1). Ond y maent yn ddigon i greu'r sicrwydd fod y gosodiad hwnnw yn haeddu ei gredu. Sylwer nad yw'r ystyriaethau hynny o reidrwydd yn rhai dynol, 2, 10. Y mae ffydd yn fwyaf clodwiw pan argymhellir hi gan ystyriaethau a dderbynir mewn ffydd. Ond ni chreir cyfres ddiderfyn o ystyriaethau blaenorol, oherwydd fe all y ffydd waelodol (e.e., mai gair Duw yw'r Ysgrythur Lân) ddeillio'n uniongyrchol o wrando a darllen yr Ysgrythur honno.

Y mae'r penawdau 'ad lum', 'ad 2um' ac ati yn dynodi atebion St. Tomos i ddadleuon o blaid ateb negyddol i'r cwestiwn a drafodir yn yr erthygl.]

Qu. 1, art. 4: *A ellir gweld*[1] *gwrthrych ffydd*?

Yr Ateb: Mae ffydd yn golygu cydsynied o'r deall â'r hyn a gredir. Yn awr, dau fodd sydd i'r deall gydsynied â rhywbeth. Un modd, o'i gymell gan y mater ei hun, a hwnnw'n hysbys un ai wrtho'i hun, fel y mae'r egwyddorion cyntaf . . ., neu ynteu trwy rywbeth arall, fel y bydd casgliadau . . . Modd arall, fe gydsynia'r deall â rhywbeth nid oherwydd ei gymell yn ddigonol gan hysbysrwydd y mater, ond am ei fod fel petai'n dewis gogwydd o'i wirfodd tua'r naill ochr yn hytrach na'r llall. Ac os gan betruso rhag ofn y llall y gwneir hynny, tybiaeth fydd hi; eithr os gyda sicrwydd heb y cyfryw ofn, ffydd fydd hi . . .

ad 2um: Gellir ystyried yr hyn a gredir mewn dau fodd. Un modd, fel pynciau ag iddynt bob un ei gymeriad penodol. O'u hystyried felly, ni ellir eu gweld a'u credu'r un pryd, fel y dywedwyd eisoes.[2] Modd arall, eu hystyried dan ben llai penodol sy'n gyffredin iddynt oll, sef bod yn gredadwy. Y modd hwn y mae'r hwn sy'n credu yn eu gweld; oherwydd ni fyddai'n credu onibai iddo weld eu bod yn haeddu eu credu oherwydd amlygrwydd yr arwyddion neu rywbeth arall tebyg.[3] . . .

Qu. 1, art 5: *A ellir gwybod*[4] *pynciau'r ffydd*?

ad 1 um: Y mae anffyddwyr mewn anwybodaeth am bynciau'r ffydd, am nad ydynt yn eu gweld nac yn eu gwybod, nac yn sylweddoli eu bod yn haeddu eu credu. Ond yn y modd hwn y mae gan y ffyddloniaid wybodaeth amdanynt, nid fel petai trwy arddangosiad ond yn gymaint â'u bod yn gweld eu bod yn haeddu eu credu . . .

ad 2um: Nid yw'r rhesymau a gynigir gan y saint i brofi gwirionedd pynciau'r ffydd yn rhai arddangosol; eu hamcan yw gwneud yn amlwg trwy berswâd nad yw'r hyn a gyflwynir mewn ffydd yn amhosibl. Neu y maent yn dibynnu ar fannau cychwyn ffydd, h.y., ar awdurdod y Lân Ysgrythur . . .

*ad*3*um:* Fe gyfrifir ymhlith y pethau sy'n haeddu eu credu y pethau y gellir eu profi trwy arddangosiad[5] — nid am eu bod o'u hanfod yn wrthrychau ffydd i bawb, ond am eu bod yn amodau angenrheidiol pynciau'r ffydd, a'i bod yn ofynnol i'r rheini na fedrant eu harddangos o leiaf eu rhagdybio trwy ffydd . . .

Qu. 2, art. 1: *Ai* meddwl gyda Chydsyniaeth *yw ffydd*?

Yr Ateb: . . . A chymryd 'meddwl' yn gyffredin, yn y modd

cyntaf [am unrhyw ystyried deallol), nid yw 'meddwl gan gydsynied' yn mynegi ystyr gyfan yr hyn ydyw credu: oblegid y modd hwn fe fydd y sawl a ystyrio'r hyn a ŵyr, neu'r hyn y mae'n ei ddeall, yntau'n meddwl gyda chydsyniaeth. Eithr a chymryd 'meddwl' yr ail fodd [am broses ymgynghorol y deall nad yw eto wedi gweld y gwir drosto'i hun], fel hyn fe ddeëllir ystyr cyfan yr ymagweddu [*actus*], yr hyn ydyw credu. Oherwydd y mae mewn rhai o'r ymagweddiadau [*actus*] a berthyn i'r deall gydsyniaeth bendant heb y fath feddwl, fel pan ystyrio dyn yr hyn y mae eisoes yn ei wybod neu ddeall; fe fydd y fath ystyried eisoes yn gyfan ei ffurf [neu: wedi cyrraedd ei nod]. Eithr mewn rhai o ymagweddiadau'r deall mae'r meddwl heb ddod i ben, heb gydsynied yn gadarn: un ai am nad yw'n gogwyddo at y naill ochr na'r llall, fel y bydd un sy'n petruso; neu ynteu, er gogwyddo at y naill ochr, fod rhyw argoel ysgafn yn ei atal, fel y bydd un sy'n amau; neu eto fe lyna wrth y naill ochr, eithr nid heb ofni'r llall, fel y bydd y sawl sy'n tybio. Ond y mae credu'n ymagweddiad y perthyn iddo ymlyniad pendant wrth y naill ochr, ac yn hyn o beth cydfynd y mae â'r sawl sy'n gwybod neu ddeall; ac eto nid hysbysrwydd perffaith drwy weld y gwir yn amlwg sy ganddo, ac yn hyn o beth cydfynd y mae â'r sawl sy'n petruso neu amau neu dybied. Dyna, ynteu, nod amgen y crediniwr, ei fod yn meddwl gan gydsynied; dyna'r gwahaniaeth rhwng yr ymagweddu, yr hyn yw credu, a holl ymagweddiadau eraill y deall ynghylch gwir ac anwir . . .

ad 1*um:* Nid yw ffydd yn cynnwys ymchwiliad gan y rheswm naturiol i arddangos yr hyn a gredir. Serch hynny, y mae'n cynnwys math o ymchwiliad i'r pethau hynny sy'n argymell dyn i gredu: er enghraifft, ai geiriau Duw ydynt, wedi eu hategu gan wyrthiau?

* * * *

ad 3*um:* Nid oherwydd rheswm ond oherwydd ewyllys y bydd y crediniwr yn rhoi ei ewyllys ar un [o'r posibiliadau]. Gan hynny fe gymerir 'cydsyniaeth' yma i olygu ymagweddu o'r deall, ie, ond wedi ei benderfynu un ffordd gan yr ewyllys.

Qu. 2, art. 9: *A yw credu'n weithred glodwiw*?

ad 3*um*: Y mae gan yr hwn sy'n credu argymhelliad digonol i gredu, oherwydd fe'i hargymhellir gan awdurdod yr athrawiaeth ddwyfol gydag ategiad gwyrthiau, a hefyd, yn bwysicach fyth, gan ysbrydoliaeth fewnol gwahoddiad Duw. Gan hynny, nid yw'n credu'n anghyfrifol. Serch hynny, nid oes ganddo argymhelliad digonol at wybodaeth wyddonol. Felly ni ddileir natur glodwiw ei weithred.

Qu. 2, art. 10: *Os argymhellir pynciau'r ffydd gan y rheswm, a yw ffydd yn llai clodwiw*?

Yr Ateb: Gall gweithrediad [*actus*] ffydd fod yn glodwiw yn gymaint â bod yr ewyllys yn llywodraethu ei chydsyniaeth yn ogystal â'i digwyddiad. Y mae dwy berthynas bosibl rhwng ewyllys y crediniwr a rheswm dynol o blaid pynciau'r ffydd. Mewn un achos, gall y rheswm ragflaenu ffydd: er enghraifft, pan nad yw dyn yn ewyllysio credu, neu'n ewyllysio'n anfoddog, oni cheir rheswm dynol o blaid ffydd. Yn yr achos hwnnw, y mae rheswm dynol yn torri ar haeddiant ffydd; . . . dylai dynion gredu pynciau'r ffydd oherwydd awdurdod Duw, nid oherwydd rhesymau dynol. Mewn ail achos, gall y rheswm dynol ddod yn sgîl ewyllysiad y crediniwr. Oherwydd pan fo gan ddyn ewyllys sy'n credu'n barod iawn, y mae'n caru'r gwirioneddau a gredodd ac yn myfyrio uwch eu pennau ac yn croesawu unrhyw resymau o'u plaid y gall eu darganfod. Yn yr achos hwn, nid yw rheswm dynol yn cau allan haeddiant ffydd; yn wir, y mae'n arwydd o haeddiant rhagorach . . .

Qu. 6, art. 1: *Ai o weithrediad Duw oddi mewn y caiff dyn ffydd*?

Yr Ateb: . . . Dau beth sydd eu heisiau at fod ffydd. Y naill yw cyflwyno i ddyn bethau i'w credu, peth sy raid wrtho os yw'r dyn i gredu rhywbeth yn echblyg. Y llall . . . yw cydsynied o'r crediniwr â'r hyn a gyflwynir iddo. Gogyfer â'r naill, rhaid mai oddi wrth Dduw y daw ffydd. Mae pynciau'r ffydd y tu hwnt i reswm dynol, fel na ddeuant gerbron ystyriaeth dyn heb i Dduw eu datguddio . . . Gogyfer â'r llall, sef cydsynied o ddyn â phynciau'r ffydd, gellir nodi dau fath o achos. Un yn argymell o'r tu allan, fel gwyrth a welir, neu berswâd dyn yn argymell credu. Nid yw'r naill na'r llall o'r rhain yn achos digonol: oblegid o blith pobl a welodd yr un wyrth, ac a glywodd yr un bregeth, ceir fod rhai'n credu a rhai heb. Rhaid gosod gan hynny fod achos mewnol arall, a fydd oddi mewn i ddyn yn peri iddo gydsynied â phynciau'r ffydd. Yn ôl y Pelagiaid, nid yw'r achos hwn yn ddim amgen nag ewyllys rydd dyn; a dyna paham y dywedent hwy mai oddi wrthym ni y mae cychwyniad ffydd, cyn belled, h.y., ag mai oddi wrthym ni y mae ein bod yn barod i gydsynied â phynciau'r ffydd; ie, meddent, ond oddi wrth Dduw y mae cyflawniad y ffydd, gan mai ef sy'n cyflwyno inni'r hyn y dylem ei gredu.

Ond mae hyn yn ffals. Wrth gydsynied â phynciau'r ffydd, fe gaiff dyn ei ddyrchafu'n uwch na'i natur. Gan hynny, rhaid mai o waith tarddell oruwchnaturiol, yn ei ysgogi oddi mewn, y bydd hyn ynddo ef, sef o waith Duw. A chan hynny, mae ffydd o ran y cydsynied, sef ei gweithrediad [*actus*] pennaf hi, yn tarddu oddi wrth Dduw yn ysgogi oddi mewn trwy ras.

Nodiadau

1 Yn y cyd-destun hwn y mae 'gweld' yn golygu gwybodaeth a berir gan wrthrych y meddwl ohono'i hun. Yn yr ystyr hwn gellir 'gweld' fod 1 + 1 = 2. (Gol.).

2 Yn yr Ateb. Os 'gwelir' fod pethau fel-a-fel, nid oes yna unrhyw ddewis gan y deall. (Gol.).

3 Gellir 'gweld' fod gwyrthiau, proffwydoliaethau, yr Ysgrythur, yn argymell credu rhyw un o bynciau'r ffydd. Nid yw'n dilyn fod derbyn yr arwyddion eu hunain y tu allan i faes ffydd, gw. 2, 10. (Gol.).

4 Y mae ystyr caeth iawn i 'gwybod' yma. Yr wyf yn 'gwybod' fod *p* os ac yn unig os yw *p* naill ai'n wirionedd hunan-amlwg neu wedi ei ddiddwytho o'r cyfryw wirionedd. Ond nid yw unrhyw un o osodiadau'r ffydd yn hunan-amlwg. (Gol.).

5 Cyfeiriad yw hwn at fodolaeth Duw. Daliai St. Tomos fod modd ei phrofi'n arddangosol: gw. **5**. (Gol.).

14. Blaise Pascal (1623-1662): *Pensées*, para 233 (Brunschvicg).

[Rhywbryd yn 1657 fe ddechreuodd Pascal baratoi llyfr i brofi gwirionedd y grefydd Gristnogol. Oherwydd ei afiechyd parhaus methodd wneud mwy na pharatoi nodiadau ar ei gyfer, a dosbarthu rhai ohonynt yn adrannau. Ymhlith y nodiadau heb eu dosbarthu cafwyd y darn a gynhwyswyd yma, ac a elwir yn gyffredin wrth y teitl 'Y Gyngwystl'. Yn wahanol i Acwinas, ni cheir ynddo ddadleuon o blaid gwirionedd athrawiaethau'r ffydd Gristnogol (er bod Pascal yn argyhoedd-edig fod ganddo'r cyfryw ddadleuon), ond yn hytrach un ddadl o blaid mentro dod yn grediniwr, wedi ei chyfeirio at ddynion nad yw dadleuon o'r math cyntaf yn menu dim arnynt. Felly, y mae Pascal yma'n ystyried ffydd a rheswm o safbwynt anghrediniwr.]

Anfeidredd a Diddymdra

Y mae'r enaid wedi ei daflu i mewn i'r corff, ac yno mae'n darganfod rhif, amser, dimensiynau. Mae'n ymresymu ynglŷn â hwy ac yn eu galw'n natur, yn rheidrwydd, gan fethu credu dim byd arall.

Nid yw ychwanegu uned at anfeidredd yn cynyddu dim arno, dim mwy nag y mae ychwanegu un droedfedd at hyd anfeidraidd; difodir y meidraidd ym mhresenoldeb yr anfeidraidd, a daw'n ddiddymdra pur. Felly hefyd ein hysbryd ni gerbron Duw, ac felly hefyd ein cyfiawnder ni gerbron y cyfiawnder dwyfol. Nid yw'n cyfiawnder ni mor anghymesur â chyfiawnder Duw ag yw uned ag anfeidredd.

Rhaid i gyfiawnder Duw fod yn ddirfawr megis ei drugaredd. Ond mae cyfiawnder â cholledigion yn llai dirfawr na thrugaredd wrth etholedigion, ac ni ddylai syfrdanu dynion gymaint.

Fe wyddom fod yna anfeidredd, ac ni wyddom beth yw ei natur. Gwyddom mai anwir yw fod terfyn i'r rhifau. Mae'n wir, gan hynny, fod yna rif anfeidraidd, ond ni wyddom beth yw. Mae'n anwir ei fod yn eilrif, yn anwir ei fod yn odrif, am nad yw ei natur yn newid o ychwanegu uned. Ond eto, rhif ydyw, ac y mae pob rhif naill ai'n eilrif neu'n odrif. (Er mai at bob rhif meidraidd y cyfeiria hynny).

Felly gellir yn wir wybod fod yna Dduw heb wybod beth ydyw.

Onid oes yna sylwedd, yr hwn yw'r gwirionedd, gan fod cymaint o bethau gwir nad ydynt y gwirionedd ei hun?

Gan hynny, rydym yn gwybod fod meidredd yn bodoli, a beth yw ei natur, am ein bod ninnau'n feidraidd ac inni estyniad mewn gofod megis yntau. Rydym yn gwybod fod anfeidredd yn bodoli ond nid beth yw ei natur, am fod iddo yntau estyniad fel ninnau, ond heb derfynau fel sydd gennym ni. Ond nid ydym yn gwybod fod Duw'n bodoli, na beth yw ei natur, am nad oes iddo nac estyniad na therfynau.

Ond trwy ffydd yr ydym yn gwybod ei fod yn bodoli; trwy ogoniant cawn wybod beth yw ei natur. Yn awr, dangosais eisoes y gellir gwybod yn iawn fod rhywbeth yn bodoli heb wybod beth yw ei natur.

Gadewch inni draethu'n awr yng ngoleuni ein deall naturiol.

Os oes yna Dduw, y mae'n anfeidraidd o anamgyffredadwy, oherwydd, gan nad oes iddo na rhannau na therfynau, nid oes iddo unrhyw berthynas â ni. Rydym felly'n analluog i wybod beth yw ef, ac a yw'n bodoli. Gan hynny, pwy feiddia geisio ateb y cwestiwn hwn? Nid ni, yn sicr, nad oes inni unrhyw berthynas ag ef.

Pwy felly a wêl fai ar Gristnogion am eu hanallu i roi cyfrif rhesymol am eu cred, a hwythau'n arddel crefydd na allant roi cyfrif rhesymol amdani? Wrth ei dangos i'r byd maent yn datgan mai ffolineb, *stultitia,* ydyw; ac yna rydych chwi'n cwyno nad ydynt yn profi ei gwirionedd! Pe profent ei gwirionedd, ni fyddent yn cadw eu gair: mae profion yn brin, ond nid eu synnwyr.

'Ie, ond er bod hynny'n esgusodi'r rheini sy'n ei chynnig felly, ac yn eu harbed rhag eu beirniadu am ei chyflwyno heb resymau, nid yw'n esgusodi'r rheini sy'n ei derbyn.'

Gadewch inni ystyried y pwynt hwn, a dweud: 'Naill ai y mae Duw'n bod, neu nid yw'n bod'. Ond i ba ochr y gogwyddwn? Ni all rheswm benderfynu dim yma: y mae gwagle anfeidraidd rhyngom ni ac ef. Ym mhen draw'r pellter anfeidraidd hwn y mae gêm yn cael ei chwarae, a'r pen neu'r gynffon fydd yn ennill. Beth a fentrwch chwi? Ni all y rheswm eich gorchymyn i fentro ar y naill nac ar y llall; ni all y rheswm wahardd i chwi fentro ar y naill neu ar y llall.

Peidiwch gan hynny ag edliw anwiredd i'r rheini a wnaeth ddewis, oherwydd ni wyddoch chwi ddim amdano. 'Na wn; ond fe edliwiaf iddynt nid y dewis hwnnw a wnaethant, ond eu bod wedi gwneud unrhyw ddewis; oherwydd er bod yr un a ddewisodd y pen wedi cyfeiliorni gymaint â'r llall, y maent ill dau wedi cyfeiliorni; peidio â mentro dim yw'r dewis cywir'.

Ie, ond rhaid mentro. Nid oes dewis ynglŷn â hynny, rydych wedi dechrau chwarae eisoes. Prun a gymerwch chwi, felly? Edrychwch: gan fod rhaid dewis, ystyriwn beth sydd leiaf gwerthfawr gennych. Mae gennych ddau beth i'w colli: y gwir a'r da, a dau beth i'w mentro: eich rheswm a'ch ewyllys, eich gwybodaeth a'ch gwynfyd; ac y mae gan eich natur ddau beth i'w hosgoi: anwiredd a thrallod. Nid yw'r naill ddewis yn fwy o friw i'ch rheswm na'r llall, gan fod rhaid dewis. Dyna un pwynt allan o'r ffordd. Ond beth am eich gwynfyd? Gadewch inni bwyso'r elw a'r golled a ddaw o ddewis y pen, fod Duw'n bodoli. Ystyriwn y ddau achos hyn: os ennillwch, fe ennillwch bopeth; os collwch, ni chollwch ddim. Gan hynny, mentrwch hi ar ei fodolaeth, heb betruso eiliad.

'Rhyfeddol iawn. Ie, rhaid mentro; ond hwyrach fy mod yn mentro gormod.' Edrychwch. Gan mai'r un yw'r siawns o ennill ac o golli, pe na bai gennych ond dau fywyd i'w hennill am un, fe allech fentro; ond pe bai tri bywyd i'w hennill, byddai rhaid i chwi chwarae (gan eich bod dan reidrwydd i chwarae), a pheth annoeth fyddai, pan orfodir chwi i chwarae, i chwi beidio â mentro'ch bywyd er mwyn ennill tri[1] mewn gêm lle mae siawns cyfartal o golli ac o ennill. Ond y mae 'na dragwyddoldeb o fywyd ac o wynfyd. A chan hynny, hyd yn oed pe bai nifer anfeidrol o siawnsiau a dim ond un ohonynt er budd i chwi, byddai eto'n beth doeth i chwi fentro un er mwyn cael dau; a byddech yn gweithredu'n anystyriol, a chwithau dan orfodaeth i chwarae, pe gwrthodech fentro un bywyd am dri mewn gêm lle mae un siawns er eich budd allan o nifer anfeidraidd ohonynt, a bywyd anfeidraidd o hir ac anfeidraidd o hapus i'w ennill. Ond bywyd anfeidraidd o hir ac anfeidraidd o hapus sydd yma i'w ennill, un siawns o ennill yn erbyn nifer meidraidd o siawnsiau o golli, a meidraidd yw'r hyn yr ydych yn ei fentro. Mae hynny'n torri'r ddadl: lle bynnag y ceir yr anfeidraidd, a lle nad oes siawnsiau anfeidraidd o golli i'w gosod yn erbyn y siawns o ennill, nid oes rheswm i betruso, rhaid rhoi popeth. Ac felly, gan y gorfodir dyn i chwarae, rhaid iddo ymwrthod â'i reswm cyn iddo ddewis dal ei afael yn ei fywyd yn hytrach na'i fentro er mwyn yr elw anfeidraidd sydd mor debygol o ddod i'w ran â cholled ddiddim.

Oherwydd ofer yw dweud nad yw'n sicr yr ennill dyn y wobr, a'i bod yn sicr ei fod yn mentro rhywbeth, a bod y pellter anfeidraidd rhwng y sicrwydd ei fod yn ei beryglu ei hun a'r ansicrwydd a ennill ef ddim yn gwneud y da meidraidd, sy'n sicr yn cael ei beryglu, yn gyfwerth â'r da anfeidraidd, sy'n ansicr. Nid felly y mae. Y mae pob hapchwaraewr yn mentro, a hynny'n sicr, er mwyn ennill, a hynny'n ansicr; ac eto nid yw'n pechu yn erbyn rheswm wrth ddewis menter feidraidd sicr er mwyn elw meidraidd ansicr. Nid oes pellter anfeidraidd rhwng y sicrwydd hwn ei fod yn peryglu rhywbeth a'r ansicrwydd a ennill ddim; y mae hynny'n anghywir. Yn ddiau, mae pellter anfeidraidd rhwng sicrwydd o ennill a sicrwydd o golli, ond y mae'r ansicrwydd o ennill yn gymesur â'r sicrwydd o beryglu yn ôl cymesuredd y siawnsiau o ennill ac o golli. Fel canlyniad, os yw'r siawnsiau ar y naill ochr yn gyfartal â'r rhai ar y llall, mae eu dosbarthiad yn ffafrio mentro cyfartal am gyfartal. Ac yna mae'r sicrwydd eich bod yn eich peryglu'ch hun a'r ansicrwydd a ennillwch ddim yn gyfartal, y naill â'r llall, yn hytrach nag yn anfeidraidd bell, y naill oddi wrth y llall. Ac felly mae i'n dadl rym anfeidraidd, gan fod rhywbeth meidraidd i'w fentro, mewn gêm lle mae siawnsiau cyfartal o ennill ac o golli, a rhywbeth anfeidraidd i'w ennill. Dyna brawf arddangosol; ac os oes unrhyw wirionedd y gall dynion ei gyrraedd, dyna fo.

'Rwy'n ei gydnabod, rwy'n ei gyfaddef. Ond dywedwch, onid oes modd gweld wynebau'r cardiau?' Oes, yr Ysgrythur, a phethau eraill.

'Ie, ond y mae fy nwylo wedi eu rhwymo a'm gwefusau wedi eu selio; rwyf yn cael fy ngorfodi i fentro, ac nid wyf yn rhydd; ni ollyngir gafael ynof. Ac fe'm gwnaethpwyd yn ddyn o'r math na all gredu. Beth allaf fi ei wneud, dybiwch chwi?' Mae hynny'n wir. Ond sylweddolwch o leiaf mai o'ch nwydau y daw eich anallu i gredu, gan fod eich rheswm yn eich arwain yno a'ch bod serch hynny'n methu gwneud. Rhaid i chwi ymdrechu, gan hynny, i'ch argyhoeddi eich hun, nid trwy brofion ychwanegol o fodolaeth Duw ond trwy wanychu eich nwydau. Mae eich bryd ar gyrraedd ffydd ond ni wyddoch y ffordd; yr ydych am eich iacháu o'ch anffyddiaeth, ac yn gofyn am y moddion: dysgwch gan y rheini a fu mewn rhwymau fel chwithau a sydd yn awr yn mentro'r cyfan sydd ganddynt. Y maent yn bobl sy'n gwybod y ffordd y carech chwi ei dilyn a sydd wedi eu hiacháu o glefyd y dymunwch chwi eich iacháu oddi wrtho. Dilynwch y ffordd y cychwynasant hwy arni: trwy wneud popeth fel petaent yn credu, trwy gymryd dŵr swyn, trwy beri dweud offerennau, etc. Effaith naturiol hynny fydd eich bod yn credu ac yn cael eich dofi.

'Ond dyna'r peth yr wy'n ei ofni.' Ond pam? Beth sydd gennych i'w golli?

Ond, i ddangos i chwi mai honno yw'r ffordd, bydd byw felly yn gwanychu'r nwydau, a hwy yw'r rhwystrau mawr o'ch blaen.

Diwedd y drafodaeth hon

Yn awr, pa niwed a ddaw i chwi o wneud y dewis hwn? Fe fyddwch yn ffyddlon, yn gywir, yn wylaidd, yn ddiolchgar, yn ddaionus, yn gyfaill didwyll a gwirioneddol . . . Mae'n wir na fyddwch yn profi pleserau afiach, megis rhwysg bydol a moethau synhwyrus; ond oni fyddwch yn profi rhai gwahanol? Rwy'n dweud wrthych y byddwch ar eich elw o'i herwydd yn y bywyd hwn, a bydd pob cam a gymerwch ar hyd y ffordd honno yn dangos i chwi fod eich gwobr cyn sicred, a'r hyn yr ydych yn ei fentro mor ddiddim, fel y gwybyddwch yn y diwedd eich bod wedi chwarae am rywbeth sicr ac anfeidraidd, a heb roi dim amdano.

'O! mae'ch geiriau'n fy llenwi â hyfrydwch a gorfoledd', etc. Os yw'r geiriau hyn yn dderbyniol gennych ac yn ymddangos yn nerthol, rhaid i chwi gofio mai geiriau dyn ydynt, a aeth ar ei liniau gynt ac wedyn i weddïo ar y bod anfeidraidd a di-raniad hwnnw, y mae'n darostwng iddo bopeth sydd ganddo, i ddarostwng iddo'i hun yr hyn sydd gennych chwithau, er eich lles chwi a'i ogoniant ei hun; ac felly boed i nerth ymgymodi â'r distadledd hwn.

Nodiad

[1] Y 'tri bywyd' sydd i'w hennill yw tragwyddoldeb o fywyd, a thragwyddoldeb o hapusrwydd, o ansawdd anfeidraidd. (Gol.).

Gweithiau Ychwanegol

Ar syniadau St. Tomos gw. T. Penelhum, 'The Analysis of Faith in St. Thomas Aquinas', *Religious Studies*, cyf. 13 (1977). Am arolwg cyffredinol gwerthfawr gw. J. Hick, *Faith and Knowledge* ail argraffiad (Llundain: Macmillan, 1967). Ceir trafodaeth athronyddol gryno gan O. R. Jones yn 'Beth yw Credu?' *Diwinyddiaeth*, cyf. XX, (1969). Ceir hefyd gyfraniad gwerthfawr iawn ar broblem gyffredinol crefydd a rheswm yn B. Mitchell, *The Justification of Religious Belief* (Llundain: Macmillan, 1973) a thrafodaeth o'r un broblem o gyfeiriad gwahanol gan N. Malcolm yn S. C. Brown (gol.) *Reason and Religion* (Llundain: Cornell Univ. Press, 1977) rhan III.

ADRAN IV

PROBLEM Y DRWG

[Dyma broblem a fu erioed yn hawdd ei deall, yn anodd ei hateb ac yn drom ei hergyd ym mywydau llawer o gredinwyr. Sut y gall Duw hollalluog, hollwybodus a hollddaionus ganiatáu, neu hyd yn oed beri'r drygau aneirif sy'n trallodi ein byd? Yn yr Hen Destament a'r Newydd fe welir gwahanol atebion i'r cwestiwn, bob un yn rhan o rwydwaith o syniadau diwinyddol sylfaenol a phob un ag arwyddocâd ymarferol i'r bywyd crediniol. Dyma un o broblemau oesol Cristnogaeth, fel y dengys rhychwant deunaw canrif y detholiad isod.]

15. St Irenaeus (*c.* 130-200): *Yn Erbyn Heresïau,* IV, 37.

[Nid yw St. Irenaeus yn trafod yma ond y drwg sy'n deillio o ryddid ewyllys dynion. Y mae ei ateb yn ddatganiad o thema a fu'n ddylanwadol iawn hyd y dydd heddiw.]

1. Y mae'r dywediad hwnnw, 'Mor aml y dymunais gasglu dy blant ynghyd, ond gwrthod a wnaethost' (Mt 23: 37), yn amlygu hen ddeddf rhyddid dyn; oherwydd gwnaeth Duw ef yn rhydd o'r dechreuad, yn feistr ar ei weithredoedd ei hun megis ar ei enaid, i weithredu bwriad Duw nid dan ei orfodaeth ef ond o'i wirfodd ei hun. Oblegid nid oes trais yn Nuw; y da yw ei fwriad bob amser, ac o'r herwydd nid yw ond yn cynghori pawb. Rhoddodd i ddynion, megis i angylion, sydd hwythau'n fodau rhesymol, y gallu i ddewis, fel y byddai'n gyfiawn i'r rhai ufudd feddu ar y da; oherwydd er mai Duw a'i rhoddodd iddynt, hwy a'i cadwodd yn ddiogel. Ond y rhai anufudd, ni cheir dim da ynddynt, a chyfiawn fydd hynny; fe'u cosbir yn ôl eu haeddiant, oherwydd er i Dduw o'i haelioni roi'r da iddynt, yn lle gofalu'n ddiwyd amdano a gwneud yn fawr ohono, dirmygasant ei ddaioni tra rhagorol . . . Rhoddodd Duw iddynt y da, fel y tystia'r Apostol yntau yn yr un llythyr [at y Rhufeiniaid]; a bydd y rhai sy'n gwneud daioni'n derbyn gogoniant ac anrhydedd am iddynt ei wneud, er y gallasent beidio; ond y rhai nad ydynt yn ei wneud,

cânt hwy ddioddef dedfryd gyfiawn Duw am iddynt beidio â gwneud daioni, er y gallasent ei wneud.

2. Petai rhai wrth eu natur yn dda ac eraill yn ddrwg, ni fyddai'r rhai da'n haeddu clod am eu daioni, oherwydd fel yna y gwnaethpwyd hwy; ac ni fyddai'r lleill ychwaith yn haeddu bai, oherwydd fel yna y crewyd hwythau. Ond yr un yw natur pawb: gall pob un dderbyn y da a gwneud daioni, a gall pob un ei wrthod a pheidio â gwneud daioni. Gan hynny, y mae'n gyfiawn i rai gael eu clodfori gan ddynion sy'n byw mewn cymdeithas drefnus, a chan Dduw fwy fyth, ac iddynt gael y gair a haeddant, eu bod bob amser yn dewis y da ac yn llawn dyfalbarhad. Ond y lleill, fe'u cyhuddir a'u cosbi'n haeddiannol am iddynt ymwrthod â chyfiawnder a daioni . . .

* * * *

6. . . . Nid gwiw, meddant, iddo fod wedi creu angylion a chanddynt y gallu i droseddu, na dynion a fyddai'n gwrthod eu diolch iddo ar eu hunion. Fe'u crewyd â rheswm ganddynt a'r gallu i ystyried ac i lunio barn. Ni chrewyd hwy'n bethau direswm a difywyd, yn analluog i wneud dim o'u hewyllys eu hunain, ag angen grym rheidrwydd i'w llusgo tuag at y da — pethau a chanddynt un gogwydd ac un arferiad, heb na hyblygrwydd na barn nac unrhyw allu i fod yn ddim ond yr hyn y crewyd hwy. Pe buasent felly, ni fuasai'r da'n hyfryd ganddynt, na chyfranogi yn Nuw'n werthfawr ganddynt; yn lle bod yn nod i anelu ati â phob gewyn buasai'r da wedi dod i fodolaeth heb unrhyw symudiad ganddynt hwy na gofal nac ymdrech, fel rhywbeth a wreiddiodd ynddynt yn ddidrafferth ohono'i hun. Fel canlyniad, ni fyddai dynion yn werth dim, am eu bod yn dda wrth eu natur yn hytrach nag o'u hewyllys, a'u daioni'n dod ohono'i hun yn hytrach nag o'u hewyllys hwy. Ac oherwydd hynny ni allent ddeall fod y da'n hardd, nac ymhyfrydu ynddo. Oblegid sut y gall dynion nas deallant ymhyfrydu yn y da? Pa ogoniant a ddaw i ddynion na osododd eu bryd arno? Pa goron a gaiff y rheini nad enillodd hi fel buddugwyr yn y gystadleuaeth?

7. . . . Po ddycnaf y bo rhaid inni gystadlu am y goron, mwyaf gwerthfawr yw hi; a pho werthfawrocaf y bo, mwyaf y carwn hi'n

wastad. Ond nid yr un modd y cerir pethau sy'n dod ohonynt eu hunain a phethau y mae eu darganfod yn gofyn llawer o ofal. Am fod ynom y gallu i garu Duw'n fwyfwy, dysgodd yr Arglwydd ni i ddarganfod y cariad hwnnw trwy ymdrech galed, fel y traddodwyd gan yr Apostol (I Cor. 9: 24-27). Ac fel arall byddai ein daioni'n amlwg yn ddiddeall oherwydd diffyg hyfforddiant. Yn wir, ni fyddai ein golwg cyn werthfawroced gennym oni wyddem o brofiad peth mor ddrwg yw methu gweld; ac y mae profiad o iechyd gwael yn gwneud iechyd da'n fwy gwerthfawr, megis y mae goleuni wrth dywyllwch a bywyd wrth angau. Felly hefyd y mae teyrnas nefoedd yn fwy gwerthfawr gan y rhai a adnabu deyrnas ddaearol. Po werthfawrocaf y bo'r deyrnas honno, mwyaf y carwn hi: ac o'i charu'n fwy cawn fwy o glod gyda Duw. Er ein mwyn ni, gan hynny, y cynhaliodd Duw hyn oll, fel y caem ein hyfforddi gan bopeth i fod yn bwyllog ym mhopeth ar gyfer y dyfodol, ac fel y caem ein dysgu trwy ein rheswm i garu Duw ac i ddyfalbarhau i'w garu ym mhob ffordd. Yn wir, y mae Duw'n dangos ei fawrfrydigrwydd pan yw dynion yn gwrthryfela; oherwydd cânt eu hyfforddi ganddo, fel y dywedodd y proffwyd: 'Dy wrthdro a'th gerydda' (Jer. 2: 19). Y mae Duw'n trefnu popeth rhag blaen ar gyfer perffeithio ac adeiladu dynion ac amlygu ei drefn ei hun, fel y dangosir ei ddaioni a chyflawni ei gyfiawnder, ac fel yr unir yr Eglwys ynghyd ar lun a delw ei Fab ac y daw dynion i'w llawn dwf, yn ddigon aeddfed o achos y profiadau hyn i weld ac i amgyffred Duw.

16. H. J. McCloskey: 'Duw a'r Drwg', yn *The Philosophical Quarterly*, cyfr. 10 (1960).

[Dyma gyflwyniad cynhwysfawr iawn i broblem y drwg, i'r gwahanol agweddau arni, ac i'r gwahanol atebion. Brasluniau o'r rheini a geir gan amlaf. Fel canlyniad fe ddichon fod bylchau neu lurguniadau yn y cyflwyniad. Nid yw McCloskey bob amser yn gwerthfawrogi'r pwynt rhesymegol pwysig a wneir gan Pike yn **17.**]

Datgan y Broblem

Y mae'r drwg yn broblem i'r theistiad am fod bodolaeth y

drwg ar y naill law a'r gred yn hollalluogrwydd a pherffeithrwydd Duw ar y llaw arall yn croesddweud ei gilydd. Ni all fod Duw'n hollalluog ac yn berffaith dda os yw'r drwg yn real. Mynegir manylion y croeseb hwn yn dda gan Mackie yn ei drafodaeth ef o'r broblem.[1] Yn ei drafodaeth y mae Mackie yn ceisio dangos na ellir datrys y croeseb yn nhermau ewyllys rydd dyn. Wrth ddadlau fel hyn y mae Mackie'n esgeuluso nifer mawr o bwyntiau pwysig, ac yn ildio llawer gormod o dir i'r theistiad. Ceir ganddo addefiad ymhlyg mai craidd y broblem a greir gan y drwg corfforol yw problem y drwg moesol, a chan hynny mai'r posibilrwydd o gysoni ewyllys rydd â daioni absolwt sy'n penderfynu pa mor foddhaus yw unrhyw ddatrysiad o broblem y drwg. Mewn gwirionedd y mae drygau corfforol yn creu nifer o wahanol broblemau na ellir mo'u hystyried fel gweddau ar broblem y drwg moesol. At hynny, y mae cynnig datrys problem y drwg moesol yn nhermau ewyllys rydd yn ei gwneud yn gyfangwbl amhosibl ceisio rhoi cyfrif am y drwg corfforol yn nhermau'r da moesol, a thrwy hynny geisio dangos mai problem y drwg moesol yw craidd problem y drwg. Ymhellach, y mae'r eglurhad o'r drwg moesol yn nhermau ewyllys rydd yn methu am resymau mwy amlwg a llai dadleuol na'r rhai a awgrymodd Mackie. Gellir dangos fod problem y drwg moesol yn parhau prun a yw ewyllys rydd yn gyson â daioni absolwt ai peidio. Gan hynny, fy mwriad yn hyn o bapur yw ailagor y drafodaeth o 'broblem y drwg' trwy ei thrafod o safbwynt mwy cyffredinol, gan ystyried atebion mwy amrywiol nag a wnaeth Mackie a'i feirniaid.

Y mae'r ffaith fod y drwg yn bodoli'n creu problem i'r theistiad; ond y mae nifer o atebion syml wrth law i'r theistiad sy'n fodlon newid ei theistiaeth yn sylweddol. Fe all naill ai dderbyn fod terfyn i allu Duw, neu fe all wadu perffeithrwydd moesol Duw. Fe all faentumio naill ai (1) nad yw Duw'n ddigon nerthol i wneud byd nad yw'n cynnwys drwg, neu (2) mai'r da yn y bydysawd yn unig a greodd Duw ac mai rhyw allu arall a greodd y drwg, neu (3) fod Duw'n hollalluog ond yn foesol amherffaith, a'i fod wedi dewis creu bydysawd amherffaith. Ychydig o Gristnogion sy'n derbyn yr atebion hyn, yn rhannol am fod y cyfryw 'atebion' yn anwybyddu gwir ysbrydoliaeth credau crefyddol, ac yn rhannol am eu bod yn creu cymhlethdodau trafferthus i'r theistiad wrth iddo geisio delio â phroblemau difrifol eraill. Fodd bynnag, os derbynnir unrhyw un o'r 'atebion' hynny, yna fe osgoir problem y drwg ac fe ddiogelir fersiwn wannach o theistiaeth rhag unrhyw ymosodiad a seilir ar y ffaith fod y drwg yn digwydd.

Y mae theistiaeth fwy uniongred yn dweud fod Duw'n hollalluog ac yn berffaith dda, ac y mae'r drwg yn creu problem wirioneddol iddi; ac fe fynegwyd y broblem yn dda gan y Jeswit, y Tad G. H. Joyce. Y mae Joyce yn ysgrifennu:

> Rhaid ei bod yn wir erioed mai bodolaeth drygioni yn y byd yw'r mwyaf o'r holl broblemau y daw'r meddwl ar eu traws wrth fyfyrio ar Dduw a'i berthynas â'r byd. Os yw Ef mewn gwirionedd yn hollddaionus ac yn hollalluog, sut y mae lle i'r drwg yn y byd a wnaeth Ef? O ba le y daeth? Pam y mae yma? Os yw Ef yn hollddaionus pam y caniataodd iddo ymddangos? Os yw'n hollalluog, pam nad yw'n ein gwaredu rhag y baich? Anharddwyd trefn anianol a moesol y greadigaeth mor ddirfawr, y naill fel y llall, fel y cawn anhawster i ddeall sut y gall ddeillio yn ei chrynswth oddi wrth Dduw.[2]

Y mae'r ffeithiau sy'n peri'r broblem o ddau fath cyffredinol, ac yn peri dau wahanol fath o broblem. Fel arfer cyfeirir at y ddau fath cyffredinol hyn o ddrwg fel drwg 'corfforol' a drwg 'moesol'. Nid yw'r termau hyn yn briodol o bell ffordd — e.e., nid yw dioddefaint yn ddrwg corfforol yn ystyr gaeth y gair — ac y maent yn celu gwahaniaethau arwyddocaol. Serch hynny, y mae'r termau hyn yn rhy gyfleus ac yn cael eu defnyddio'n rhy gyffredin i'w hepgor yma, ac yn arbennig felly am nad oes angen at ein dibenion ni roi gwahanol enwau ar y gwahanol fathau o ddrwg, er eu pwysiced fel mathau arwahanol.

Y drwg corfforol a'r drwg moesol, felly, yw'r ddwy ffurf gyffredinol o ddrwg sydd, yn annibynnol ac yn gyfunol, yn rhesymau terfynol dros wadu bodolaeth Duw yn yr ystyr a ddiffiniwyd, sef fel Bodolyn hollalluog a pherffaith. Daw'n amlwg pa mor argyfyngus yw'r ddwy broblem gyffredinol hyn wrth inni ystyried natur a chwmpas y drygau y mae'n rhaid rhoi cyfrif amdanynt. Cymerwn ddrygau corfforol gan edrych yn gyntaf ar y rhai lleiaf pwysig.

(a) *Drygau corfforol*

Y mae drygau corfforol yn rhan o gyfansoddiad y ddaear a

theyrnas yr anifeiliaid. Y mae rhannau o'r ddaear yn ddiffaith ac eraill dan rew'n barhaus; y mae arni anifeiliaid rheibus peryglus, yn ogystal â chreaduriaid fel sgorpionau a seirff. Y mae hefyd blâu megis gwybed a chwain a lluoedd y trychfilod niweidiol eraill, yn ogystal â'r myrdd o barasitau llai megis llyngyr, llyngyr bacher, a'u tebyg. Yn ail, y mae'r gwahanol drychinebau naturiol a'r dioddefaint anfesuradwy a ddaw i ddynion yn eu sgîl — tanau, llifogydd, tymhestloedd, gwanegau gorlifol, llosgfynyddoedd, daeargrynfeydd, sychder, a newyn. Yn drydydd y mae'r nifer anferth o glefydau sy'n poenydio ac yn anrheithio'r ddynolryw. Nid yw clefydau megis y gwahanglwyf, cancr, poliomuelitis, yn ymddangos *prima facie* yn greadigaethau y gellid eu disgwyl gan Greawdwr daionus. Yn bedwerydd, y mae'r drygau sydd ar gymaint o ddynion o'u geni — y gwahanol fathau o anffurfiad a diffyg corfforol megis aelodau ceimion, dallineb, byddarwch, mudandod, namau meddyliol a gwallgofrwydd. Y mae'r rhan fwyaf o'r drygau hynny'n ychwanegu at boen a dioddefaint dynion; ond nid poen yn unig yw hanfod pob drwg corfforol. Drygau yw llawer o'r drygau hyn, prun a ddaw poen ohonynt ai peidio. Y mae hynny'n bwysig, am ei fod yn golygu fod sôn am broblem *y* drwg yn anghywir ac yn wirioneddol gamarweiniol, onid oes un ateb i'r fath amrywiaeth o ddrygau. Byddaf yn dadlau cyn bo hir nad oes un 'ateb' sy'n delio â'r holl ddrygau hyn, a chan hynny bydd rhaid inni dynnu'r casgliad fod drygau corfforol yn creu nid un broblem ond nifer o wahanol broblemau i'r theistiad.

Y mae Joyce yn cyfleu natur yr amryw anawsterau y cyfeirir atynt gan y theistiad fel problem y drwg corfforol mewn modd sy'n ddigon nodweddiadol o'r theistiaid mwy gonest, athronyddol, fel a ganlyn:

> Y mae swm y dioddefaint sy'n cystuddio'r ddynolryw yn anfesuradwy. Y mae gan glefyd ddigon, a mwy na digon, o boenedigaethau i'r corff; clefyd ac angau yw'r gyfran y mae'n rhaid inni oll edrych ymlaen ati. Ym mhob cyfnod, hefyd, fe wesgir ar niferoedd mawr o'r hil gan angen. Nid yw'r byd ychwaith byth yn rhydd dros gyfnod hir iawn o'r dioddefiannau erchyll a ddaw yn sgîl rhyfel. Os canolbwyntiwn ein sylw ar ofidiau dynion, gan gau allan lawenydd bywyd, cawn ddarlun brawychus o etifeddiaeth drallodus y cnawd. Felly hefyd os

hoeliwn ein sylw ar agweddau llym natur, ar y poenau y mae dynion yn eu dioddef gan rymoedd natur — ar y stormydd sy'n dryllio eu llongau, yr oerfel sy'n eu rhewi i farwolaeth, y tân sy'n eu difa — os dwys ystyriwn yr agwedd hon ar natur yn unig hwyrach y deuwn i ofyn tybed sut y daeth Duw i drin Ei Greaduriaid mor arw ag i ddarparu iddynt y fath gartref.

Y mae llawer mynegiad cyffelyb o'r broblem yn awgrymu, os nad yn datgan, fod y broblem yn tarddu'n rhannol o leiaf o ganolbwyntio sylw rhy gaeth ar un wedd ar y byd. Y mae hynny'n hollol groes i'r ffeithiau. Nid yw'r broblem yn un sy'n tarddu o edrych ar un wedd yn unig ar y bydysawd. Y mae'n bosibl fod cyfanswm mwy o bleser nag o boen trwy'r bydysawd, a bod mwy o dda nag o ddrwg corfforol ar y cyfan, ond y mae'r un mor bosibl mai'r gwrthwyneb sy'n wir. Y mae'n ymarferol amhosibl ac yn rhesymegol amhosibl torri'r ddadl hon. Serch hynny, nid afresymol yw tybio fod ar hyn o bryd fwy o ddrwg nag o dda corfforol, o gofio nad oes gan y rhan fwyaf o'r ddynolryw na lluniaeth na thrigfa addas a'u bod heb wasanaeth meddygol a gwasanaeth iechyd addas. Yng ngoleuni'r ffeithiau sydd yn ein meddiant, gellid meddwl fod hwnnw'n gasgliad llawer mwy rhesymol na'r un a awgrymir yn gynnil gan Joyce ac a gynigir yn agored gan theistiaid llai pwyllog, sef fod fel mater o ffaith fwy o dda nag o ddrwg corfforol yn y byd.

Eithr nid dyma'r cwestiwn, 'Prun y mae mwyaf ohono, y da corfforol neu ynteu'r drwg corfforol?' Fe erys problem y drwg corfforol yn broblem prun a ogwydda'r fantol i ochr y da corfforol ai peidio, am mai rhoi cyfrif am y ffaith fod y drwg corfforol yn digwydd o gwbl yw'r broblem.

(b) *Y drwg moesol*

Y mae drygau corfforol yn creu un o'r grwpiau o broblemau y cyfeirir atynt gan theistiaid fel 'problem y drwg'. Fe greir problem hollol wahanol gan y drwg moesol. Nid yw'r drwg moesol yn ddim amgen nag anfoesoldeb — drygau megis hunanoldeb, cenfigen, gwanc, twyll, creulondeb, caledrwydd, llyfrdra a drygau ar raddfa fwy megis rhyfeloedd a'r erchyllterau sy'n rhan ohonynt.

Fe ystyrir yn gyffredin fod y drwg moesol yn broblem fwy difrifol hyd yn oed na'r drwg corfforol. Y mae Joyce yn ei ystyried felly, gan nodi:

Y mae dyn sy'n pechu trwy hynny'n troseddu yn erbyn Duw . . . Gelwir arnom i egluro sut y bu i Dduw greu trefn y mae ynddi le i wrthryfel a hyd yn oed i wrthodiad terfynol. Gan fod gan Dduw ddewis o blith nifer anfeidraidd o fydoedd posibl, sut y bu iddo ddewis un y mae'r pethau hynny'n digwydd ynddo? Onid yw'r cyfryw ddewis yn ddybryd o groes i'r Daioni Dwyfol?

Y mae rhai theistiaid yn ceisio ateb trwy wadu realiti'r drwg neu trwy ei ddisgrifio fel 'diffyg' neu absenoldeb daioni. Eu gobaith yw y ceir felly ateb a ddengys nad oes angen ei egluro. Yn achos y rhan fwyaf o ddrygau y mae angen eu hegluro fe ymddengys hynny'n ddim amgen nag ymgais i osgoi'r broblem trwy newid enw'r hyn y mae'n rhaid ei egluro. I ddatgelu ei wir natur nid oes angen ond disgrifio rhai o'r drygau y mae'n rhaid eu hegluro. Dyna pam y mae arolygu'r data sydd i'w hesbonio yn rhan bwysig iawn o drafod problem y drwg.

Yn *Y Brodyr Karamasof* y mae Dostoieffsci'n cyflwyno trafodaeth o broblem y drwg trwy gyfeirio at erchyllterau oedd newydd eu cyflawni ar y pryd. Y mae Ifan yn mynegi'r broblem:

'Gyda llaw, fe gwrddais â Bwlgariad yn ddiweddar ym Moscow,' meddai Ifan . . . 'ac fe ddywedodd wrthyf am y troseddau a wnaeth y Twrciaid ym mhob rhan o Fwlgaria oherwydd eu hofn o wrthryfel cyffredinol gan y Slafiaid. Maent yn llosgi pentrefi, yn llofruddio, yn rheibio gwragedd a phlant, ac yn hoelio eu carcharorion gerfydd eu clustiau wrth y ffensiau, yn eu gadael tan y bore, ac yna'n eu crogi — pob math o bethau na allech mo'u dychmygu. Mae pobl weithiau'n sôn am greulondeb bwystfilaidd, ond mae hynny'n gam mawr â'r bwystfilod ac yn sarhad arnynt; ni all bwystfil fyth fod mor greulon â dyn, mor gelfydd o greulon. 'Dyw'r teigr ddim ond yn rhwygo ac yn cnoi, a dyna'r cyfan y gall ef ei wneud. Ni fyddai ef byth yn meddwl am hoelio pobl gerfydd eu clustiau, hyd yn oed petai'n gallu gwneud hynny. 'Roedd y Twrciaid yma'n mwynhau arteithio plant hefyd; torri'r plentyn heb ei eni o groth y fam, a lluchio babanod i fyny i'r awyr a'u dal nhw ar flaenau eu bidogau o flaen llygaid eu mamau. Gwneud hynny o flaen y mamau oedd yn rhoi awch ar eu hwyl. Dyma olygfa arall oedd yn ymddangos yn ddiddorol iawn i mi. Dychmygwch fam a'i baban yn ei breichiau yn crynu ynghanol cylch o oresgynwyr Twrcaidd. Mae nhw wedi cynllunio tipyn o ddifyrrwch: mae nhw'n mwytho'r babi i wneud iddo chwerthin. Mae nhw'n llwyddo; mae'r babi yn chwerthin. Y funud honno mae un o'r Twrciaid yn dal pistol bedair modfedd o wyneb y babi. Mae'r babi'n chwerthin yn llawn hwyl, yn estyn ei ddwylo bach at y pistol, ac mae yntau'n tynnu'r triger yn wyneb y babi ac yn chwythu'i ymenydd allan. Celfydd, onide?'[3]

Yr oedd mynegiad Ifan o'r broblem wedi ei seilio ar ddigwyddiadau hanesyddol. Ni ddaeth y cyfryw ddigwyddiadau i ben gyda'r bedwaredd ganrif ar bymtheg. Nid yw llyfr yr Arglwydd Russell o Lerpwl, *The Scourge of the Swastika*, yn cynnwys nemor mwy na disgrifiadau o'r cyfryw erchyllterau; ac nid yw hwnnw ond un o lu o ysgrifau sy'n rhoi rhestrau dogfennol o enghreifftiau o ddrygau, rhai corfforol a moesol.

Gan hynny y mae problem y drwg yn real ac yn argyfyngus. Y mae'n eglur fod rheswm *prima facie* dros ddweud fod y drwg a Duw yn anghyson, y naill â'r llall — ni all y ddau gydfodoli. Y mae'r rhan fwyaf o theistiaid yn cyfaddef hynny, a hefyd fod rhaid iddynt ddangos nad yw'r gwrthdrawiad yn angeuol i theistiaeth; ond un canlyniad yw fod llu o atebion yn cael eu cynnig.

Y mae'r ffaith fod y fath liaws o atebion yn cael eu cynnig, a bod theistiaid yn aml iawn yn gwrthod atebion ei gilydd, yn awgrymu wrthi'i hun fod bodolaeth drygioni yn rhwystr anorchfygol i theistiaeth fel y'i diffiniwyd yma. Y mae hefyd yn ei wneud yn amhosibl trafod pob un o'r atebion a gynigiwyd, a'r cyfan y gellir ei geisio yma yw archwilio'r atebion hynny yr apelir atynt fynychaf ac, yn fwyaf cyffredin, a ystyrir yn bwysig gan theistiaid.

Y mae rhai theistiaid yn cyfaddef realiti problem y drwg, ac yna'n ceisio ei hosgoi, gan ddatgan ei bod yn ddirgelwch mawr na allwn ni feidrolion druain obeithio ei hamgyffred. Y mae theistiaid eraill yn dewis ffordd y rheswm ac yn cynnig dadleuon rhesymol i ddangos fod y drwg, o'i ddeall yn gywir, yn gyson â daioni Duw, a hyd yn oed yn ganlyniad ohono. Bydd y papur hwn yn cynnig dadleuon a gyfeirir yn erbyn dadleuon theistiaid o'r ail fath; ond i'r graddau y llwydda'r dadleuon hynny yn erbyn y theistiaid rhesymol, byddant hefyd yn dangos yn effeithiol fod yr ymdriniaeth ddi-reswm yn nhermau dirgeleddau mawrion yn wir afresymol.

Cynigion i Ddatrys Problem y Drwg Corfforol

Allan o'r amrywiaeth fawr o ddadleuon a gynigir gan theistiaid fel atebion i broblem y drwg corfforol, fe archwilir pump ateb sy'n boblogaidd ac yn meddu ar arwyddocâd athronyddol. Yn gryno, dyma hwy:

(1) Y mae'n rhaid wrth ddrwg corfforol (poen) er mwyn i'r da corfforol (pleser) gymaint â bodoli; (2) Cosb Duw ar bechaduriaid yw'r drwg corfforol; (3) Duw'n rhybuddio ac yn atgoffa dyn yw'r drwg corfforol; (4) Y mae'r drwg corfforol yn ganlyniad i ddeddfau natur, ac y mae eu gweithrediad ar y cyfan yn ddaionus; (5) Y mae'r drwg corfforol yn ychwanegu at gyfanswm y da.

1. *Ni ellir Da Corfforol heb Ddrwg Corfforol*

Ni ellir pleser ond trwy gyferbyniad â phoen. Defnyddir cydweddiad â lliw yma. Pe bai popeth yn las, yna, yn ôl y ddadl, ni ddeallem na beth yw lliw na beth yw glas. Felly hefyd gyda phleser a phoen.

Y diffyg amlycaf mewn dadl o'r fath yw nad yw'n cynnwys pob da a drwg corfforol. Y mae'n ddadl yr apelir ati'n gyffredin gan y rheini sy'n meddwl nad yw'r drwg corfforol yn creu ond un broblem, sef problem poen; fel canlyniad y mae'r ddadl yn hollol amherthnasol i lawer math o ddrwg corfforol. Y mae clefyd a gwallgofrwydd yn ddrygau, ond fe ellir iechyd corff a meddwl heb fod clefyd a gwallgofrwydd yn unman. Ymhellach, pe bai'r ddadl yn ddilys mewn unrhyw ffordd hyd yn oed mewn perthynas â phoen, nid ymhlygai fodolaeth mwy na mymryn o boen, nid y swm anfesuradwy o boen sydd yn y bydysawd. Nid oes angen mwy na mymryn o felyn er mwyn gwerthfawrogi glesni a lliw yn gyffredinol. Fe welir gan hynny fod y ddadl yn druenus o ddiffygiol dan ddau ben hyd yn oed onid amheuir ei hegwyddor sylfaenol. Os amheuir ei hegwyddor sylfaenol, fe welir fod y ddadl yn hanfodol annilys. A ellir maentumio o ddifri y byddai unigolyn a aned yn efrydd ac yn anffurf, ac nad oedd erioed wedi profi pleser yn ei fywyd, yn anabl i brofi poen, hyd yn oed ped anafid ef yn dost? Y mae'n eglur y gellir poen yn absenoldeb pleser. Diau na wahaniaethid ef gan enw neilltuol a galw 'poen' arno, ond serch hynny byddai'r cyflwr yr ydym yn awr yn ei ddisgrifio fel cyflwr poenus yn bosibl yn absenoldeb llwyr pleser. Felly hefyd y gwrthwyneb, fe ymddengys. Dangosir hyn yn eglur iawn gan Platon yn nawfed lyfr y *Wladwriaeth* mewn perthynas â phleserau blasu ac arogli. Nid yw fel petai bodolaeth y pleserau hynny'n dibynnu ar unrhyw brofiad blaenorol o boen. Felly y mae'r ddadl yn ddiffygiol parthed ei phrif honiad; a thrwy fod yn ddiffygiol parthed hynny y mae ar yr un pryd yn cyfyngu'n sylweddol ar allu Duw. Fe faentumia na all Duw greu pleser heb greu poen, er inni weld nad yw pleser a phoen yn gydberthnasol.

2. *Cosb Duw am Bechod yw'r Drwg Corfforol*

Cynigiwyd y math hwn o eglurhad i egluro'r daeargryn ofnadwy a ddigwyddodd yn Lisbon yn y ddeunawfed ganrif, pryd y lladdwyd 40,000 o bobl. Y mae llawer o atebion i'r ddadl hon, ateb Voltaire, er enghraifft. Gofynnodd Voltaire: 'A ddewisodd Duw yn y daeargryn hwn y 40,000 lleiaf rhinweddus o ddinasyddion Portwgal?' Ni ddosberthir clefyd a phoen mewn unrhyw ffordd sy'n cyfateb yn amlwg i rinwedd y bobl a gystuddir, ac y mae'n ddywediad poblogaidd fod y dosbarthiad yn gogwyddo i'r cyfeiriad arall. Yr unig ffordd i ddelio â'r ffaith na ddosberthir drygau yn gyfatebol i ddrygioni'r cystuddiedig yw awgrymu fod pob bod dynol, gan gynnwys plant, yn bechadur mor druenus, fod ein troseddau mor ysgeler, fel y byddai'n gyfiawn i Dduw ein cosbi ni oll cyn llymed ag y mae modd cosbi dynion; ond hyd yn oed wedyn y mae angen egluro'r olwg fympwyol sydd ar y modd y mae Duw yn dewis Ei ysglyfaeth. A fodd bynnag, nid yw'n eglur o bell ffordd fod plant ifainc, sydd yn aml iawn yn dioddef yn drwm, yn euog o bechodau mor ysgeler ag y byddai'n rhaid wrthynt er mwyn cyfiawnhau eu dioddefaint fel cosb.

Ymhellach, y mae llawer o ddrygau corfforol gyda dynion ers eu geni — gwallgofrwydd, namau meddyliol, dallineb, anffurfiau, yn ogystal â llawer o glefydau. Ni all unrhyw drosedd neu bechod *gan y plentyn* egluro a chyfiawnhau'r drygau corfforol hynny fel cosb; ac y mae cosbi pechod rhiant yn y plentyn yn anghyfiawnder neu'n ddrwg o fath arall.

Yr un modd, ni ellir rhoi cyfrif am ddioddefiannau anifeiliaid trwy ddweud mai cosb ydynt. Am y gwahanol resymau hyn, gan hynny, rhaid gwrthod y ddadl hon. Fel mater o ffaith, y mae wedi colli ffafr mewn cylchoedd athronyddol a diwinyddol, ond apelir ati o hyd ar y gwastad poblogaidd.

3. *Rhybudd Duw i Ddynion yw'r Drwg Corfforol*

Y mae rhai'n dadlau, e.e., ynglŷn â thrychinebau naturiol, 'eu bod yn hyrwyddo diben moesol sy'n gwneud iawn am y drwg anianol a barant. Y mae natur arswydus y ffenomenau hyn, nerth llethol y grymoedd ar waith, a diymadferthwch llwyr dynion wyneb yn wyneb â hwy, yn eu deffro o'r cyflwr o ddifaterwch crefyddol y maent mor dueddol o syrthio iddo. Maent yn codi ynddynt arswyd a pharch tuag at y Creawdwr a'u gwnaeth ac sy'n eu llywodraethu, ac ofn iachusol troseddu yn erbyn y deddfau a osododd Ef arnynt' (Joyce). Dyma lle cyfeirir yn aml at anfarwoldeb fel cyfiawnhad am y drwg.

Y mae'r ddadl hon yn dechrau gyda gosodiad sy'n amlwg yn anwir; ac fe gyfaddefir yn ymhlyg gan y rhan fwyaf o ddiwinyddion ei fod yn anwir. Nid yw trychinebau naturiol o reidrwydd yn troi pobl at Dduw, ond yn hytrach yn amlygu problem y drwg mewn ffurf argyfyngus; ac fe ddywedir mai problem y drwg yn anad dim arall sy'n peri i ddynion gefnu ar grefydd. Felly os mai amcan Duw wrth beri trychinebau naturiol yw codi parch ac arswyd, bwnglerwr yw Ef. Y mae llawer o ddulliau sicrach o gyrraedd y nod honno. A rhywbeth sydd yr un mor bwysig, braidd y disgwylid i Dduw daionus ddewis dull megis defnyddio drygau corfforol i gyrraedd y nod honno pan yw dulliau eraill mwy effeithiol a llai drwg o fewn ei gyrraedd, e.e., gwyrthiau, datguddiadau arbennig.

4. *Canlyniad Gweithrediad Deddfau Natur yw Drygau*[4]

Y mae'r bedwaredd ddadl hon yn berthnasol i'r mwyafrif o ddrygau corfforol, ond fe'i defnyddir yn fwy cyffredin i roi cyfrif am ddioddefaint anifeiliaid ac am drychinebau naturiol. Dywedir fod y drygau hynny'n ganlyniad i weithrediad y deddfau naturiol sy'n llywodraethu'r gwrthrychau hyn; y deddfau naturiol perthynasol yw'r gwahanol ddeddfau achosol, deddf pleser-a-phoen fel deddf sy'n llywodraethu bodau synhwyrus, etc. Y mae'r theistiad yn dadlau y byddai i'r drygau hynny beidio â digwydd olygu naill ai ymyrryd cyson gan Dduw mewn ffordd wyrthiol ac yn groes i'w ddeddfau naturiol ei hun, neu ynteu adeiladu bydysawd gwahanol â chydrannau gwahanol dan lywodraeth deddfau naturiol gwahanol; oherwydd pan yw Duw'n creu bodolyn o fath neilltuol, y mae'n rhaid iddo ei greu'n ddarostyngedig i'w ddeddf briodol; ni all Ef ei greu a'i ddarostwng i unrhyw ddeddf a fynno. Gan hynny, y mae'n creu byd o gydrannau ac o ddeddfau sy'n dda o ran cyfanswm eu heffeithiau, serch bod iddynt rai effeithiau neilltuol trychinebus.

Y mae tair gwrthddadl i'w cyfeirio yn erbyn y ddadl hon. Yn gyntaf, nid yw'n cynnwys pob drwg corfforol. Y mae'n eglur na ellir rhoi cyfrif am bob clefyd yn y modd hwnnw. Yn ail, nid rhoi rheswm yn erbyn i Dduw ymyrryd yn wyrthiol yw datgan yn blwmp y byddai'n afresymol iddo ymyrryd yn gyson â gweith-rediad Ei ddeddfau Ei hun. Eto fe ymddengys mai hwnnw yw'r unig reswm a gynigir gan theistiaid dan y pen hwn. Pe gallai Duw ddiddymu drwg trwy ymyrryd â gweithrediad Ei ddeddfau, byddai iddo beidio â gwneud hynny i bob golwg yn weithred afresymol a drygionus. Ceisia rhai theistiaid ddianc o'r cyfwng hwn trwy wadu fod gan Dduw y gallu i ymyrryd yn wyrthiol; ond y maent trwy hynny'n gosod terfynau caeth i'w allu. Y maent gystal â dweud na all Duw, wedi iddo wneud Ei waith creadigol, wneud dim arall ond ei wylio. Y mae'r drydedd wrthddadl yn perthyn i'r ail, ac fe ddywed fod terfynau caeth eisoes wedi eu gosod i hollalluogrwydd Duw pan awgrymir na allai Ef wneud bodolion synhwyrus nad oeddent yn profi poen, na bodolion synhwyrus heb nag anffurf na nam, na ffenomenau naturiol â deddfau gwahanol i'w llywodraethu. Nid oes unrhyw reswm pam nad yw'r hypothesis fod Duw'n bodoli yn caniatáu'r posibilrwydd o well deddfau natur i lywodraethu'r pethau sy'n bod. Os yw Duw'n hollalluog, oni allasai wneud gwell fydysawd yn y lle cyntaf, neu fydysawd â gwell deddfau natur i'w reoli, fel na fyddai gweithrediad ei ddeddfau'n peri trychinebau a phoen? Nid yw maentumio hynny cystal â dweud y dylai Duw hollalluog allu cyflawni'r hyn sy'n rhesymegol amhosibl. Y mae'r cyfan a nodwyd yma'n rhesymegol bosibl, a chan hynny o fewn cyrraedd galluoedd Bod sydd yn wirioneddol hollalluog.

Y mae'r bedwaredd ddadl hon yn ceisio diheuro Duw o fai trwy egluro ei fod wedi creu bydysawd oedd ar y cyfan yn dderbyniol ond un oedd â'r fath natur fel nad oedd ganddo Ef unrhyw reolaeth uniongyrchol dros y deddfau sy'n llywodraethu Ei greadigaethau; yr oedd yn rheoli'n unig trwy ddewis Ei greadigaethau. Y mae'r ddwy ddadl flaenorol yn priodoli'n uniongyrchol i ewyllys Duw ganlyniadau manwl gweithrediad y deddfau hynny. Yn gyffredin defnyddir pob un o'r tair dadl gan theistiaid. Odid nad yw'n arwyddocaol eu bod er eu gwaethaf mor ansicr pun ai *cymeradwyo* Duw neu ynteu Ei *ddiheuro* a ddylid.

5. *Y mae'r Bydysawd yn Well o Gael Drwg Ynddo*

Hon yw'r ddadl bwysig. Dyma un fersiwn ohoni:

> Yn union fel y mae bryd yr artist dynol ar harddwch ei greadigaeth fel cyfanwaith, heb amcanu rhoi i bob un rhan ddisgleirdeb o'r raddfa uchaf eithr y mesur hwnnw o addurniad sy'n cyfrannu fwyaf at yr effaith gyfunol, felly y mae hi gyda Duw (Joyce).

Y mae fersiwn arall o'r math cyffredinol hwn yn egluro'r drwg nid yn gymaint fel *cydran* o gyfanwaith da, wedi ei weld allan o'i gyd-destun fel cydran yn unig, ond yn hytrach fel *modd* i gyrraedd da mwy. Er bod y ddwy fersiwn yn wahanol, gellir eu trin yma fel un math cyffredinol o ddadl, oherwydd y mae'r un feirniadaeth yn angheuol i'r ddwy fersiwn.

Os yw'r math hwn o ddadl yn ddilys, nid yw'n dangos dim amgen na bod rhywfaint o ddrwg yn gallu cyfoethogi'r Bydysawd; nid yw'n dweud wrthym o gwbl *pa faint* o ddrwg fydd yn cyfoethogi'r bydysawd neilltuol hwn, na pha faint fydd yn ormod. Gan hynny, hyd yn oed os yw egwyddor y cyfryw ddadl yn ddilys — a byddaf yn dadlau cyn bo hir nad ydyw — nid yw'r ddadl wrthi'i hun yn cyfiawnhau'r drwg sydd yn y bydysawd. Y cyfan a ddengys yw y gallai fod cyfiawnhad dros y drwg sy'n digwydd. A chofio'r swm anferth o ddrwg, y mae hynny'n annhebygol.

Hwnnw yw'r prif bwynt a wneir gan Wisdom yn ei drafodaeth o'r ddadl hon. Y mae Wisdom yn crynhoi ei feirniadaeth fel a ganlyn:

> I gwblhau, rhaid ychwanegu hyn: onid oes yna ddadleuon annibynnol o blaid yr honiad mai'r byd hwn yw'r byd na ellid

yn rhesymegol ei well, y mae'n debygol nad yw rhai o'r drygau ynddo'n amodau rhesymegol-reidiol i ryw dda cydadferol; ac y mae hynny'n debygol am fod cymaint o ddrygau.[5]

Y mae ateb Wisdom yn amlygu mai camgymeriad difrifol yw i neb ddibynnu ar y ddadl hon fel dadl derfynol a chynhwysfawr. Nid yw'r ddadl, os yw'n ddilys, yn cyfiawnhau mwy na pheth o'r drwg. Camgymeriad yw credu ei bod yn cyfiawnhau'r holl ddrwg sy'n digwydd yn y byd, oherwydd y mae angen ail ddadl yn atodiad iddi. Byddai'r ddadl atodol hon ar ffurf prawf fod yr holl ddrwg sy'n digwydd yn werthfawr *fel mater o ffaith* ac yn angenrheidiol fel modd i gyrraedd da mwy. Ni ellir mewn egwyddor y fath brawf atodol; felly ni all y ddadl hon ddangos fan bellaf fwy nag y *gall* rhywfaint o ddrwg fod yn angenrheidiol i gynhyrchu daioni, ac y gall fod cyfiawnhad, o bosibl, dros y drwg yn y byd ar y cyfrif hwnnw. Nid cyfiawnhau rhyw ddrwg corfforol yw hyn, ond awgrymu'n unig, er gwaethaf popeth, y gallai fod cyfiawnhad dros y drwg corfforol, er efallai na wybyddwn fyth mohono.

Gan hynny, hyd yn oed os yw'r ddadl yn ddilys fel ffurf gyffredinol o ymresymu, y mae'n anfoddhaus am ei bod yn annherfynol. Fodd bynnag, y mae hefyd yn anfoddhaus am fod egwyddor y ddadl yn caniatáu dadlau fel hyn: yn union fel y gall drygioni gyfrannu yn y cyd-destun cyfan at gyfanswm terfynol y da, felly hefyd y gall daioni gyfrannu yn y cyd-destun cyfan at y drwg terfynol. Felly pe bai egwyddor y ddadl yn ddilys, ni allem fyth wybod a yw drygioni'n wirioneddol ddrwg nac ychwaith a yw daioni'n wirioneddol dda. (Gellir defnyddio cydweddiadau esthetig i esbonio'r pwynt hwn). Y mae'n dilyn trwy ymhlygiad mai peryglus fyddai diddymu drygioni oherwydd fe allem felly ddod ag elfen o anghytgord i mewn i simffoni dwyfol y bydysawd; ac a gwrthdroi, fe all fod condemnio diddymu daioni'n anghywir, oherwydd fe all arwain at gynhyrchu daioni arall, daioni uwch.

Y mae'n dilyn, gan hynny, fod y ddadl yn dal yn ddiffygiol, hyd yn oed os nad amheuir ei hegwyddor gyffredinol. Ar y naill law, nid yw'n profi digon — nid yw'n cyfiawnhau ond rhywfaint o ddrwg, nid o anghenraid yr holl ddrwg sydd yn y bydysawd; ar y llaw arall, y mae'n profi gormod, am ei bod yn hau amheuon ynglŷn â daioni pethau a ymddengys yn dda. Y mae'r beirniadaethau hyn wrthynt eu hunain yn lladd y ddadl fel ateb i broblem y drwg corfforol. Serch hynny, gan mai hwn yw un o'r eglurhadau mwyaf poblogaidd a derbyniol o'r drwg corfforol, y mae'n werth gofyn ai teg yw honni ei fod yn gwarantu hyd yn oed y casgliad gwan iawn a nodwyd uchod.

Pam ac ym mha ffordd y tybir y bydd drygau corfforol megis poen a thrueni, clefyd ac anffurf yn gwella'r effaith gyfan ac yn ychwanegu at werth y cyfanwaith moesol? Yr ateb a roddir yw fod y drwg corfforol yn cyfoethogi'r cyfanwaith trwy fod yn achlysur i ddaioni moesol. Y mae clefyd, gwallgofrwydd, dioddefaint corfforol a'u tebyg, fe ddywedir, yn rhoi bodolaeth i'r rhinweddau moesol aruchel — gwrhydri, hirymaros, allgaredd, cydymdeimlad, a'u tebyg. Dyna yw swm a sylwedd y sôn am gyfoethogi'r cyfanwaith. Y mae W. D. Niven yn gwneud hynny'n amlwg yn ei fersiwn ef o'r ddadl:

> Y mae drwg corfforol wedi bod yn sbardun a symbylodd ddynion i gyflawni'r mwyafrif o'r campweithiau hynny a wnaeth y fath ryferthwy o hanes y ddynolryw. Er ei lymed, y mae caledi'n ffrwythlon o ddyfeisiadau. Lle bo bywyd yn esmwyth am fod drygau corfforol ar eu prinnaf, yno y cawn fod dynion yn dirywio mewn corff, meddwl a chymeriad.

Ac mae Niven yn cloi ei ddadl trwy ofyn:

> Prun sydd orau — brwydr galed a buddugoliaeth ysblennydd o bosibl; neu ynteu dim brwydr o gwbl?[6]

Dyma'r ddadl: y mae drwg corfforol yn dwyn da moesol i fodolaeth, ac yn wir y mae'n rhagamod angenrheidiol i fodolaeth rhai mathau o dda moesol. Ymhellach, fe ddadleuir weithiau yn y cyswllt hwn fod y mathau hynny o dda moesol y gellir hwy yn absenoldeb llwyr drygau corfforol yn fwy gwerthfawr ynddynt eu hunain os cyflawnir hwy trwy ymdrech. Gan hynny, fe ddywedir fod y drwg corfforol wedi ei gyfiawnhau ar y tir fod y da moesol ynghyd â'r drwg corfforol yn well nag absenoldeb y drwg moesol.

Un ateb cyffredin ac amlwg yw hwnnw a gyflwynir gan Mackie.[7] Y mae Mackie yn dadlau, er bod y da moesol ynghyd â'r drwg corfforol yn well na'r da corfforol ar ei ben ei hun, nad yw torri'r ddadl cyn hawsed â hynny, oherwydd y mae'r drwg corfforol hefyd yn dwyn i fodolaeth ac yn creu'r posibilrwydd o fodolaeth llawer o ddrygau moesol na allent ddigwydd neu na fyddent yn digwydd yn absenoldeb y drwg corfforol. Pwysleisir ymhellach nad yw'n eglur fod drygau corfforol (e.e., clefyd a phoen) ynghyd â rhai mathau o dda moesol (e.e., gwrhydri) ynghyd â pheth drwg moesol (e.e., bryntni) yn well na'r da corfforol ynghyd â'r mathau hynny o dda moesol sy'n bosibl ac a fyddai'n digwydd yn absenoldeb y drwg corfforol.

Ond nid yw ateb o'r math hwnnw'n hollol foddhaus. Y mae'n codi gwrthddadl deg, ond wrth fynd yn ei flaen y mae'n ildio gormod i'r theistiad ac yn methu gweld dau ddiffyg mwy sylfaenol yn y ddadl. Y mae ynddo gyfaddefiad ymhlyg mai problem y drwg moesol yw hanfod problem y drwg corfforol; ac y mae'n esgeuluso dwy wrthddadl sy'n dangos nad honno yw hanfod problem y drwg corfforol.

Y mae'n dda iawn gan y theistiad, gan hynny, gael ateb o'r math hwn, ac y mae'n dadlau y bydd wedi rhoi cyfrif am y drwg moesol a chorfforol os llwydda roi cyfrif boddhaus am y drwg moesol. Â yn ei flaen wedyn i roi cyfrif am y drwg moesol yn nhermau gwerth ewyllys rydd a/neu y da sydd ynghlwm â hi. Y mae'r ddadl gyffredinol hon yn dwyllodrus o dderbyniol. Y mae'n methu am y ddau reswm a nodir yma, ond y mae'n methu mewn man arall hefyd. Os defnyddir ewyllys rydd yn unig i roi cyfrif am y drwg moesol, yna hyd yn oed pe na ddigwyddai dim da moesol fe ddywedid serch hynny, fod y drwg moesol wedi ei gyfiawnhau; eithr ni fyddai dim cyfiawnhad dros y drwg corfforol. Nid yw'r drwg corfforol yn hanfodol i ewyllys rydd; fe'i cyfiawnheir yn unig os digwydd y da moesol mewn gwirionedd, ac os yw'r da moesol sy'n ganlyniad i ddrygau corfforol yn gorbwyso'r drygau moesol. Golyga hynny na all y ddadl o ewyllys rydd gyfiawnhau'r drwg corfforol felly ar ei phen ei hun; a golyga nad yw'r ddadl o ewyllys rydd ac o'r daioni sydd ynghlwm wrthi yn cyfiawnhau'r drwg corfforol, gan fod y cyfryw ddadl yn anghyflawn ac yn rheidiol anghyflawn. Rhaid ychwanegu tystiolaeth ffeithiol nad yw'n rhesymegol nac yn ymarferol bosibl ei chasglu.

Yr ateb cywir, gan hynny, yw yn gyntaf fod y ddadl yn

amherthnasol i lawer o enghreifftiau o'r drwg corfforol, ac yn ail nad yw'n wir fod y drwg corfforol ynghyd â'r da moesol y mae'n ei gynhyrchu yn well na'r da corfforol a'r daioni sydd ynghlwm wrtho ef. Y mae llawer o boen ac o ddioddefaint, yn wir llawer o ddrygau corfforol yn gyffredinol, e.e., mewn plant sy'n marw'n fabanod, mewn anifeiliaid a'r gwallgofion, yn digwydd yn ddisylw; gan hynny, nid yw'n peri dyrchafiad moesol i eraill, ac yn rhinwedd yr enghreifftiau a ddetholwyd ni all gynhyrchu'r cyfryw effaith yn y rhai sy'n ei ddioddef. Ymhellach, ceir drygau corfforol megis gwallgofrwydd a llawer o glefydau nad yw'r ddadl yn eu cynnwys. Felly y mae nifer mawr o enghreifftiau arwyddocaol nad yw'r ddadl yn eu cynnwys. A lle bo'r ddadl yn berthnasol, y mae ei rhagosodiad yn amlwg yn anwir. Gellir profi ei anwiredd trwy ddatgelu ei ymhlygiadau yn y ffordd ganlynol:

Naill ai rydym dan rwymedigaeth i leihau'r drwg corfforol, neu nid ydym. Os ydym dan rwymedigaeth i leihau'r drwg corfforol, yna trwy wneud hynny yr ydym yn lleihau cyfanswm y da yn y bydysawd. Ar y llaw arall, os ydym yn rhwym o ychwanegu at gyfanswm y da yn y bydysawd, yna ein dyletswydd yw rhwystro lleihad y drwg corfforol ac, o bosibl, ychwanegu hyd yn oed at gyfanswm y drwg corfforol. Gan amlaf dalia'r theistiaid ein bod yn rhwym o leihau'r drwg corfforol yn y bydysawd; ond trwy faentumio hynny, y mae'r theistiad yn maentumio, yn nhermau'r ateb hwn i broblem y drwg corfforol, mai ei ddyletswydd ef yw lleihau cyfanswm y da gwirioneddol yn y bydysawd, a thrwy hynny waethygu ei gyflwr. A gwrthdroi, onid yw'n gwaethygu cyflwr y bydysawd trwy ddiddymu'r drwg corfforol, yna yr oedd hynny o ddrwg ag a ddiddymwyd ganddo yn ddianghenraid ac mewn angen cyfiawnhad. Perthnasol yw nodi yma na ddiddymir y drwg bob amser am gymhellion a haedda glod moesol. Daeth rhai darganfyddiadau o gymhellion gwirioneddol annheilwng, a llawer o rai eraill a barodd leihau dioddefiannau'r ddynolryw o gymhelliad nad oedd amgenach na dymuniad gwyddonydd i ennill bywoliaeth resymol.

Y mae'r ateb hwn i ddadl y theistiad yn dangos mor ddiamddiffyn ydyw. Gwelir fod dadl y theistiad yn ymhlygu fod rhyfel ynghyd â gwrhydri a'r lliaws o rinweddau moesol eraill y mae rhyfel yn eu gosod ar waith yn well na heddwch a'i rinweddau; fod newyn a'i rinweddau moesol yn well na digonedd; fod clefyd a'i rinweddau moesol yn well nag iechyd. Yr oedd rhai Cristnogion gynt, yn gyson â'r dull hwnnw o ymresymu, yn gwrthwynebu defnyddio anesthetig, er mwyn gadael cyfle i rinweddau hirymaros a gwrhydri, ac yn gwrthwynebu i'r wladwriaeth gynorthwyo'r cleifion a'r anghenus, er mwyn gadael cyfle i rinweddau elusengarwch a chydymdeimlad. Y mae rhai hyd yn oed wedi honni fod rhyfel yn fendith dan gêl, unwaith eto yn gyson â'r ddadl hon. Yr un modd, yn nhermau'r bumed ddadl hon, dylai'r theistiad resynu, yn ei galon os nad ar goedd, fod brechlyn polio Salk wedi ei darganfod am i'r Dr. Salk ddifa ag un ergyd bosibiliadau anfeidraidd o ddaioni moesol.

Y mae angen gwneud tri phwynt pwysig ynglŷn â'r math hwn o ateb i broblem y drwg corfforol. (a) Dywed rhai wrthym, megis Niven, Joyce ac eraill, fod poen yn swmbwl i weithredu a bod y ffaith honno'n rhan o'i chyfiawnhad. Fel cyffredinoliad am bob dyn ac am bob poen y mae'r honiad hwnnw'n empeiraidd anwir. Y mae llawer o boen yn rhwystro gweithredu ac yn dryllio pobl a phersonoliaethau. Ar y llaw arall y mae llawer o ddynion yn gweithio ac yn gweithio'n dda heb gael eu symbylu gan boen na chan anghysur. Ymhellach, y mae datgan fod ar ddynion angen eu symbylu yn priodoli drwg arall i Dduw, oherwydd y mae'n gyfystyr â honni fod Duw wedi gwneud dynion yn ddiog wrth eu natur. Nid oes unrhyw reswm pam na wnaethai Duw ddynion yn ddiwyd wrth eu natur; nid yw'r naill yn fwy anghyson â rhyddid ewyllys na'r llall. Felly y mae'r ddadl fod y drwg corfforol yn symbylu dyn yn methu dan dri phen gwahanol. Rhwystro ymdrechion dynion a wna poen yn fynych, i lawer o ddynion nid yw poen yn swmbwl hanfodol, a lle bo poen yn swmbwl i ymdrechion uwch y mae'n eglur fod moddion llai drygionus i gyrraedd yr un nod yng ngallu Duw hollalluog. (b) Y gwir wall yn y ddadl yw'r dybiaeth fod pob rhagoriaeth foesol, neu'r rhagoriaeth uchaf, yn deillio o ddrwg corfforol. Fel y gwelsom eisoes, y mae'r dybiaeth honno'n gyfangwbl anwir. Nid yw na phob daioni moesol na'r daioni moesol uchaf yn fuddugoliaeth yn wyneb adfyd nac yn garedigrwydd tuag at eraill sy'n dioddef. Pwysleisiodd Crist Ei hun hynny pan ddywedodd mai gorchmynion i garu oedd y ddau orchymyn mawr. Nid yw posibilrwydd cariad yn dibynnu ar fodolaeth y drwg ac ar ei orchfygu. (c) Am y rhinweddau moesol 'negyddol' sy'n cael eu gosod ar waith gan y gwahanol ddrygau — gwrhydri, hirymaros, elusengarwch, cydymdeimlad a'u tebyg — nid ydynt yn cynrychioli'r ffurfiau uchaf o rinwedd moesol, ac at hynny y mae'r theistiad a'r atheistiad, y naill fel y llall, yn tybio'n gyffredin nad oes ganddynt mo'r gwerth y mae'r bumed ddadl hon yn ei briodoli iddynt. Yr ydym ni — y theistiaid a'r atheistiaid fel ein gilydd — yn datgelu'r ffordd y cloriannwn werthoedd cymharol y rhinweddau hynny a'r drwg corfforol pan fynnwn fod rhaid i'r wladwriaeth helpu'r anghenus; pan ymdrechwn dros heddwch, dros ddigonedd, a thros gytgord oddi mewn i'r wladwriaeth.

Yn fyr, y dyn sy'n caru'r hyn sy'n dda gan wybod ei fod yn dda a chan ei ddewis o'r herwydd yw'r dyn da, y dyn y mae ei foesoldeb yn haeddu edmygedd. Ni raid iddo gael ei ddirdynnu gan ddioddefaint na chan weld dioddefaint rhywun arall er mwyn iddo haeddu'r edmygedd hwnnw. Gall gwroldeb yn wyneb ei ddioddefaint ei hun a chydymdeimlad caredig â dioddefaint pobl eraill ddatguddio ei ddaioni inni; ond nid yw'r fath bethau o reidrwydd yn ychwanegu at ei ddaioni.

Archwiliwyd yn awr bum dadl ynglŷn â'r drwg corfforol. Gwelsom fod problem y drwg corfforol yn broblem yn ei braint ei hun, ac yn broblem na ellir ei chyfrif yn un yn ei hanfod â phroblem y drwg moesol; ac ymhellach gwelsom fod y drwg corfforol yn creu nid un broblem ond nifer o broblemau na ellir eu datrys gan unrhyw un o'r dadleuon a archwiliwyd na chan unrhyw gyfuniad ohonynt.

Cynigion i Ddatrys Problem y Drwg Moesol

Ystyrir yn gyffredin mai problem y drwg moesol yw'r fwyaf o'r ddwy broblem ynglŷn â'r drwg. Fel y gwelwn, y mae'n wir yn creu anawsterau i'r theistiad, anawsterau sy'n ymddangos yn anorchfygol; ond felly hefyd, fe ymddengys, y drygau corfforol.

Rhaid i'r theistiad ddehongli'r drwg moesol fel trosedd yn erbyn cyfraith Duw a gweithred o wrthod Duw Ei hun. Fe all olygu damnedigaeth dragwyddol y pechadur, ac y mae llawer o'i ffurfiau'n golygu peri poen i bobl eraill. Y mae felly'n gwaethygu problem y drwg corfforol, ond pechod yw'r ffaith sy'n rhoi iddo ei gymeriad arbennig ei hun. Sut y gallai Duw oedd yn foesol berffaith ac yn hollalluog greu bydysawd lle ceir y fath ddrygau moesol â chreulondeb, llwfrdra a chasineb, yn enwedig o gofio fod y drygau hynny'n golygu fod Ei greadigaethau Ei hun yn gwrthod Duw, ac felly yn gwneud rhywbeth sy'n golygu eu damnedigaeth dragwyddol?

Y mae'r ddau brif ateb a gynigir yn ymwneud ag ewyllys rydd ac â'r ffaith mai canlyniad i ewyllys rydd yw drwg moesol. Ceir trydydd math o ateb yr apelir ato gan amlaf yn ymhlyg yn hytrach nag yn echblyg ac o ddifrif. Nid oes angen ei ystyried yma gan fod ei wendidau'n hollol amlwg. Y mae'r trydydd ateb hwn i'r perwyl mai cyfiawnhad drygau moesol a hyd yn oed yr erchyllterau mwyaf anfad yw eu bod yn creu'r posibilrwydd o ddaioni moesol neu'n ei ddwyn i fodolaeth.

1. *Y mae ewyllys rydd wrthi'i hun yn cyfiawnhau'r drwg moesol*

Hwyrach mai hon yw'r fwyaf poblogaidd o'r cynigion i egluro'r drwg moesol o ddifrif. Yn fyr, y mae'r ddadl yn dweud: y mae gan ddynion ewyllys rydd; y mae'r drwg moesol yn ganlyniad i ewyllys rydd; y mae bydysawd lle mae dynion yn ymarfer ewyllys rydd, hyd yn oed os cwympant i ddrygioni moesol, yn well na bydysawd lle mae dynion yn dod yn *awtomatonau* sydd bob amser yn gwneud daioni am fod hynny'n rhagarfaethedig iddynt. Felly yn ôl y ddadl hon fe ystyrir y ffaith foel fod i ewyllys rydd ei hun y gwerth aruchaf yn gyfiawnhad dros ei chydymaith anwahanadwy, drygioni moesol.

2. *Bydd y daioni y sicrhawyd ei bosibilrwydd gan ewyllys rydd yn gosod cynsail i roi cyfrif am y drwg moesol*

Yn ôl yr ail ddadl hon, nid yw'r gwerth yr honnir ei fod yn ddigon i gyfiawnhau'r drwg moesol yn perthyn i ewyllys rydd fel ffaith foel, ond i'r ffaith fod ewyllys rydd yn sicrhau rhai mathau neilltuol o ddaioni. Y mae rhai'n cyfeirio at y gwahanol rinweddau moesol fel y mathau o ddaioni y sicrheir eu posibilrwydd gan ewyllys rydd, tra mae eraill yn enwi gwynfyd, ac eraill eto wynfyd a enillwyd trwy ymdrechion y dyn ei hun neu'r rhinweddau a fagwyd fel canlyniad i ymdrechion y dyn ei hun. Yr hyn sy'n gyffredin i bob un o'r rhain yw'r honiad y bydd canlyniadau da ewyllys rydd yn cyfiawnhau canlyniadau drwg ewyllys rydd, sef y drwg moesol.

Y mae'r naill a'r llall o'r ddau gynnig hyn i ateb yn wynebu dwy feirniadaeth benodol, sy'n angheuol i'w honiad eu bod yn atebion gwirioneddol.

1. Ac ystyried yn gyntaf yr anawsterau y mae'r cynnig cyntaf yn eu hwynebu. (a) Un anhawster ar ffordd y ddadl gyntaf — fod ewyllys rydd wrthi'i hun yn cyfiawnhau'r drwg moesol — yw fod rhaid i'r theistiad sy'n dadlau felly addef ei bod yn rhesymegol bosibl, os derbynnir yr hypothesis o ewyllys rydd, i bob dyn ewyllysio bob amser yr hyn sy'n ddrwg, a bod bydysawd o ddynion cyfangwbl ddrygionus a chanddynt ewyllys rydd yn well er gwaethaf hynny nag un lle mae dynion wedi eu rhagarfaethu i fyw'n rhinweddus. Rhaid dadlau fod gwerth ewyllys rydd ei hun mor anfesuradwy nes ei fod yn gorbwyso'n hawdd y cyfanswm o ddrygioni moesol, cosbedigaeth dragwyddol y drygionus, a'r dioddefiannau a berir i eraill gan y pechaduriaid yn eu drygioni. Y paradocs hwnnw sy'n arwain at lunio'r ail ddadl; a dylid nodi fod yr eglurhad o'r drwg moesol yn troi at yr ail ddadl neu at gyfuniad o'r gyntaf ac o'r ail cyn gynted ag y mae'r theistiad yn gwrthod wynebu'r posibilrwydd rhesymegol o ddrygioni trylwyr, ac yn mynnu yn lle hynny nad yw dynion mewn gwirionedd bob amser yn dewis yr hyn sy'n ddrwg.

(b) Y mae'r anhawster y daw'r ddadl gyntaf ar ei draws ynghlwm â'r posibilrwydd o gyfuno rhyddid ewyllys â llai o ddrygioni, neu hyd yn oed â dim drygioni, hynny yw, â daioni absolwt. Pe gellid dangos fod modd cyfuno rhyddid ewyllys â daioni absolwt, neu hyd yn oed â llai o ddrygioni na hwnnw sy'n digwydd fel y mae pethau, yna fe fydd ewyllys rydd wrthi'i hun wedi methu esbonio unrhyw ddrygioni, neu rai mathau o leiaf.

Y mae Mackie yn ei bapur diweddar a Joyce yn ei drafodaeth o'r ddadl hon ill dau'n maentumio y gellir cyfuno rhyddid ewyllys â daioni absolwt. Dadl Mackie yw na all Duw fod yn wirioneddol hollalluog onid yw'n bosibl iddo gynysgaeddu dynion ag ewyllys rydd a sicrhau ar yr un pryd na chyflawnir unrhyw ddrygioni moesol. Y mae dadl Joyce wedi ei chyfeirio'n hytrach at ei gyd-theistiaid, ac y mae hi'n fwy o ddadl *ad hominem* wedi ei chyfeirio atynt hwy. Y mae'n ysgrifennu:

> Yn groes i'r dybiaeth gyffredin, nid oes angen i ewyllys rydd ymhlygu'r gallu i ddewis y drwg. Y mae'r gallu i gam-ddefnyddio'r rhodd yn ganlyniad i'r amodau yr ymarferir ef o danynt yma. Yn ein cyflwr presennol gallwn wrthod yr hyn sy'n wirioneddol dda, a defnyddio ein gallu i ddewis fel ag i ffafrio rhyw atyniad gwaelach. Eto nid oes raid iddi fod felly. Ac y mae pawb sy'n derbyn y datguddiad Cristnogol yn cyfaddef fod y rheini sy'n cyrraedd eu gwynfyd terfynol yn arfer ewyllys rydd, ac eto heb allu dewis dim na fo'n wirioneddol dda. Y mae'r wybodaeth o Ddaioni Hanfodol yn eu meddiant; a hwnnw, nid daioni'n gyffredinol sy'n gyfeirnod iddynt ym mhob dewis. At hynny, hyd yn oed yn ein cyflwr presennol y mae gan yr Hollalluog y gallu i drefnu ein hamgylchiadau ac i gynysgaeddu'r ewyllys ag ysgogiadau greddfol yn y fath fodd fel y byddem ym mhob dewis yn cymryd llwybr y da, nid llwybr y drwg.

Yr ateb a roddir i'r wrthddadl hon, y gellir cyfuno rhyddid ewyllys â daioni absolwt ac y buasai Duw caredig wedi rhoi ewyllys rydd i ddyn a sicrhau ei rinwedd absolwt, yw ei bod yn gofyn gan Dduw wneud yr hyn sy'n rhesymegol amhosibl. Y mae'n rhesymegol amhosibl, fe ddadleuir, gyfuno rhyddid ewyllys â daioni absolwt, ac felly, os mai hwnnw yw'r unig ddiffyg yn hollalluogrwydd Duw, ni ellir honni fod yr hollalluogrwydd a briodolwyd iddo gan theistiaid ystyriol yn ddiffygiol dan unrhyw ben.

Oni ellir yn rhesymegol gyfuno rhyddid ewyllys â daioni absolwt, yna y mae'n gwbl eglur nad yw anallu Duw i gynysgaeddu dynion â'r ddau yn ddiffyg yn ei hollalluogrwydd mewn unrhyw ystyr pwysig o'r gair. Eithr nid yw'n eglur fod gwrthwynebiad rhesymegol rhwng rhyddid ewyllys a daioni absolwt; ac y mae Joyce yn cyfeirio at ystyriaethau sy'n awgrymu nad ydynt yn rhesymegol anghyson y naill â'r llall. O'm rhan i, yr wyf yn ansicr ynglŷn â'r pwynt hwn; eithr nid ansicrwydd ynglŷn â ffeithiau sydd gennyf, ond ynglŷn â phwynt ieithyddol. Y mae'n eglur y gallai Duw hollalluog greu gweithredwyr rhesymol wedi eu rhagarfaethu i wneud y 'penderfyniad' rhinweddol bob amser; yr hyn nad yw'n eglur yw a ddylem ddisgrifio'r cyfryw weithredwyr fel rhai a chanddynt ewyllys rydd. Y mae gan yr ystyriaethau y cyfeirir atynt gan Joyce rywfaint o statws profion crwysol, a'u tuedd yw awgrymu y dylem ddisgrifio'r cyfryw weithredwyr fel rhai a chanddynt ewyllys rydd. Ond pa fodd bynnag y torrwn y ddadl ieithyddol, fe erys y cwestiwn — Prun sydd fwyaf dymunol, ewyllys rydd a'r drwg moesol a'r drwg corfforol sy'n tarddu o ewyllys rydd, neu ynteu'r ewyllys rydd arbennig honno neu'r ffug-ewyllys rydd a geir gyda daioni absolwt? Awgrymaf ei bod yn eglur mai'r ail sydd ddewisaf. Ceisiaf amddiffyn y casgliad hwn yn nes ymlaen; ymfodlonaf am y tro ar nodi natur y gwerthfarniad sy'n asgwrn y gynnen yn y fan hon.

Y mae'r ail wrthddadl yn erbyn y cynnig i ddatrys problem y drwg moesol yn nhermau ewyllys rydd yn unig ynghlwm â'r honiad y gellid cyfuno rhyddid ewyllys â llai o ddrygioni moesol nag sy'n digwydd, ac o bosibl ag absenoldeb pob drygioni moesol. Yr ydym wedi gweld beth yw ymhlygiadau'r ail honiad. Cawn ystyried yn awr ymhlygiadau'r cyntaf. Gellir dadlau mewn nifer o ffyrdd y gellid cyfuno rhyddid ewyllys â llai o ddrygioni moesol nag sydd mewn gwirionedd yn digwydd. (i) Pe bai Duw'n hollalluog, gallai ymyrryd yn wyrthiol i rwystro rhai drygau moesol, neu efallai bob un ohonynt; a dywedir Ei fod yn gwneud hynny ar adegau mewn ateb i weddi (e.e., i rwystro rhyfeloedd) neu o'i ewyllys Ei hun (e.e., trwy beri trychinebau rhybuddiol, neu trwy wneud gwyrthiau, etc.).

(ii) Fe wnaeth Duw ddyn a chanddo natur neilltuol. Dehonglir y natur honno'n fynych gan ddiwinyddion fel un ag ynddi duedd tuag at y drwg. Y mae'n eglur y gallasai Duw greu dyn a chanddo duedd cryf tuag at y da, gan adael lle o hyd i benderfyniadau i wneud drygioni. Byddai'r cyfryw duedd tuag at y da yn gyson â rhyddid ewyllys. (iii) Gallasai Duw hollalluog drefnu'r byd fel y byddai drwgweithredu'n llai atyniadol.

Ystyriaethau yw'r rhain oll a gynigiwyd gan Joyce, ac y maent yn profi, fesul un ac ynghyd, y gallasai Duw ein cynysgaeddu â rhyddid ewyllys, ac y gallasai ar yr un pryd o leiaf *leihau* yn sylweddol y swm o ddrygioni moesol a fuasai wedi canlyn o ymarfer rhyddid ewyllys. Y mae hynny'n ddigon i ddangos na ellir cyfiawnhau'r *cyfan* o'r drygioni moesol sy'n bod trwy gyfeirio at ryddid ewyllys yn unig. Y mae'r casgliad hwn yn lladd yr ateb i broblem y drwg yn nhermau rhyddid ewyllys yn unig. Nid yw'r casgliad mwy eithafol y mae Mackie yn ceisio ei brofi — fod daioni absolwt a rhyddid ewyllys yn gyson y naill â'r llall — yn hanfodol fel cynsail i wrthbrofi'r ddadl o ryddid ewyllys. Y mae'r anhawster yr un mor angheuol i theistiaeth prun ai a fethir rhoi cyfrif am unrhyw ddrygioni moesol neu am beth ohono'n unig. Fodd bynnag, y mae'n gwestiwn diddorol o safbwynt rhesymeg a yw honiadau Mackie yn ddiogel, er nad yw o unrhyw bwys gwirioneddol yng nghyd-destun y ddadl yn erbyn theistiaeth, unwaith y profwyd y ffaith fod llai o ddrygioni moesol yn gyson â rhyddid ewyllys.

2. Y mae'r ail ddadl oddi wrth ryddid ewyllys yn tarddu o ymdrech i osgoi'r gwrthddadleuon hyn. Dywed nad rhyddid ewyllys ond gwerth y daioni a gyflawnir trwy ryddid ewyllys sy'n gymaint ag i gyfiawnhau'r drwg moesol.

(a) Y mae rhwystr ar ffordd yr ail ddadl hon yn gymaint â bod yn awr angen ychwanegu ati brawf fod y nifer o bobl sy'n arfer rhinwedd moesol neu sy'n cyrraedd gwynfyd a/neu rinwedd trwy ymdrech yn ddigon i orbwyso drygioni'r drwg moesol, drygioni eu damnedigaeth dragwyddol a'r drwg corfforol a barant i eraill. Y mae'r diffyg hwn yn y ddadl yn un difrifol, oherwydd fe olyga na all y ddadl ddangos fan bellaf ddim mwy nag y *gall* fod cyfiawnhad i'r drwg moesol, nid fod iddo gyfiawnhad. Nid yw'n rhesymegol nac yn ymarferol bosibl ychwanegu at y ddadl a'i chwblhau. Y mae hi o reidrwydd yn anghyflawn ac yn annherfynol hyd yn oed os yw ei hegwyddor gyffredinol yn ddiogel.

(b) Cynlluniwyd yr ail ddadl hon i osgoi yn ogystal anhawster arall y ddadl gyntaf — sef y gall bod rhyddid ewyllys yn gyson â dim drygioni ac yn sicr â llai o ddrygioni. Dadleuir mai gwell yw cyrraedd rhinwedd a gwynfyd trwy ymdrech bersonol wirioneddol hyd yn oed os yw rhyddid ewyllys yn gyson â daioni absolwt; ac fe ddywedir na ddigwyddai hynny petai Duw wrth gynysgaeddu dynion â rhyddid ewyllys serch hynny'n rhwystro drygioni moesol neu'n lleihau'r perygl y digwyddai. Y mae Joyce yn dadlau fel hyn:

> Y mae inni dderbyn ein gwynfyd terfynol fel ffrwyth ein llafur, ac fel gwobr am fuddugoliaeth mewn brwydr galed, yn dynged anhraethol uwch nag inni ei dderbyn heb ddim ymdrech ar ein rhan. A chan i Dduw yn ei ddoethineb weld yn dda roi inni'r cyfryw dynged, yr oedd yn anochel y byddai gan ddyn y gallu i ddewis y drwg. Ni ellid ein galw i haeddu gwobr ddyledus buddugoliaeth heb ein gosod mewn perygl o gael ein trechu.

Y mae nifer o wrth-ddadleuon i'w cynnig yma. Yn gyntaf, y mae'r ddadl hon yn ymhlygu po galetaf y bo'r frwydr, mwyaf yw'r fuddugoliaeth a'r da sy'n deillio ohoni, a gorau yw'r byd; fe ddylem yn ôl y ddadl hon, fe ymddengys, ein gosod ein hunain yn agored i demtasiynau a brwydrau moesol er mwyn ennill mwy o rinwedd a bod yn deilyngach o'n gwobr. Yn ail, gellir dadlau fod Duw'n gofyn pris rhy uchel am y daioni a gynhyrchir. Y mae Ef yn hollwybodus. Gŵyr y bydd llaweroedd yn pechu ac yn methu ennill y gwobrau da neu'r Daioni y dywedir fod rhyddid ewyllys yn sicrhau eu posibilrwydd. Y mae'n creu dynion â rhyddid ewyllys, â'r natur ddynol sydd ohoni, yn y byd sydd ohoni, gan wybod Ei fod o wneud hynny yn traddodi llaweroedd i ddrygioni moesol ac i ddamnedigaeth dragwyddol. Gallai osgoi'r holl ddrygioni hwnnw trwy greu dynion ag ewyllys resymol wedi ei rhagarfaethu i rinwedd, neu fe allai ddiddymu llawer ohono trwy wneud natur dynion a'r amodau yn y byd yn fwy ffafriol i fucheddau rhinweddus. Dywedir nad yw'n dewis gwneud hynny. Yn lle hynny, dywedir Ei fod, ar draul aberthu'r lliaws, wedi trefnu pethau fel ag i ganiatáu i lai o ddynion gyrraedd y rhinwedd uwch honno a'r gwynfyd uwch sy'n ganlyniadau i'r frwydr galetach.

Wrth briodoli'r fath ymddygiad i Dduw ac wrth geisio rhoi cyfrif am y drwg moesol yn y cywair hwn y mae theistiaid, fe awgrymaf fi, yn priodoli i Dduw ymddygiad anfoesol o fath difrifol — o fath y byddem oll yn ei gondemnio ar unwaith pes caem mewn un o'n cyd-ddynion.

Nid ydym yn cymeradwyo pobl am iddynt osod temtasiwn ar ffordd eraill. I'r gwrthwyneb, byddai neb a gymeradwyai heddiw ddigwydd o ddrygioni ac aberthu'r lliaws — hyd yn oed fel canlyniad i'w dewisiadau rhydd eu hunain — er mwyn rhinwedd uwch yr ychydig, neu a ganiatâi hynny lle gallai ei rwystro, yn cael ei gondemnio fel anfoesolwr. Byddai gosod temtasiwn gref ar ffordd y lliaws, gan wybod y bydd llawer ac efallai y rhan fwyaf ohonynt yn ildio i'r demtasiwn, er mwyn rhinwedd uwch yr ychydig, yn anfoesoldeb digywilydd; a byddai'n anfoesol prun a oedd gan y rhai a ildiodd i'r demtasiwn ryddid ewyllys ai peidio. Gellir amlygu'r pwynt trwy ystyried pa ateb a roddai gweithredwr moesol cydwybodol i'r cwestiwn: Pa fyd a ddewiswn i ar gyfer pobl eraill: byd lle ceir brwydrau moesol caled a'r posibilrwydd o fuddugoliaethau gwych a'r sicrwydd o lawer i gwymp; ynteu byd lle ceir brwydrau llai dwys, buddugoliaethau llai gwych ond rhagor o fuddugoliaethau a llai o gwympau; ynteu byd heb na brwydrau na buddugoliaethau na chwympau? Yr ydym byth a hefyd yn ateb cwestiynau anos na hwnnw mewn ffordd sy'n groes i honiadau'r theistiad. Os gallwn trwy newid ein hymddygiad ein hunain arbed rhywun arall rhag frwydr foesol galed sydd bron yn sicr o arwain at ddrygioni moesol, os gallwn, er enghraifft, helpu person gwanach i beidio â dod yn hapchwaraewr cyson neu'n feddwyn, trwy ymatal rhag hapchwarae neu rhag yfed yn ormodol ein hunain, neu os gallwn rwystro pobl rhag ildio i'r demtasiwn i ddod yn lladron ceir trwy gloi ein ceir a pheidio â'u gadael heb eu cloi, yr ydym yn teimlo ein bod dan rwymedigaeth i weithredu felly, hyd yn oed pe bai'r bobl hynny'n dewis y ffordd ddrwg o'u gwirfodd. Gymaint eglurach yw'r dewis y dywedir fod Duw yn ei wynebu — y dewis rhwng rhinwedd uwch rhai a drygioni eraill, neu rinwedd uwch ond nid cyfuwch llawer mwy o ddynion a drygioni llawer llai ohonynt. Nid yw'r naill ddewis na'r llall yn gomedd rhyddid ewyllys i ddynion.

Y mae'r gwahanol anawsterau hyn yn rhoi taw ar bob un o'r prif ddadleuon ynglŷn â'r drwg moesol. Yn ychwanegol at yr anawsterau hyn gellid cyflwyno dwy wrthddadl arall.

Pe gellid dangos nad oes gan ddyn ryddid ewyllys y mae'r ddwy ddadl yn methu; a hyd yn oed pe gellid dangos nad yw hollwybodusrwydd Duw yn gyson â rhyddid ewyllys byddent yn methu'r un fath. Y mae'r pynciau a godir yma yn rhy faith i'w trafod yn y papur hwn; a digon fydd nodi'r posibilrwydd eu bod yn fannau cychwyn ychwanegol i feirniadaethau o'r prif gynigion i ddatrys problem y drwg.

Y mae'r wrthddadl gyffredinol arall yn fath o ychwanegiad i

bwyntiau a wnaethpwyd yn y gwrthddadleuon (b) i'r ddwy ddadl (1) a (2). Y mae'n ymwneud â gwerthoedd cymharol rhyddid ewyllys ynghyd â'r da a'r drwg sydd ynghlwm wrtho, a'r dewis gorau arall yn lle rhyddid ewyllys a'i dda. A yw rhyddid ewyllys a'i dda gymaint mwy gwerthfawr na'r dewisiadau gorau nesaf, fel y gall eu gwerth amgenach gyfiawnhau mewn gwirionedd y swm anferth o ddrygioni a ddaw i mewn i'r byd o achos rhyddid ewyllys?

Wrth drafod y cwestiwn hwn y mae diwinyddion yn gofyn, Prun sydd orau — dynion a chanddynt ryddid ewyllys yn ymdrechu i lunio'u tynged eu hunain, neu ynteu awtomatonau — creaduriaid peiriannaidd, nad ydynt byth yn gwneud camgymeriadau am nad ydynt byth yn gwneud penderfyniadau? Pan fynegir y cwestiwn felly, rydym yn naturiol yn amau a yw rhyddid ewyllys + drygioni moesol + y posibilrwydd o ddamnedigaeth dragwyddol i fyrddiynau dirifedi o ddynion lawn mor amddifad o gyfiawnhad wedi'r cyfan; ond y ffaith yw nad yw'n gwestiwn teg. Y mae'r gwir ddewis rhwng, ar y naill law, weithredwyr rhesymol a chanddynt ryddid ewyllys yn gwneud llawer o benderfyniadau drwg a rhai da ar dir rheswm ac ar dir arall, ac ar y llaw arall weithredwyr 'rhesymol' a ragarfaethwyd i 'ddewis' y peth iawn am y rheswm iawn bob amser — hynny yw, os oes rhaid defnyddio iaith awtomatonau, awtomatonau rhesymol. Nid yw rhagarfaethu'n ymhlygu absenoldeb rhesymolrwydd ar bob ystyr o'r gair. Gallai Duw, pe bai'n hollalluog, ragordeinio'r penderfyniadau a'r rhesymau y seiliwyd hwy arnynt; ac fe ymddengys y byddai'r fath fodolaeth yn un deilwng ynddi'i hun, ac yn ddewisach na bodolaeth gyda rhyddid ewyllys, afresymoldeb a drygioni.

Diweddglo

Maentumiwyd yn y papur hwn y buasai Duw, pe bai'n hollalluog ac yn berffaith dda, wedi creu byd heb unrhyw ddrwg dianghenraid ynddo. Ni ddadleuwyd y dylasai Duw greu byd perffaith, nac y dylasai wneud un oedd rywfodd yn rhesymegol amhosibl. Dadleuwyd yn unig y gallasai Duw daionus greu byd heb ddrwg dianghenraid, ac y buasai wedi creu'r cyfryw fyd. Maentumiwyd fod drwg yn y byd — drwg dianghenraid — ac mai cyfangwbl anfoddhaol yw'r cynigion mwyaf poblogaidd a mwyaf sylweddol o'r safbwynt athronyddol i egluro'r drwg hwnnw. Gan hynny, rhaid inni dynnu'r casgliad o fodolaeth y drwg na all fod yna Dduw hollalluog a haelionus.

Nodiadau

1 'Evil and Omnipotence', *Mind*, cyfr. L2IV (1955).

2 Joyce, *Principles of Natural Theology*, pen. 17. O hyn allan tynnir pob dyfyniad o waith Joyce o'r bennod hon o'r gwaith hwn.

3 Cyfieithwyd o fersiwn Saesneg Garnett (Llundain: William Heinemann, Cyf., 1945). (Gol.).

4 Am drafodaeth bellach o'r cynigion yr ymdrinir â hwy yn y rhan hon a'r nesaf gweler fy erthygl 'The Problem of Evil', *Journal of Bible and Religion*, Cyf. XXX, Rh. 3 (1962), yn enwedig 188 canl.

5 *Mind*, Cyf. XLIV (1931).

6 W. D. Niven, 'Good and Evil', *Encyclopedia of Religion and Ethics*, James Hastings, gol., Cyf. VI (Efrog Newydd: Charles Scribner's Sons, 1927). Y mae'r ddadl gyfatebol gan Joyce yn mynd fel hyn:

Poen yw'r ysgogiad mawr i weithredu. Yn union fel yr anifeiliaid fe symbylir dynion i weithio gan chwant bwyd. Y mae profiad yn dangos y byddai'r mwyafrif o ddynion, onibai am y cymhelliad hwnnw, yn fodlon byw mewn esmwythyd diog. Rhaid i ddynion ennill eu tamaid.

Un rheswm amlwg pam y mae Duw yn caniatáu dioddefaint yw fod hynny'n galluogi dynion i gyrraedd arwriaeth ddyrchafedig a fyddai fel arall tu hwnt i'w cyrraedd. Y mae'r cydymdeimlad hwnnw ag eraill sy'n un o'r rhannau gwerthfawrocaf o'n profiad, ac yn un o ffynonellau mwyaf dihysbydd gweithredoedd da, yn tarddu o'r teimlad o frawdoliaeth a ddaw o ddioddef treialon tebyg. Ymhellach, onibai am y treialon hynny, ychydig yn wir yr ystyriai dynion fywyd y byd nesaf, a'r angen i ymdrechu tuag at eu nod eithaf. Byddent yn berffaith fodlon ar eu bodolaeth, ac ychydig a falient am unrhyw ddaioni uwch. Y mae'r ystyriaethau a gyflwynwyd yn gryno yma yn ddigon i ddangos o leiaf bwysiced yw swyddogaeth poen ym mywyd dynion, ac â chyn lleied o reswm y datgenir fod bodolaeth cymaint o ddioddefaint yn anghyson â doethineb y Creawdwr.

Ac:

Efallai y gofyn rhywrai oni allasai'r Creawdwr ddwyn dynion i berffeithrwydd heb ddefnyddio dioddefaint. Fe allasai Ef yn sicr iawn gynysgaeddu dynion â gradd debyg o rinwedd heb ofyn ganddynt unrhyw ymdrech ar eu rhan. Eto, hawdd yw gweld y perthyn gwerth arbennig i'r gamp o orchfygu anawsterau fel y gofynion sydd gan ddynion yn ein byd ni, ac y gall y gwerth hwnnw fod yn rheswm addas yng ngolwg Duw, dros roi inni y bywyd sydd ohoni yn hytrach nag un arall . . . Y mae i boen werth mewn perthynas â'r bywyd nesaf, ond hefyd mewn perthynas â'r bywyd hwn. Y mae'r cynnydd mewn darganfyddiadau gwyddonol, y gwelliant graddol yn nhrefniant cymdeithas, twf diwylliant materol, oll i'w priodoli i raddau nid anhelaeth i ysgogiad poen.

7 Mackie, 'Evil and Omnipotence.'

17. Nelson Pike: 'Hume ar Broblem y Drwg', yn *The Philosophical Review*, LXXII (1963).

[Mynegir ymaddau bwynt rhesymegol pwysig ynglŷn â phroblem y drwg. Yn gyntaf, os yw rhywun am ddadlau fod bodolaeth

Duw'n rhesymegol anghyson â bodolaeth y drwg, bydd rhaid iddo ddadlau ei bod yn rhesymegol amhosibl fod gan Dduw resymau digonol dros ganiatáu'r drwg. Yn ail, ni ellir dangos hynny'n derfynol trwy wrthod fesul un y gwahanol resymau a allai fod gan Dduw.]

(B) . . . tybiaf y cawn fynegi her gyntaf Philo i Cleanthes fel hyn:

(1) Y mae'r byd yn cynnwys enghreifftiau o ddioddefaint.
(2) Y mae Duw'n bodoli — ac y mae'n hollalluog ac yn hollwybodus.
(3) Y mae Duw'n bodoli — ac y mae'n berffaith dda.

Yn ôl y farn a gynigir gan Philo, y mae'r tri gosodiad hyn yn 'driawd anghyson' (*Dialogues Concerning Natural Religion*, adran X). Gellid datgan unrhyw ddau ohonynt ynghyd. Ond os arddelir unrhyw ddau ohonynt, rhaid gwadu'r trydydd. Dadl Philo yw mai dweud y *gallai* Duw rwystro dioddefaint pes mynnai yw dweud amdano ei fod yn hollalluog ac yn hollwybodus. Oni allai Duw rwystro dioddefaint, ni theilyngai ei alw'n hollalluog *ac* yn hollwybodus. Ond, medd Philo ymhellach, dweud y *byddai* Duw'n rhwystro dioddefaint pes gallai yw dweud amdano ei fod yn berffaith dda. Ni theilyngai bod na rwystrai ddioddefaint pryd y gallai hynny ei alw'n berffaith dda. Gan hynny, y mae datgan y gosodiadau (2) a (3) cystal â datgan bodolaeth bod a allai rwystro dioddefaint pes mynnai *ac* a fyddai'n rhwystro dioddefaint pes gallai. Y mae hynny, wrth gwrs, yn gwadu gwirionedd y gosodiad (1). Trwy ymresymiad cyffelyb, byddai Philo'n mynnu fod datgan (1) a (2) yn golygu gwadu gwirionedd (3). Ac y mae datgan (1) a (3) yn golygu gwadu gwirionedd (2). Ond y mae Duw, fel y synir amdano gan Cleanthes, yn hollalluog-hollwybodus *ac* yn berffaith dda. Gan hynny, y mae 'Y mae Duw'n bodoli' ac 'Y mae enghreifftiau o ddioddefaint yn digwydd', fel y'u deellir gan Cleanthes, yn rhesymegol anghyson y naill â'r llall. Gan fod yr ail o'r gosodiadau hynny'n amlwg yn wir, rhaid fod y cyntaf yn anwir. Y mae Philo'n bwrw golwg yn ôl: 'Ni all dim ysgytio cadernid yr ymresymiad hwn, sydd mor fyr, mor eglur ac mor derfynol' (*ibid.*).

Fe ymddengys i mi fod y ddadl hon yn ddiffygiol. Nid wyf yn

credu fod yr honiad fod bodolyn yn berffaith dda yn goblygu y byddai'n rhwystro dioddefaint pes gallai.

Ystyrier yr achos hwn. Y mae rhiant yn gorfodi plentyn i lyncu llwyaid o foddion chwerw. Y mae'r rhiant felly'n peri achos o anghysur — o ddioddefaint. Fe allasai'r rhiant ymatal rhag rhoi'r moddion; ac fe wyddai y byddai'r plentyn yn dioddef anghysur pes rhoddai iddo. Serch hynny, pan sicrheir ni fod y rhiant wedi gweithredu er iechyd a hapusrwydd y plentyn, nid yw'r ffaith ei fod wedi peri anghysur gan wybod hynny yn ddigon i fwrw'r rhiant o ddosbarth y bodau perffaith dda. Os yw'r rhiant yn anghymwys i berthyn i'r dosbarth hwnnw, nid am iddo beri'r achos *hwn* o ddioddefaint y mae hynny.

O wybod yn unig fod y rhiant wedi peri achos o anghysur gan wybod hynny, fe'n temtir i'w *feio* am ei weithred — h.y., i'w gau allan o ddosbarth y bodau perffaith dda. Ond o wybod yr holl amgylchiadau gwelwn mai amhriodol yw ei feio. Yn yr achos hwn ceir yr hyn a alwaf yn 'reswm moesol ddigonol' dros weithred y rhiant. Nid yw dweud fod yna reswm moesol ddigonol dros ei weithred yn ddim amgen na dweud fod yna amgylchiad neu amod sydd, o'i wybod, yn peri fod ei *feio* am y weithred (ond nid, wrth reswm, ei ddal yn *gyfrifol* amdani) yn amhriodol. A chyffredinoli, fe allai bod sy'n caniatáu (neu'n peri) achosion o ddioddefaint fod yn berffaith dda ar yr amod yn unig fod yna reswm moesol ddigonol dros ei weithred. Gan hynny, nid yw'r honiad fod Duw'n berffaith yn goblygu y byddai'n rhwystro dioddefaint pes gallai. Fe allai Duw beidio â rhwystro dioddefaint, neu ei beri ei hun, ac eto barhau'n berffaith dda. Nid oes angen dim ond fod yna reswm moesol ddigonol dros ei weithred.

(C) Yng ngoleuni'r sylwadau hyn, gadewch inni geisio hogi mymryn ar her Philo i Cleanthes:

(4) Y mae'r byd yn cynnwys achosion o ddioddefaint.
(5) Y mae Duw'n bodoli — ac y mae'n hollalluog, yn hollwybodus ac yn berffaith dda.
(6) Ni fyddai gan fod hollalluog a hollwybodus unrhyw reswm moesol ddigonol dros ganiatáu achosion o ddioddefaint.

Y mae'r gyfres hon yn rhesymegol ddinam. Bwrier fod (6) a (4) yn wir. Pe na fyddai gan fod hollalluog a hollwybodus reswm moesol ddigonol dros ganiatáu achosion o ddioddefaint, yna, mewn byd a gynhwysai achosion o'r fath, naill ai ni fyddai ynddo fod hollalluog a hollwybodus, neu fe fyddai'r bod hwnnw ar fai. Yn ôl y naill neu'r llall o'r tybiaethau hynny, byddai'r gosodiad (5) yn anwir. Gan hynny, os yw (6) a (4) yn wir, rhaid fod (5) yn anwir. Mewn modd tebyg, bwrier fod (6) a (5) yn wir. Pe na fyddai gan fod hollalluog a hollwybodus reswm moesol ddigonol dros ganiatáu dioddefaint, yna, pe bodolai bod hollalluog a hollwybodus oedd hefyd yn berffaith dda, ni ddigwyddai unrhyw ddioddefaint. Gan hynny, os yw (6) a (5) yn wir, rhaid fod (4) yn anwir. Yn olaf, bwrier fod (5) a (4) yn wir. Pe bodolai bod hollalluog a hollwybodus oedd hefyd yn berffaith dda, yna, pe digwyddai unrhyw ddioddefaint, byddai'n rhaid fod gan y bod hollalluog a hollwybodus (ac yntau'n berffaith dda hefyd) reswm moesol ddigonol dros ganiatáu hynny. Gan hynny, os yw (5) a (4) yn wir, rhaid fod (6) yn anwir.

Yn awr, yn ôl Philo (a phawb arall sy'n ymwneud â'r ddadl) y mae'r gosodiad (4) yn wir yn ddiau. A'r gosodiad (6) — wel, beth am y gosodiad (6)? Yn y fan hon, y mae angen nodi dau beth.

Yn gyntaf, ni ddeuai Philo'n nes i'r lan pe byddai'n dadlau dros wirionedd y gosodiad (6) trwy restru nifer o resymau dros ganiatáu dioddefaint (y gellid wedyn eu priodoli i fod hollalluog a hollwybodus) ac yna'n dangos ym mhob achos nad yw'r rheswm a gynigiwyd yn foesol ddigonol (pan briodolir ef i fod hollalluog a hollwybodus). Ni allai Philo fyth honni ei fod wedi ystyried yr holl bosibiliadau. Ac mewn unrhyw fan yn y ddadl, gallai Cleanthes honni mai rheswm nad oedd Philo wedi'i ystyried eto oedd gan Dduw dros ganiatáu dioddefaint. Byddai gan Cleanthes o hyd y dewis o apelio at resymau nad oeddent wedi'u hystyried, pa mor gyflawn bynnag yr ymddangosai'r rhestr o resymau oedd wedi'u hystyried.

Yn ail, y mae'r safbwynt a arddelir gan Philo yn Rhan X o'r *Dialogues* yn gofyn iddo ddatgan y gosodiad (6) fel *gwirionedd rheidiol*. Onid yw hynny'n ddigon eglur eisoes, ystyrier y triawd anghyson canlynol.

(7) Y mae pob alarch yn wyn.
(8) Nid yw rhai elyrch yn fawr.
(9) Y mae popeth gwyn yn fawr.

Bwrier fod (9) yn wir, ond nid yn rheidiol wir. Rhaid fod naill ai (7) neu (8) yn anwir. Ond nid yw'r cyfuniad o (7) ac (8) yn ymwrtheb. Pe bai'r cyfuniad o (7) ac (8) yn ymwrtheb, yna byddai (9) yn wirionedd rheidiol. Gan hynny, onid yw (9) yn wirionedd rheidiol, nid yw'r cyfuniad o (7) ac (8) yn ymwrtheb. Noder beth a ddigwydd i'r gwrthebiad hwn o ysgrifennu 'lliwgar' yn lle 'mawr' ac 'Y mae gan bopeth gwyn liw' yn lle'r gosodiadau (8) a (9). Yn awr, daw (9) yn wirionedd rheidiol, ac i gyfateb i hynny daw (7) ac (8) yn rhesymegol anghyson y naill â'r llall. Mae'r un peth yn wir am y triawd anghyson yr ydym yn ei ystyried yn awr. Fel y darganfuwyd eisoes, y mae Philo'n dal fod 'Y mae'na achosion o ddioddefaint' (y gosodiad 4) yn rhesymegol anghyson ag 'Y mae Duw'n bodoli' (y gosodiad 5). Ond nid yw (4) yn anghyson a (5) onid yw (6) yn wirionedd rheidiol. Gan hynny, os yw Philo am ddadlau fod (4) yn rhesymegol anghyson â (5), rhaid iddo fod yn barod i ddatgan (6) fel gwirionedd rheidiol.

Gweithiau Ychwanegol

Rhoddir mynegiant clasurol i'r ddadl wrth-grediniol yn y *Dialogues Concerning Natural Religion*, adran X ymlaen. O du'r crediniwr dylid nodi F. R. Tennant, *Philosophical Theology*, cyf. 2, pen. 7; ac yn arbennig iawn J. Hick, *Evil and the God of Love*, ail argraffiad (Llundain: Macmillan 1977), sy'n cynnwys trafodaethau hanesyddol gwerthfawr. Am ateb gan ffwndamentalydd Pabyddol, gw. P. T. Geach, *Providence and Evil* (Caergrawnt: Cambridge University Press, 1977). Mewn cywair pur wahanol, gw. traethawd Simone Weil, 'L'amour de Dieu et le malheur' (troswyd i'r Saesneg fel 'The love of God and Affliction' yn *Waiting on God* (Llundain: Routledge & Kegan Paul, 1951)), a phregeth J. R. Jones, 'Siawns' yn *Ac Onide* (Llandybie: Llyfrau'r Dryw, 1970).

ADRAN V

IAITH CREFYDD

[Yn 20au a 30au'r ganrif hon fe ddatblygwyd, yn Fienna'n bennaf, yr athroniaeth a elwir yn Bositifiaeth Resymegol. Ei chraidd oedd yr Egwyddor Wireddu (*Verification Principle*). Diben yr egwyddor oedd mynegi diffiniad eglur a chywir o'r cysyniad o frawddeg ffeithiol, neu o frawddeg ag iddi arwyddocâd gwybyddol — hynny yw, brawddeg y gellid ei defnyddio i ddweud beth oedd cyflwr pethau. Cynigiwyd gwahanol fersiynau o'r egwyddor, ond y syniad canolog oedd fod brawddeg yn ffeithiol os ac yn unig os gallai profiad wireddu neu anwireddu'r hyn yr oedd yn ei ddweud — neu o leiaf ei wneud yn fwy neu'n llai tebygol o fod yn wir, neu o fod yn anwir. Un o'r canlyniadau a fwriadwyd gan y Positifwyr oedd dangos nad oedd brawddegau crefyddol yn rhai ffeithiol. Ceir mynegiant dylanwadol o'r syniad hwn yn erthygl Flew isod.]

18. A. G. N. Flew: pen. VI, adran A yn A. G. N. Flew ac A. MacIntyre (gol.), *New Essays in Philosophical Theology* (Llundain: S.C.M. Press, 1955).

Dechreuwn gyda dameg. Dameg yw a ddatblygwyd o hanes a adroddwyd gan John Wisdom yn ei erthygl gyfareddol a datguddiadol 'Gods'.[1] Amser maith yn ôl daeth dau deithiwr ar draws llecyn clir yng nghanol dryswig. Yn y llecyn yr oedd llawer o flodau a llawer o chwyn yn tyfu. Medd un, 'Rhaid fod rhyw arddwr yn gofalu am y llain hwn'. Mae'r llall yn anghytuno: 'Nid oes yma arddwr'. Felly maent yn gosod eu pebyll ac yn dechrau gwylio. Ni welir byth unrhyw arddwr. 'Ond efallai mai garddwr anweledig yw ef.' Felly maent yn codi ffens weiren bigog. Maent yn ei thrydanu hi. Maent yn gwarchod o'i hamgylch gyda gwaedgwn. (Oherwydd fe gofiant sut y gellid ffroeni *Dyn Anweledig* H. G. Wells a chyffwrdd ag ef, er na ellid mo'i weld). Ond ni chlywir byth unrhyw sgrechfeydd i awgrymu fod rhyw ymyrrwr wedi cael sioc. Ni fradychir unrhyw ddringwr anweledig byth gan symudiadau yn y gwifrau. Nid yw'r gwaedgwn byth yn udo. Eto nid argyhoeddwyd y Crediniwr. 'Ond y mae 'na arddwr, un anweladwy, anghyffyrddadwy, nad yw'n teimlo siociau trydan, garddwr nad yw'n gadael trywydd nac yn gwneud sŵn, garddwr sy'n dod yn y dirgel i ofalu am yr ardd y mae'n ei charu.' O'r diwedd y mae'r Amheuwr yn anobeithio. 'Ond beth sy'n weddill o'ch datganiad gwreiddiol? Pa wahaniaeth sydd rhwng yr hyn yr ydych chwi'n ei alw'n arddwr anweladwy, anghyffyrddadwy nad oes byth bythoedd ddim dal arno, a garddwr dychmygol, neu hyd yn oed dim garddwr o gwbl?'

Yn y ddameg hon gallwn weld sut y mae rhywbeth sy'n dechrau fel datganiad fod rhywbeth yn bodoli, neu fod rhyw gydweddiad rhwng rhai cymhlygau neilltuol o ffenomenau yn cael ei ddarostwng bob yn gam a cham i statws hollol wahanol, i fod yn fynegiad efallai o 'ddewis darlun'.[2] Dywed yr Amheuwr nad oes yna arddwr. Dywed y Crediniwr fod yna arddwr (ond un anweladwy, etc). Y mae un dyn yn sôn am ymddygiad rhywiol. Mae'n well gan un arall sôn am Affrodite (ond fe ŵyr nad oes yna mewn gwirionedd berson uwchddynol sy'n bodoli ar wahân i'r ffenomenau rhywiol a sydd rywsut yn gyfrifol amdanynt).[3] O atal y broses o oleddfu cyn bod y datganiad gwreiddiol wedi ei dynnu'n ôl yn llwyr fe erys rhywbeth o'r datganiad cyntaf hwnnw (Ail-adroddiad). Y mae'n wir na ellid gweld dyn anweladwy Mr. Wells, eto'r oedd yn ddyn fel y gweddill ohonom ym mhob ffordd arall. Ond er y gellir atal y broses o oleddfu mewn pryd, fel sy'n digwydd gan amlaf wrth gwrs, nid pawb sy'n ddigon pwyllog i wneud hynny bob amser. Gall rhywun afradu ei ddatganiad yn gyfangwbl heb sylweddoli ei fod wedi gwneud hynny. Gellir felly ladd hypothesis braf, hy, fesul modfedd, marwolaeth y mil o oleddfiadau.

A dyma, fe ymddengys i mi, berygl nodweddiadol, malltod endemig ynganiadau diwinyddol. Cymerwch ynganiadau megis 'Y mae gan Dduw gynllun', 'Duw a greodd y byd', 'Y mae Duw'n ein caru megis y câr tad ei blant'. Ar yr olwg gyntaf y maent yn edrych yn debyg iawn i ddatganiadau, datganiadau cosmolegol anferth. Wrth gwrs, nid yw hynny'n arwydd sicr eu bod yn ddatganiadau, nac yn arwydd y bwriedir hwy felly. Ond gadewch inni ein cyfyngu ein hunain i'r achosion lle mae'r rhai sy'n yngan y fath frawddegau'n bwriadu iddynt fynegi datganiadau. (Heb wneud dim ond nodi rhwng cromfachau fod y sawl sy'n bwriadu neu'n dehongli'r fath ynganiadau fel cudd-orchmynion, mynegiadau o ddymuniadau, ebychiadau dan gêl, moeseg gudd, neu fel unrhyw beth arall heblaw datganiadau, yn annhebygol o lwyddo i'w gwneud nac yn wirioneddol uniongred nac yn ymarferol effeithiol).

Yn awr, y mae datgan fod pethau fel a fel yn rheidiol yn hafal i wadu nad ydynt heb fod fel a fel.[4] Bwriwn felly ein bod yn ansicr beth y mae rhywun sy'n lleisio ynganiad yn ei ddatgan, neu, bwriwn ein bod, yn fwy sylfaenol, yn amau a yw'n datgan dim byd o gwbl. Un ffordd o geisio deall ei ynganiad (neu efallai o geisio dadlennu ei wir natur) yw ceisio darganfod beth a fyddai, yn ei farn ef, yn cyfrif yn erbyn gwirionedd ei ynganiad, neu a fyddai'n anghyson â'i wirionedd. Oherwydd os yw'r ynganiad mewn gwirionedd yn ddatganiad, bydd o reidrwydd yn hafal i wadu negyddiad y datganiad hwnnw. A rhaid fod unrhywbeth a fyddai'n cyfrif yn erbyn y datganiad, neu a fyddai'n perswadio'r siaradwr i'w dynnu'n ôl a chyfaddef mai camgymeriad ydoedd, yn rhan (neu'r cyfan) o ystyr negyddiad y datganiad hwnnw. Ac y mae gwybod ystyr negyddiad y datganiad yr un peth i bob diben â gwybod ystyr y datganiad hwnnw.[5] Ac onid yw datganiad tybiedig yn gwadu dim, yna nid yw'n datgan dim ychwaith: ac felly nid yw'n ddatganiad mewn gwirionedd. Pan ofynnodd yr Amheuwr yn y ddameg i'r Crediniwr, 'Beth yn hollol yw'r gwahaniaeth rhwng yr hyn yr ydych chwi'n ei alw'n arddwr anweladwy, anghyffyrddadwy nad oes byth bythoedd ddim dal arno, a garddwr dychmygol, neu hyd yn oed dim garddwr o gwbl?', roedd yn awgrymu fod datganiad cynharach y Crediniwr wedi cael ei erydu gymaint gan oleddfiadau fel nad oedd bellach yn ddatganiad o gwbl.

Yn awr, y mae'n aml yn ymddangos i bobl ddi-grefydd fel pe na ellid dychmygu unrhyw ddigwyddiad neu gyfres o ddigwyddiadau y byddai crefyddwyr soffistigedig yn eu derbyn fel rheswm digonol dros gyfaddef 'Nid oedd yna Dduw wedi'r cyfan' neu 'Nid yw Duw'n ein caru mewn gwirionedd, felly'. Dywed rhywun wrthym fod Duw'n ein caru megis y câr tad ei blant. Fe'n cysurir. Ond wedyn gwelwn blentyn yn marw o gancr gwddf na ellir ei drin yn llawfeddygol. Y mae ei dad daearol bron o'i gof wrth geisio ei helpu, ond nid yw ei Dad Nefol yn dangos unrhyw arwydd amlwg o'i gonsyrn. Goleddfir y datganiad rywfodd — y mae cariad Duw yn 'rhywbeth amgenach na chariad dynol' neu'n 'gariad anchwiliadwy', efallai — a sylweddolwn fod y fath ddioddefiadau'n hollol gyson â gwirionedd y datganiad 'Y mae Duw'n ein caru megis tad (ond, wrth gwrs, . . .)'. Fe'n cysurir unwaith eto. Ond wedyn efallai y gofynnwn: Beth yw gwerth y sicrhad hwnnw fod Duw'n ein caru (gyda'r goleddfiad priodol)? Rhag beth y mae'r gwarant tybiedig hwnnw'n ein gwarantu mewn gwirionedd? Beth yn hollol y byddai rhaid iddo ddigwydd, nid yn unig i'n temtio ni (yn foesol ac yn anghywir) i ddweud, 'Nid yw Duw'n ein caru', neu hyd yn oed, 'Nid oes yna Dduw', ond i roi inni (yn rhesymegol ac yn gywir) yr hawl i'w ddweud? Gan hynny, gofynnaf i'r cyfrannwyr dilynol yr un cwestiwn syml a chanolog, 'Beth y byddai rhaid iddo ddigwydd neu fod wedi digwydd i wrthbrofi i chwi gariad neu fodolaeth Duw?'

Nodiadau

1 *Proceedings of the Aristotelian Society*, 1944-5, ailargraffwyd fel pen. X o *Logic and Language*, Cyfr. I (Rhydychen: Blackwell, 1951), ac yn ei *Philosophy and Psychoanalysis* (Blackwell, 1953).

2 Cymh. J. Wisdom, 'Other Minds', *Mind*, 1940; ailargraffwyd yn ei *Other Minds* (Blackwell, 1952).

3 Cymh. Lucretius, *De Rerum Natura*, II, 655-60,

Hic siquis mare Neptunum Cereremque vocare
Constituet fruges et Bacchi nomine abuti
Mavolat quam laticis proprium proferre vocamen
Concedamus ut hic terrarum dictitet orbem
Esse deum matrem dum vera re tamen ipse
Religione animum turpi contingere parcat.

4 I'r rhai y mae'n well ganddynt symbolau: $p \equiv \sim\sim p$.

5 Oherwydd trwy ddim ond negyddu $\sim p$ cawn p: $\sim\sim p \equiv p$.

19. Ludwig Wittgenstein (1889-1951): Darlithiau ar Grediniaeth Grefyddol, yn ei *Lectures and Conversations on Aesthetics, Psychology & Religious Belief*, gol. Cyril Barrett (Rhydychen: Basil Blackwell, 1966).

[Fe ddadleuwyd yn **18** fod credinwyr, yn ddiarwybod iddynt hwy eu hunain ac yn groes i'w bwriad, yn aml yn gwacáu eu hynganiadau crefyddol o bob arwyddocâd ffeithiol; ond fod gofynion uniongrededd ac effeithiolrwydd ymarferol yn gwahardd iddynt gyfaddef y gwacter hwnnw'n agored. Buasai Wittgenstein yn dweud fod y ddadl hon yn dibynnu ar ddadansoddiad arwynebol o'r ynganiadau dan sylw. Yn y darlithiau isod fe â Wittgenstein tu hwnt i'r eirfa a'r ffurf ramadegol arwynebol. Y mae'n ceisio gweld credau crefyddol yn eu perthynas ag agweddau eraill ar fywyd y crediniwr: y pethau eraill y mae'n eu dweud, eu gwneud a'u teimlo. Ei gasgliad yw fod rhan y credau hynny ym mywyd y crediniwr yn hollol wahanol i ran unrhyw gred ffeithiol. Nid credau ffeithiol mohonynt, ac nid credau ffeithiol dirywiedig mohonynt ychwaith. Wrth ddadlau fel hyn, y mae Wittgenstein yn gwahaniaethu'n gyson rhwng yr hyn a wna'r crefyddwr wrth grefydda, a'r hyn a wna wrth ateb cwestiynau athronyddol am ei grefydd.

Traddodwyd y darlithiau hyn ym 1938. Cyfieithiad yw'r testun isod o nodiadau a gymerwyd ar y pryd gan un o'r gwrandawyr.]

I

Dywedodd cadfridog Awstraidd wrth rywun: 'Byddaf yn meddwl amdanoch wedi imi farw, os bydd hynny'n bosibl.' Gallwn ddychmygu un grŵp fyddai'n cael hynny'n chwerthinllyd, a grŵp arall na fyddai.

(Yn ystod y rhyfel, gwelodd Wittgenstein fara cysegredig yn cael ei gludo dan ddur crôm. Trawodd hynny ef fel peth chwerthinllyd i'w wneud).

Bwriwch fod rhywun yn credu yn y Farn Fawr, a minnau ddim yn credu ynddi, onid yw hynny'n golygu fy mod i'n credu'r gwrthwyneb iddo ef, yn credu'n syml na fydd y fath beth? Fe ddywedwn i: 'Ddim o gwbl, neu ddim bob tro.'

Bwriwch fy mod yn dweud y bydd y corff yn pydru, a bod rhywun arall yn dweud, 'Na fydd. Bydd y gronynnau'n ail-ymuno ymhen mil o flynyddoedd, ac fe ddigwydd Atgyfodiad ohonoch.'

Pe bai rhai'n dweud; 'Wittgenstein, a ydych chwi'n credu yn hyn?' fe ddywedwn i: 'Nac ydwyf.' 'Ydych chwi'n croesddweud y dyn?' Fe ddywedwn: 'Nac ydwyf.'

Os dywedwch hynny, y mae'r croesddweud eisoes yn ymhlyg yn hynny.

A ddywedech chwi: 'Rwy'n credu'r gwrthwyneb', neu 'Nid oes yna reswm i dybied y fath beth'? Ni ddywedwn i'r naill beth na'r llall.

Bwriwch fod rhywun yn grediniwr ac yn dweud: 'Rwy'n credu

mewn Barn Fawr', a'm bod i'n dweud; 'Wel, 'dyw hynny ddim cyn sicred gennyf fi. Efallai.' Fe ddywedech fod gagendor anferth rhyngom. Pe dywedai ef, 'Mae'na awyren Almaenaidd uwchben,' a phe dywedwn innau, 'Efallai. 'Dyw hynny ddim cyn sicred gennyf fi,' fe ddywedech ein bod yn bur agos y naill at y llall.

Nid yw'n gwestiwn o fod rywle'n agos ato, ond o fod ar wastad hollol wahanol, ac fe allech fynegi hynny trwy ddweud: 'Rydych yn golygu rhywbeth cyfangwbl wahanol, Wittgenstein.'

Fe allai nad amlygid y gwahaniaeth o gwbl mewn unrhyw eglurhad o'r ystyr.

Beth yw'r rheswm fy mod yn yr achos hwn fel pe bawn yn methu'n llwyr weld y pwynt?

Bwriwch fod rhywun yn gwneud arweiniad ar gyfer y bywyd hwn allan o hyn: credu yn y Farn Fawr. Pryd bynnag y gwna rywbeth, y mae hi gerbron ei feddwl. Mewn ffordd, sut y medrwn wybod a ddylem ddweud ei fod yn credu y digwydd y Farn ai peidio?

Nid yw gofyn iddo'n ddigon. Y mae'n debyg o ddweud fod ganddo brawf. Ond y mae ganddo'r hyn y gallech ei alw'n gred ddisyfl. Fe'i hamlygir, nid trwy ymresymu neu trwy apelio at seiliau cyffredin cred, ond yn hytrach trwy fod yn egwyddor lywodraethol i bopeth yn ei fywyd.

Y mae honno'n ffaith lawer cryfach — ymwrthod â phleserau, apelio bob amser at y darlun hwn. Ar un ystyr rhaid dweud mai hon yw'r gred gadarnaf oll, am fod y dyn yn mentro pethau o'i herwydd nas mentrai oherwydd pethau sydd wedi eu seilio'n well o lawer iddo. Er ei fod yn gwahaniaethu rhwng yr hyn sydd wedi ei seilio'n dda a'r hyn nad ydyw.

Lewy: Oni fyddai'n sicr o ddweud ei bod wedi ei seilio'n hynod o dda?

Yn gyntaf, fe all ei fod yn defnyddio 'wedi ei seilio'n dda' ac fe all nad yw'n ei ddefnyddio o gwbl. Bydd yn cymryd y gred hon fel un wedi ei seilio'n hynod o dda, ac mewn ffordd arall fel un nad yw wedi ei seilio'n dda o gwbl.

Os oes gennym gred, mewn rhai achosion neilltuol yr ydym yn apelio drachefn a thrachefn at resymau neilltuol, ac ar yr un pryd ychydig iawn a fentrwn — pe deuai'n fater o fentro'n bywydau ar y gred honno.

Y mae achosion lle mae gennych ffydd — lle dywedwch 'Credaf' — ac ar y llaw arall nid yw'r gred honno'n dibynnu ar y ffeithiau y mae ein credau cyffredin bob-dydd yn dibynnu arnynt.

Sut y dylem gymharu credau â'i gilydd? Beth a olygai eu cymharu hwy?

Gallech ddweud: 'Rydym yn cymharu'r cyflyrau meddwl.'

Sut yr ydym yn cymharu cyflyrau meddwl? Y mae'n amlwg na wnaiff hynny mo'r tro ar bob achlysur. Yn gyntaf, beth os na chymerir yr hyn a ddywedwch fel mesur o gadernid cred? Ond yn hytrach, e.e., beth fyddech yn ei *fentro*?

Nid yw nerth cred i'w gymharu â dwyster poen.

Ffordd hollol wahanol o gymharu credau yw gweld pa fath o seiliau a gynigir iddynt.

Nid yw cred fel cyflwr meddyliol sy'n digwydd ar foment. 'Am 5 o'r gloch 'roedd ganddo'r ddannoedd yn dost iawn.'

Cymerwch ddau berson: y mae un yn siarad am ei ymddygiad ac am yr hyn sy'n digwydd iddo yn nhermau ad-daliad, ond nid felly'r llall. Y mae'r ddau berson hynny'n meddwl yn gyfangwbl wahanol. Eto, hyd yma, ni ellwch ddweud eu bod yn credu pethau gwahanol.

Bwriwch fod rhywun yn sâl a'i fod yn dweud: 'Mae hyn yn gosb,' a'm bod innau'n dweud: 'Os byddaf yn sâl, ni fyddaf yn meddwl am gosb o gwbl.' Os dywedwch: 'A ydych yn credu'r gwrthwyneb?' gellwch ei alw'n gredu'r gwrthwyneb, ond y mae'n gyfangwbl wahanol i'r hyn y byddem yn gyffredin yn ei alw'n gredu'r gwrthwyneb.

Rwy'n meddwl yn wahanol, mewn ffordd wahanol. Rwy'n dweud pethau gwahanol wrthyf fy hun. Mae gennyf ddarluniau gwahanol.

Fel hyn y mae hi: pe bai rhywun yn dweud: 'Wittgenstein, 'dydych chi ddim yn cymryd salwch fel cosb, felly beth ydych chi'n ei gredu?' — fe ddywedwn i: 'Does dim meddyliau am gosb yn dod i'm mhen.'

Er enghraifft, mae 'na feddyliau cyntaf sy'n perthyn i ffyrdd hollol wahanol o feddwl — ac nid oes raid mynegi'r ffyrdd hynny trwy i un person ddweud un peth, a pherson arall ddweud peth arall.

Yr hyn a alwn yn gredu yn Nydd y Farn neu'n beidio â chredu yn Nydd y Farn — fe all fod mynegi cred yn chwarae rhan hollol eilradd.

Os gofynnwch imi a wyf yn credu yn Nydd y Farn ai peidio, yn yr ystyr y mae gan bobl grefyddol gred ynddo, ni ddywedwn: 'Nac ydwyf; nid wyf yn credu y bydd y fath beth.' Byddai dweud hynny'n ymddangos imi'n ynfyd i'r eithaf.

Ac wedyn rwyf yn rhoi eglurhad: 'Nid wyf fi yn credu yn . . .' ond nid yw'r person crefyddol byth yn credu'r hyn yr wyf fi'n ei ddisgrifio.

Ni fedraf ddweud. Ni fedraf groesddweud y person hwnnw.

Ar un ystyr, rwyf yn deall popeth y mae'n ei ddweud — y geiriau 'Duw', 'ar wahân', etc., rwy'n eu deall. Gallwn ddweud: 'Nid wyf yn credu yn hyn,' a byddai hynny'n wir, yn yr ystyr nad yw'r meddyliau hyn ynof, na dim sy'n cydlynu â hwy. Ond nid yn yr ystyr y medrwn groesddweud y peth.

Efallai y dywedech: 'Wel, os na fedrwch ei groesddweud, mae hynny'n golygu nad ydych yn ei ddeall. Pe baech yn ei ddeall, yna efallai y byddech yn ei groesddweud.' Mae hynny unwaith eto 'n ddiystyr imi. Mae fy nhechneg arferol o ddefnyddio iaith yn fy ngadael. Ni wn a ddylwn ddweud fod y naill yn deall y llall ai peidio.

Mae'r ymrysonau hyn yn edrych yn hollol wahanol i unrhyw ymryson cyffredin. Mae'r rhesymau'n edrych yn gyfangwbl wahanol i resymau cyffredin.

Mewn un ffordd, maent yn hollol annigonol.

Y pwynt yw, petai yna dystiolaeth, byddai hynny'n ddiwedd ar yr holl fusnes.

Ni fyddai dim y byddwn yn arfer ei alw'n dystiolaeth yn dylanwadu arnaf y mymryn lleiaf.

Bwriwch, er enghraifft, ein bod yn gwybod am bobl sy'n rhagweld y dyfodol; sy'n rhagddweud beth sydd i fod flynyddoedd maith ymlaen; a'u bod yn disgrifio rhyw fath o Ddydd y Farn. Yn ddigon rhyfedd, hyd yn oed pe bai 'na'r fath beth, a hyd yn oed pe bai'n fwy argyhoeddiadol na'm disgrifiad i, ni fyddai cred yn y digwyddiad hwnnw'n gred grefyddol o gwbl.

Bwriwch fod rhaid imi ymwrthod â phob pleser oherwydd y fath ragddywediad. Os gwnaf hyn a hyn, bydd rhywun yn fy mwrw i'r tân ymhen mil o flynyddoedd, etc. Ni fyddwn yn symud fodfedd. Nid yw'r dystiolaeth wyddonol orau yn tycio dim oll.

Yn wir, gallai cred grefyddol fynd yn groes i ragddywediad o'r fath, a dweud 'Nage. Yn yr achos hwn bydd e'n methu.'

Mae hi fel pe na allai'r gred fel y llunir hi ar sail y dystiolaeth fod yn ddim ond y canlyniad olaf — y mae nifer o ffyrdd o feddwl ac o weithredu yn crisialu ynddo ac yn dod ynghyd.

Fe ymladdai dyn am ei einioes rhag cael ei lusgo i'r tân. Dim anwythiad. Arswyd. Mae hynny, fel petai, yn rhan o sylwedd y gred.

Dyna ran o'r rheswm pam na chewch mewn ymrysonau crefyddol ymryson o'r ffurf lle mae'r peth yn *sicr* gan un person, a'r llall yn dweud: 'Wel, efallai.'

Fe allech synnu na wrthwynebwyd y rhai sy'n credu mewn Atgyfodiad gan rai sy'n dweud 'Wel, efallai.'

Mae'n amlwg yma fod y rhan a chwaraeir gan gredu yn llawer tebycach i hyn: bwriwch ein bod yn dweud y gallai darlun neilltuol fy ngheryddu'n barhaus, neu fy mod bob amser yn meddwl amdano: dyna'r rhan y gallai ei chwarae. Yn yr achos hwn, byddai gwahaniaeth aruthrol rhwng y bobl yr oedd y darlun ym mlaen eu meddwl yn barhaus, a'r lleill nad oeddent yn ei ddefnyddio o gwbl.

Byddai'r rhai a ddywedai: 'Wel, efallai y digwydd ac efallai na ddigwydd' ar wastad cyfangwbl wahanol.

Dyna ran o'r rheswm pam y byddai dyn yn anfodlon dweud: 'Mae'r bobl hyn yn glynu'n gaeth iawn at y farn (neu'r daliad) fod yna Farn Fawr'. Mae'n 'barn' yn swnio'n rhyfedd.

Am y rheswm hwn y defnyddir geiriau gwahanol: 'dogma', 'ffydd'.

Nid ydym yn sôn am hypothesis, nac am debygolrwydd uchel. Nac am wybod.

Wrth ddefnyddio iaith grefyddol rydym yn defnyddio ymadroddion megis: 'Credaf y bydd hyn a hyn yn digwydd,' ac yn eu defnyddio'n wahanol i'n dull o'u defnyddio mewn gwyddoniaeth.

Serch hynny, y mae 'na demtasiwn gref i feddwl ein bod yn eu defnyddio yn yr un modd. Oherwydd rydym yn sôn am dystiolaeth, ac yn sôn am dystiolaeth profiad.

Gallem sôn am ddigwyddiadau hanesyddol hyd yn oed.

Fe ddywedwyd fod Cristnogaeth yn sefyll ar sail hanesyddol.

Fe ddywedwyd fil o weithiau gan bobl ddeallus nad yw tystiolaeth ddiamheuol yn ddigon yn yr achos hwn. Hyd yn oed os oes cymaint o dystiolaeth ag sydd i fodolaeth Napoleon. Oherwydd ni fyddai'r dystiolaeth ddiamheuol yn ddigon i beri imi newid fy mywyd drwyddo draw.

Nid yw'n sefyll ar sail hanesyddol yn yr ystyr y gallai'r gred arferol mewn ffeithiau hanesyddol fod yn sail.

Dyma inni gred mewn ffeithiau hanesyddol sy'n wahanol i gred mewn ffeithiau hanesyddol cyffredin. Gellid dweud hyd yn oed na thrinir hwy fel gosodiadau hanesyddol, empeiraidd.

Nid oedd y rhai â ffydd ganddynt yn eu hamau yn y ffordd arferol y byddent yn amau *unrhyw* osodiad hanesyddol. Yn enwedig rhai am orffennol pell iawn, etc.

Beth yw'r safon i fesur pa mor ddiogel a dibynadwy yw gosodiad? Bwriwch eich bod yn rhoi disgrifiad cyffredinol o pryd y dywedwch fod gosodiad yn rhesymol o debygol. Pan alwch ef yn rhesymol, a yw hynny'n *ddim* ond dweud fod gennych y dystiolaeth hon a hon o'i blaid ef ac nid o blaid eraill?

Er enghraifft, nid ydym yn ymddiried yn nisgrifiad meddwyn o ddigwyddiad.

Mae'r Tad O'Hara[1] yn un o'r rheini sy'n ei wneud yn fater o wyddoniaeth.

Mae a wnelom yma â phobl sy'n trin y dystiolaeth hon mewn ffordd wahanol. Maent yn seilio pethau ar dystiolaeth a fyddai, o'i chymryd mewn un ffordd, yn ymddangos yn eithriadol o simsan. Maent yn seilio pethau anferth ar y dystiolaeth hon. A ddylwn i ddweud eu bod yn afresymol? Ni alwn i hwy'n afresymol.

Fe ddywedwn, mae'n sicr nad ydynt yn *rhesymol*, mae hynny'n amlwg.

Mae 'afresymol' yn ymhlygu cerydd, gyda phawb.

Mae arnaf chwant dweud: nid ydynt yn trin hyn fel mater o fod yn rhesymol.

Bydd unrhyw un sy'n darllen yr Epistolau yn ei gael yn ysgrifenedig nid yn unig nad yw'n rhesymol, ond ei fod yn ffolineb.

Nid yn unig nid yw'n rhesymol, ond nid yw'n cymryd arno ei fod.

Yr hyn sy'n chwerthinllyd imi ynglŷn ag O'Hara yw ei fod yn gwneud iddo ymddangos yn *rhesymol.*

Pam na ddylai un ffurf o fywyd gyrraedd ei huchafbwynt â datganiad o gred mewn Barn Fawr? Ond ni allwn i ddweud nac 'Ie' na 'Nage' wrth y gosodiad y bydd y fath beth. Nac 'Efallai,' na 'Dydw i ddim yn sicr.'

Mae'n osodiad nad yw, efallai, yn caniatáu unrhyw ateb o'r fath.

Os yw Mr. Lewy'n grefyddol ac yn dweud ei fod yn credu mewn Dydd Barn, ni wn hyd yn oed a ddylwn ddweud fy mod yn ei ddeall ai peidio. Rwyf wedi darllen yr un pethau ag yntau. Ar un ystyr pwysig iawn, fe wn beth y mae'n ei olygu.

Os dywed atheistiad: 'Ni bydd Dydd Barn,' ac os dywed person arall: 'Fe fydd,' a ydynt yn golygu'r un peth? — Aneglur beth yw maen prawf 'golygu'r un peth'. Fe all y disgrifient yr un pethau. Efallai y dywedwch fod hynny eisoes yn dangos eu bod yn golygu'r un peth.

Rydym yn dod at ynys ac yn cael fod yno gredau, a thueddwn i alw rhai credau neilltuol yn rhai crefyddol. Yr hyn rwy'n ceisio ei gyfleu yw na fydd credau crefyddol yn . . . Mae ganddynt frawddegau, ac y mae 'na hefyd osodiadau crefyddol.

Ni fyddai'r gosodiadau hyn yn wahanol yn unig am eu bod yn ymwneud â phethau gwahanol. Byddai cysylltiadau cyfangwbl wahanol yn gwneud credau crefyddol ohonynt, a hawdd yw dychmygu ffyrdd o ymgysylltu lle na wyddem yn ein byw a ddylem eu galw'n gredau crefyddol neu ynteu'n gredau gwyddonol.

Efallai y dywedwch eu bod yn ymresymu'n anghywir.

Mewn rhai achosion neilltuol fe ddywedech eu bod yn ymresymu'n anghywir, gan olygu eu bod yn ein croesddweud ni. Mewn achosion eraill fe ddywedech nad ydynt yn ymresymu o gwbl, neu 'Mae'n fath cyfangwbl wahanol o ymresymu.' Fe ddywedech y peth cyntaf mewn achos lle maent yn ymresymu mewn ffordd debyg inni, ac yn gwneud rhywbeth sy'n cyfateb i'n bwnglera ni.

Prun a yw rhywbeth yn fwnglerwaith ai peidio — mae'n fwnglerwaith mewn system neilltuol. Yn union fel y mae rhywbeth yn fwnglerwaith mewn gêm neilltuol ac nid mewn un arall.

Gallech ddweud hefyd, lle'r ydym ni'n rhesymol, nid ydynt

hwy'n rhesymol — gan olygu nad ydynt yn defnyddio *rheswm* yma.

Os gwnânt rywbeth tebyg iawn i un o'n ffyrdd ni o fwnglera, fe ddywedwn i, 'Ni wn i. Mae'n dibynnu ar amgylchiadau pellach ynglŷn ag ef.'

Mae'n anodd gweld mewn achosion lle mae 'na i bob golwg ymgais i fod yn rhesymol.

Byddwn yn bendant yn galw O'Hara'n afresymol. Fe ddywedwn, Os dyma beth yw crediniaeth grefyddol, yna ofergoel yw'r cyfan.

Ond ni fyddwn i'n ei wawdio trwy ddweud ei fod wedi ei seilio ar dystiolaeth annigonol. Fe ddywedwn i: 'Dyma ddyn sy'n ei amddifadu ei hun trwy hunan-dwyll.' Gellwch chwi ddweud: 'Mae'r dyn hwn yn chwerthinllyd am ei fod yn credu, ac yn seilio'i gred ar resymau gwan.'

II

. . . Mae gennyf rywfaint o addysg, fel pawb ohonoch, a chan hynny rwy'n gwybod beth yw ystyr tystiolaeth annigonol ar gyfer rhagfynegiad. Bwriwch fod rhywun wedi breuddwydio am y Farn Fawr, ac yn dweud ei fod yn awr yn gwybod sut y byddai hi. Bwriwch fod rhywun yn dweud: 'Mae hynny'n dystiolaeth wael.' Fe ddywedwn i: 'Os ydych am gymharu hynny â'r dystiolaeth o blaid glaw yfory, nid yw'n dystiolaeth o fath yn y byd.' Fe all y gwna ef iddo ymddangos ei bod yn ganiataol i chwi ei alw'n dystiolaeth trwy estyn ystyr y gair. Ond fe all ei fod fel tystiolaeth yn waeth na chwerthinllyd. Ond os felly, a fyddwn i'n barod i ddweud: 'Rydych yn seilio eich cred ar dystiolaeth denau iawn, a dweud y lleiaf.' Pam y dylwn i drin y freuddwyd hon fel tystiolaeth — gan fesur ei gwerth fel pe bawn yn mesur gwerth tystiolaeth o blaid digwyddiadau meteorolegol?

Os cymharwch chwi hi ag unrhywbeth mewn Gwyddoniaeth a alwn yn dystiolaeth, ni fedrwch goelio y gallai neb ddadlau o ddifrif: 'Wel, cefais freuddwyd fel hyn . . . gan hynny . . . Barn Fawr'. Efallai y dywedech: 'Fel bwnglera, mae hynny'n ormod.' Pe baech yn sydyn yn ysgrifennu rhifau ar y bwrdd du, ac wedyn yn dweud: 'Yn awr rwy'n mynd i adio,' ac yna: 'Mae 2 a 21 yn gwneud 13,' ac ati, fe ddywedwn i: 'Nid bwnglera yw hynny.'

Mae 'na achosion lle dywedwn i ei fod yn wallgof, neu ei fod yn tynnu coes. Wedyn fe allai fod yna achosion lle ceisiwn ddehongliad cyfangwbl wahanol. Er mwyn gweld beth yw'r eglurhad, byddai rhaid imi weld y swm, gweld ym mha ffordd y gwneir ef, beth y mae'n gwneud iddo ganlyn oddi wrtho, dan ba wahanol amgylchiadau y mae'n ei wneud ac ati.

Y pwynt sydd gennyf yw hwn: pe bai dyn yn dweud wrthyf wedi iddo freuddwydio ei fod yn credu yn y Farn Fawr, fe geisiwn ddarganfod pa fath o argraff a wnaeth hi arno. Un agwedd: 'Fe ddaw ymhen rhyw 2,000 o flynyddoedd. Bydd hi'n ddrwg ar hwn a hwn' ac ati. Neu fe all fod yn argraff o arswyd. Mewn achos lle ceir gobaith, arswyd, ac ati, a ddywedwn nad oes digon o dystiolaeth os dywed ef: 'Rwy'n credu . . .' ? Ni allaf drin y geiriau hyn fel yr wyf yn arfer trin 'Rwy'n credu hyn-a-hyn'. Byddai hynny'n hollol amherthnasol, a hefyd pe dywedai ef fod ei gyfaill hwn-a-hwn a'i dad wedi cael y freuddwyd a chredu, byddai hynny'n hollol amherthnasol.

Ni ddywedwn i: 'Pe bai dyn yn dweud ei fod wedi breuddwydio ei bod am ddigwydd yfory, a fyddai'n cymryd ei got?' ac ati.

Achos lle mae Lewy yn cael gweledigaethau o'i gyfaill sydd wedi marw. Achosion lle nad ydych yn ceisio darganfod lle mae ef. Ac achos lle'r ydych yn ceisio ei ddarganfod mewn ffordd bwrpasol. Achos arall lle dywedwn i: 'Gallwn ragdybio ein bod i raddau helaeth yn gytûn ynglŷn â'r sylfeini.'

A siarad yn gyffredinol, os dywedwch chwi: 'Mae e'n farw', ac os dywedaf innau, 'Nid yw'n farw', ni ddywedai neb: 'A ydynt yn golygu'r un peth wrth "marw"?' Yn yr achos lle mae dyn yn cael gweledigaethau ni ddywedwn i ar f'union: 'Mae e'n golygu rhywbeth gwahanol.'

Cymh. rhywun a chanddo gymhlethdod erledigaeth.

Beth yw maen prawf golygu rhywbeth gwahanol? Nid yn unig beth y mae'n ei gymryd fel tystiolaeth o'i blaid, ond hefyd sut y mae'n adweithio, fod arno arswyd, ac ati.

Sut yr wyf i ddarganfod a yw'r gosodiad hwn i'w ystyried yn osodiad empeiraidd — 'Fe welwch eich cyfaill marw eto?' A ddywedwn i: 'Mae e braidd yn ofergoelus'? Ddim o gwbl.

Efallai ei fod yn ymddiheuriol. (Roedd y dyn a'i mynegodd yn ddiamodol yn fwy deallus na'r dyn a ymddiheurodd o'i herwydd).

Nid yw 'gweld cyfaill marw' ychwaith yn golygu llawer o ddim i mi. Nid wyf yn meddwl yn y termau hynny. Nid wyf yn dweud wrthyf fy hun: 'Fe welaf hwn-a-hwn eto', ddim byth.

Mae ef bob amser yn ei ddweud, ond nid yw'n chwilio. Mae'n rhoi gwên ryfedd. 'Roedd gan ei stori yr ansawdd freuddwydiol honno.' Yn yr achos hwn f'ateb i fyddai, 'Oedd', ac eglurhad neilltuol.

Cymerwch 'Duw a greodd ddyn'. Darluniau gan Michelangelo yn dangos creu'r byd. A siarad yn gyffredinol, nid oes dim sy'n esbonio ystyron geiriau gystal â darlun, ac fe gymeraf fod Michelangelo cystal ag y gall neb fod a'i fod wedi gwneud ei orau, a dyma'r darlun o'r Duwdod yn creu Adda.

Petaem yn gweld hynny byth, yn sicr ni feddyliem mai dyma'r Duwdod. Rhaid defnyddio'r darlun mewn ffordd cyfangwbl wahanol os ydym i alw 'Duw' ar y dyn yn y flanced ryfedd honno, ac felly ymlaen. Gallech ddychmygu fod crefydd yn cael ei dysgu trwy gyfrwng y darluniau hyn. 'Wrth gwrs, dim ond trwy gyfrwng darluniau y gallwn ein mynegi ein hunain.' Mae hynny braidd yn rhyfedd . . . Gallwn ddangos darluniau o blanhigyn trofannol i Moore.[2] Mae 'na dechneg o gymharu'r darlun â'r planhigyn. Pe dangoswn iddo ddarlun Michelangelo a dweud: 'Wrth gwrs, ni allaf ddangos y peth ei hun i chwi, dim ond y darlun' . . . Yr hyn sy'n ddi-synnwyr yw nad wyf erioed wedi dysgu iddo'r dechneg o ddefnyddio'r darlun hwn.

Mae'n ddigon amlwg fod gan ddarluniau o olygfeydd Beiblaidd a'r darlun o Dduw'n creu Adda rannau cyfangwbl wahanol i'w chwarae. Gallech ofyn y cwestiwn hwn: 'A oedd Michelangelo'n meddwl fod Noa yn yr arch yn edrych fel hyn, a bod Duw'n creu Adda yn edrych fel hyn?' Ni fuasai wedi dweud fod Duw nac Adda'n edrych fel y maent yn y darlun hwn.

Gallech feddwl, pe baem yn gofyn cwestiwn fel: 'A yw Lewy *mewn gwirionedd* yn golygu'r un peth â hwn-a-hwn pan yw ef yn dweud fod hwn-a-hwn yn fyw?' — gallech feddwl fod dau achos a thoriad glân rhyngddynt, un ohonynt yn achos lle dywedai nad oedd yn ei olygu'n llythrennol. Rwyf am ddweud nad felly y mae. Ceir achosion lle bydd gwahaniaeth rhyngom, a lle na fydd hi'n fater o gwbl o fwy neu lai o wybodaeth, fel y gallwn ddod i gytundeb. Weithiau fe fydd yn fater o brofiad, fel y gellwch ddweud: 'Arhoswch 10 mlynedd eto.' Ac fe ddywedwn i: 'Fe anghefnogwn i'r math hwn o ymresymiad' ac fe ddywedai Moore: 'Ni fyddwn i'n ei anghefnogi.' Hynny yw, byddai dyn yn *gwneud* rhywbeth. Byddem yn dewis ein hochrau, ac mae hynny'n mynd mor bell fel y byddai mewn gwirionedd wahaniaethau mawr rhyngom, a allai ddod i'r amlwg trwy i Mr. Lewy ddweud: 'Mae Wittgenstein yn ceisio tanseilio rheswm', ac ni fyddai hynny'n anwiredd. Dyma'n wir lle mae'r fath gwestiynau'n codi.

III

. . . Bwriwch fod rhywun, cyn iddo fynd i China, pryd y gallai beidio â'm gweld byth eto, yn dweud wrthyf: 'Efallai y gwelwn ein gilydd wedi inni farw' — a fyddwn o reidrwydd yn dweud nad ydwyf yn ei ddeall? Efallai y dywedwn [y byddai arnaf chwant dweud] yn syml, 'Ydwyf. Rwyf yn ei *ddeall* yn llwyr.'

Lewy: Yn yr achos hwn, efallai na olygech ddim ond ei fod wedi mynegi agwedd neilltuol.

Fe ddywedwn i, 'Nage, nid yw hynny'r un peth â dweud, "Rwy'n hoff iawn ohonoch chwi" ' — ac efallai nad yw'r un peth â dweud dim byd arall. Mae'n dweud yr hyn y mae'n ei ddweud. Pam y dylech chwi allu rhoi dim arall yn ei le?

Bwriwch fy mod yn dweud: 'Roedd y dyn yn defnyddio darlun.'

'Efallai ei fod yn awr yn gweld iddo fynd ar gyfeiliorn.' Pa fath o sylw yw hwnnw?

'Mae llygad Duw yn gweld popeth' — rwyf am ddweud am hwn ei fod yn defnyddio darlun.

Nid wyf am ei fychanu ef [y person sy'n ei ddweud].

Bwriwch fy mod yn dweud wrtho, 'Rydych wedi bod yn defnyddio darlun', a'i fod yntau'n dweud, 'Na, nid dyna'r cyfan'— oni allasai ef fy nghamddeall? Beth rwyf i am ei wneud [trwy ddweud hynny]? Beth fyddai gwir arwydd anghytundeb? Beth allai fod yn faen prawf gwirioneddol ei fod yn anghytuno â mi?

Lewy: Pe bai'n dweud: 'Rwyf wedi bod yn gwneud paratoadau [ar gyfer angau].'

Ie, fe allai hynny fod yn anghytundeb — pe bai ef ei hun yn

defnyddio'r gair mewn ffordd nad oeddwn i'n ei disgwyl, neu'n tynnu casgliadau nad oeddwn i'n disgwyl iddo eu tynnu. Nid oeddwn ond am dynnu sylw at dechneg neilltuol o ddefnyddio gair. Byddem yn anghytuno, pe bai ef yn defnyddio techneg nad oeddwn i'n ei disgwyl.

Rydym yn cysylltu ffordd neilltuol o ddefnyddio gair â darlun.

Smythies: Nid dyna'r cyfan y mae'n ei wneud — cysylltu ffordd o ddefnyddio gair â darlun.

Wittgenstein: Lol. F'ystyr oedd: pa gasgliadau rydych chi'n mynd i'w tynnu? ac ati. A fydd sôn am aeliau, mewn cysylltiad â llygad Duw?

'Ni waeth iddo fod wedi dweud hyn a hyn' — rhagarwyddir hynny [y sylw hwnnw] gan y gair 'agwedd'. Nid yw'n wir na fuasai waeth iddo fod wedi dweud hyn a hyn.

Os dywedaf iddo ddefnyddio darlun, nid wyf am ddweud dim na ddywedai ef ei hun. Rwyf am ddweud ei fod yn tynnu'r casgliadau hyn.

Onid yw cyn bwysiced â dim byd arall, pa ddarlun y mae'n ei ddefnyddio?

Rydym yn dweud am rai darluniau na fyddai dim gwahaniaeth pe rhoddid un arall yn ei lle — e.e., fe allem, dan rai amgylchiadau neilltuol, ddewis tynnu un tafluniad o hirgylch yn hytrach nag un arall.

[Fe *all* y dywed ef:] 'Buaswn yn barod i ddefnyddio darlun arall, buasai wedi cynhyrchu'r un effaith . . .'

Fe all fod yr holl *bwysau* yn y darlun.

Gallwn ddweud mewn gwyddbwyll nad yw union siâp y darnau'n chwarae unrhyw ran. Bwriwch mai'r prif fwynhad oedd gweld pobl yn marchogaeth; yna, nid chwarae'r un gêm fyddai ei chwarae mewn ysgrifen. Efallai y dywedai rhywun: 'Y cyfan a wnaeth ef yw newid siâp y pen' — beth ragor allai ef ei wneud?

Pan ddywedaf ei fod yn defnyddio darlun nid wyf ond yn gwneud sylw *gramadegol*: ni ellir gwireddu'r [hyn rwyf yn ei ddweud] ond gan y casgliadau y mae'n eu tynnu neu'n peidio â'u tynnu.

Os yw Smythies yn anghytuno, nid wyf yn talu dim sylw i'r anghytuno hwnnw.

Y cyfan yr oeddwn am ei ddisgrifio oedd y confensiynau yr

oedd ef am eu tynnu. Os oeddwn am ddweud dim rhagor nid oeddwn ond yn dangos haerllugrwydd athronyddol.

Fel arfer, os dywedwch, 'Awtomaton yw ef,' rydych yn tynnu casgliadau, os gwanwch ef, [ni bydd yn teimlo poen]. Ar y llaw arall, efallai na ddymunwch dynnu unrhyw gasgliadau tebyg, a dyna'r cyfan sydd iddo — heblaw rhagor o ddryswch.

Nodiadau

1 Cyfraniad yn y Symposiwm, *Science and Religion* (Llundain: Gerald Howe, 1931) tt. 107-116.

2 G. E. Moore (1873-1958): Athro Athroniaeth y Meddwl a Rhesymeg yng Nghaergrawnt, 1925-1939.

20. F. Ferré: 'Terfynau Dadansoddiad Gwireddol'. Pen. 4 o *Language, Logic and God* (Llundain: Eyre and Spottiswoode, 1962).

[Ystyr 'dadansoddiad gwireddol' yma yw'r syniad fod rhyw fersiwn o'r Egwyddor Wireddu bob amser yn offeryn priodol i wahaniaethu rhwng ynganiadau nad ydynt ond yn ymddangos yn ddisgrifiadol neu'n ffeithiol, ac ynganiadau sydd felly mewn gwirionedd.

Y mae'r bennod hon yn trafod rhai o ragdybiau dadansoddiad gwireddol, ac yn arolygu rhai o'r prif ymatebion i her Flew (**18**).]

Y mae llawer i'w ddweud o blaid y safbwynt athronyddol yr ydym yn ei ystyried. Y mae'n ddiamwys, yn dryloyw, ac yn ddigymrodedd ei egwyddorion. Ond y mae'r egwyddorion hynny'n agored i feirniadaeth athronyddol sylweddol sy'n tueddu i osod terfynau ar effeithiolrwydd dadansoddiad gwireddol fel safbwynt athronyddol annibynnol neu hunan-gynhaliol. Y mae'r dadleuon unigol hwythau a amlinellwyd yn y bennod flaenorol yn agored i ymosodiadau mewn llawer man. Y mae'n demtasiwn i dalu sylw manwl i'r gwendidau unigol hynny, ond nid yw'r ymdriniaeth gymharol annhechnegol a ddewiswyd ar gyfer y llyfr hwn yn caniatáu gwrth-ddadansoddiadau manwl iawn. Yn hytrach, gadewch inni arolygu terfynau cyffredinol dadansoddi gwireddol — terfynau y mae dadansoddwyr gwireddol yn aml, yn anffodus, yn methu eu gweld.

I

Un o'r cyfyngiadau ar ddadansoddiad gwireddol a gydnabyddir leiaf (hwyrach am ei fod ym mhobman yn ddiwahaniaeth) yw hwnnw a geir yn ei gysyniad o 'ffaith'. A chofio'r pwyslais enfawr a osodir ar 'arwyddocâd ffeithiol' gan y safbwynt athronyddol hwn, y mae'n achos syndod na nodweddwyd dadansoddiad gwireddol fwy gan ddadansoddiad mwy hunan-ymwybodol o'r gwahanol ffyrdd posibl o ddefnyddio'r gair 'ffaith'.

Heb droseddu'n erbyn y ffyrdd arferol o ddefnyddio iaith, gellir sôn am 'ffeithiau' mathemategol, am 'ffeithiau' mewn rhesymeg — hyd yn oed am 'ffeithiau' moesol — yn ogystal ag am 'ffeithiau' empeiraidd. Ond y mae dadansoddiad gwireddol yn cyfyngu ystyron 'ffaith' a 'ffeithiol' i gyd-destunau sy'n berthynol i'n geirfa empeiraidd yn unig. Nid wyf yn amau hawl unrhyw unigolyn neu unrhyw gasgliad o unigolion i ddarparu diffiniadau technegol cyfyng o eiriau sydd, yn y defnydd cyffredin ohonynt, yn aml mor amhendant nes bod yn ddiwerth; ond pan wneir hynny, rhaid i'r broses fod yn hunan-ymwybodol ac yn echblyg i bawb ei gweld. Y mae gweithredu'n echblyg yn arbennig o hanfodol pan yw'r gair dan sylw, megis 'ffaith', yn llawn o gynnwys emosiynol nerthol. Y mae methu dilyn y rheol hon yn peri fod y diffiniad a geir yn un 'perswadiol', un sy'n cyrraedd ei nod trwy awgrym cynnil yn hytrach na thrwy ddadl onest.[1]

Ac y mae'n eglur fod y dadansoddwr gwireddol, wrth gyfyngu'r defnydd o 'ffeithiol' i'r dosbarth o osodiadau sy'n berthynol i brofiadau synhwyrus sy'n digwydd neu a allai ddigwydd, yn mud-gymell gwerthfarniad yn ogystal â defnyddio term mewn modd technegol. Fe deimlwn fod 'ffeithiau' yn bwysig: ac ni all dim sydd heb arwyddocâd 'ffeithiol' fod o ddiddordeb mawr. Felly, onid oes gan osodiadau'r moesolwr neu'r diwinydd unrhyw gynnwys 'ffeithiol', prin eu bod yn gymwys i'w hystyried o ddifrif. Ond fe all mai defnydd pleidgar o'r term 'ffeithiol' yw hwnnw. Hwyrach na honnwyd erioed fod y cyfryw iaith yn cyfeirio at ffeithiau *o'r math hwnnw*. Gan hynny, oni ellir rywfodd *ddangos* (yn hytrach na rhagdybio'n unig) mai ffeithiau empeiraidd yw'r unig fath o ffeithiau, ni ddylai'r ffaith na all gosodiadau diwinyddol gyfeirio at ffeithiau empeiraidd eu condemnio *ipso facto* fel rhai diwerth neu ddibwys neu gyfangwbl di-arwyddocâd.

Y mae Ayer yn llygad ei le pan ddywed am iaith y cyfrinydd nad yw'n 'rhoi inni unrhyw wybodaeth am y byd allanol'. Nid yw crefyddwr, wrth sôn am 'Dduw', yn sôn mewn ffordd gudd am y byd. Gwnaethpwyd hynny'n hollol amlwg gan y dadansoddwyr gwireddol, a pheth da fyddai i theistiaid sy'n tybio fod eu hiaith rywfodd yn debyg i iaith gwyddoniaeth ddysgu'r wers honno unwaith ac am byth. Ond nid oes perygl i lawer o theistiaid wneud y camgymeriad hwnnw. Fel y mae Ayer ei hun yn cydnabod, diben hanfodol iaith ddiwinyddol yw sôn am rywbeth 'amgen', tu hwnt i'r 'byd allanol' y gadewir y gwaith o'i ddisgrifio i'r gwyddorau empeiraidd, fel sy'n iawn. Fe erys llawer o rwystrau ar ffordd iaith sy'n gobeithio sôn yn ystyrlon am 'ffeithiau' goruwchnaturiol, fel y gwelwn isod, ond ni fyddwn yn ychwanegu at ein dealltwriaeth o iaith ddiwinyddol trwy ei gwneud hi'n ddadansoddol amhosibl i iaith gyfeirio at unrhyw ffeithiau heblaw rhai gwyddonol, fel y gwna'r dadansoddwyr gwireddol. Y mae buddugoliaethau o'r fath yn rhy hawdd i argyhoeddi neb.

Gwelir diffinio cul, o fath tebyg, yn ymdriniaeth y dadansoddwyr gwireddol ag 'eglurhad'. Rhaid cyfaddef fod yma gryn dipyn o gyfiawnhad dros ymosodiadau trwyadl ar ragdybiaeth gyffredin y theistiaid fod i'w 'heglurhadau' resymeg sydd ar yr un gwastad ag eglurhadau gwyddonol, neu sy'n gwrthdaro â hwy. Y mae hanes yn llawn dadleuon rhwng gwyddoniaeth a chrefydd a seiliwyd ar y camgymeriad hwn — camgymeriad a wnaethpwyd gan amddiffynwyr crefydd wrth ymosod am ddibenion diwinyddol ar eglurhadau gwyddonol, yn ogystal â chan amddiffynwyr gwyddoniaeth wrth wfftio crediniaeth grefyddol ar dir gwyddonol. Ond yn gymaint ag y bu cynhennau o'r fath, rhaid rhoi'r bai ar fethiant i wahaniaethu rhwng ansawdd resymegol eglurhadau gwyddonol a chrefyddol. Y mae angen i lawer o theistiaid gael gwared o'r syniad y gall eu 'heglurhadau' diwinyddol weithredu mewn egwyddor yn yr un modd â rhai'r gwyddonydd. Fe all fod gan yr iaith a ddefnyddir i ddadlau gyda gwyddonwyr am faterion gwyddonol yr un sŵn a'r un eirfa ag iaith ddiwinyddol, ond nid yr un yw eu rhesymeg; mewn cyd-destunau o'r fath y mae'n peidio â bod yn iaith ddiwinyddol ac yn dod yn iaith wyddonol israddol.

Ond os cyfaddefwn y ffaith (sy'n ffaith *resymegol*!) na all iaith am Dduw goruwchnaturiol gyflawni'n addas swyddogaeth eglurhad gwyddonol, a bod llawer o theistiaid yn y gorffennol a'r presennol yn credu'n gyfeiliornus y gall hi, nid oes angen inni ddal yn ogystal na ellir yn gyfreithlon ddiffinio 'eglurhad' ond yn nhermau dulliau gwyddonol o egluro. Y mae'n rhydd i ddyn, os myn, gymryd y safbwynt nad yw unrhyw ddamcaniaeth yn haeddu'r teitl anrhydeddus o 'eglurhad' onid oes iddo nodweddion rhesymegol dull gwyddonol (rhagfynegi, bod yn benodol, ehangu, gogynhwyso). Byddai llawer i'w ddweud o blaid hynny, fel penderfyniad geiriol. Fodd bynnag, nid yw'n ateb y cwestiwn a oes gennym ddulliau rhesymol eraill o sicrhau inni'n hunain y math o ymleoliad mewn damcaniaeth gydlynol ac o hyder ymarferol y gellid, ar olwg wahanol, eu cymryd fel nodweddion diffiniol math ehangach o 'eglurhad', boed wyddonol neu anwyddonol. Hwyrach y byddai'n fuddiol inni wneud gwahaniaeth geiriol rhwng eglurhad gwyddonol (eglurhad A) a phob math arall o eglurhad (eglurhad B) sy'n ateb dibenion tebyg ond heb ddefnyddio'r un meini prawf rhesymegol. Fe all eglurhad B metaffisegol, er enghraifft, osod pwyslais ar fod yn synoptig ac yn gynhwysfawr, ac ar y gyriad rhesymegol a seicolegol tuag at 'gydlyniad', chwedl James[2], i raddau na all technegau eglurol gwyddoniaeth gystadlu â hwy, er eu bod yn fwy penodol — ac yn fwy dibynadwy, fel y gellir ei brofi. A fyddai eglurhad B o reidrwydd yn cefnu ar bob maen prawf rhesymol, gan gynnwys y rhai empeiraidd? Prin y mae hynny'n rheidrwydd mewn egwyddor. Gellid gofyn ynghylch unrhyw eglurhad B faint o'n profiad, o bob math, y mae'n ei gymryd i ystyriaeth; faint o dystiolaeth y mae'n ei anwybyddu neu'n ei lurgunio; pa mor lwyr a pha mor naturiol y gellir ei berthnasu ag eglurhadau A ac ag eglurhadau B eraill; faint o gysondeb rhesymegol sydd ynddo; pa mor gydlynol y mae ei egwyddorion yn cynnal ei gilydd, ac ati.

Fe ddichon y gwelir, yn y pen draw, fod gwerth y naill fath o eglurhad neu'r llall yn dibynnu ar yr hyn y dymunir ei *wneud* ag ef. Os bydd rhywun o'r trofannau'n gofyn imi esbonio pam y mae dŵr yn rhewi (er mwyn osgoi gwaith atgyweirio drud ar ei gar), ni bydd yn fawr o help os traethaf iddo ddarlith ar ddiwinyddiaeth systematig. Ond os yw rhywun yn ymddiddori mewn cylch gwahanol o weithgareddau dynol, mewn trefnu ei fywyd yn ddeallus, er enghraifft, wrth ddewis dibenion personol a chymdeithasol eithaf, yna ni bydd yn rhesymegol briodol imi gynnig eglurhad A yn ymwneud â natur a bydysawd empeiraidd yn nhermau rhyw fformiwla wyddonol (ni waeth faint y gellir ei ragfynegi drwyddi, neu ei ogynnwys ynddi, neu ei hehangu).

Dyma'r cwestiwn erbyn hyn: a yw'r modd hanfodol y mae iaith ddiwinyddol yn cynnig 'egluro' i'w ddeall fel eglurhad A ynteu fel rhyw fath o eglurhad B? Os dangoswyd fod iaith ddiwinyddol yn annealladwy o'i dehongli fel esboniad ffug-wyddonol, nid yw hynny, fe ymddengys, yn cau allan y posibilrwydd fod iddi ryw swyddogaeth wahanol sy'n rhesymol ac yn gyfreithlon. Nid yw'r dadansoddwyr gwireddol yn cydnabod unrhyw swyddogaeth wahanol, ond fe all fod hynny'n dangos rhyw ddiffyg mewn dadansoddi gwireddol yn hytrach nag mewn iaith ddiwinyddol.

II

Y mae dadansoddi gwireddol yn amlygu ei gulni ei hun wrth ymdrin â swyddogaeth iaith grefyddol yn cyfleu arwyddocâd ffeithiol — mewn rhyw ystyr o 'ffeithiol' nas trafodwyd eto — ac â'i swyddogaeth yn darparu 'eglurhadau' mewn rhyw ystyr an-wyddonol o 'eglurhad'. Daw culni tebyg i'r amlwg pan ystyriwn safbwynt y dadansoddwyr gwireddol ynghylch y gosodiadau diwinyddol hynny yr honnir eu bod yn 'rheidiol anwir'. Cyfystyrir paradocs ag ymwrthebiad pur, a dehonglir y termau traddodiadol yn y ffordd fwyaf anffafriol.

Diau nad yw paradocs yn aml yn ddim amgen na ffordd lednais o ddisgrifio ymwrthebiad, ond nid oes raid iddo fod yn hynny bob amser, fel y prysurodd John Wisdom, ac athronwyr cyfoes eraill, i ddangos inni. Weithiau y mae paradocs yn hyrwyddo dealltwriaeth athronyddol neu'n goleuo gwybyddiaeth; ond nid yw'r dadansoddwyr gwireddol yn sylwi ar y ffaith honno. Crynhoir yn y methiant hwnnw lawer o anystwythder y dadansoddi gwireddol, a datgelir llawer o ffynhonnell anhydeimledd yr athroniaeth hon ynghylch ystwythder ffyrdd newydd creadigol o ddefnyddio iaith. Os archwiliwch hanes athroniaeth, mynn Wisdom, fe gewch fod athronwyr tra threiddgar fel petaent yn benderfynol serch hynny o ymwrthebu. Yn ddigon rhyfedd,

> . . . y mae'r anwireddau hyn yn parhau, nid am eu bod yn ddim ond symptomau o anhrefn na ellir ei wella ond am eu bod yn athronyddol fuddiol. Yn hynod iawn, y maent yn athronyddol fuddiol am eu bod yn baradocsau ac felly'n anwireddau. Y maent yn anwir am fod eu hangen lle mae'r iaith gyffredin yn methu . . .[3]

Yn wahanol i ofynion antiseptig y dadansoddwyr gwireddol, sy'n trafod paradocsau fel symptomau o ddryswch ieithyddol pur, fe ddywed Wisdom: 'Dymunaf ddadlau eu bod hefyd yn symptomau o dreiddgarwch ieithyddol'.[4] Ei gymryd o ddifrif yw'r ffordd orau i ddeall paradocs, nid ei wrthod yn ddirmygus heb ei archwilio.

> Yn aml nid ydym yn deall paradocs yn iawn nes inni ei gymryd yn llythrennol i ddechrau, ac yna nodi anawsterau ynglŷn ag ef a glynu ato o achos y rhesymau o'i blaid, a nodi anawsterau drachefn a glynu ato drachefn, a dyfod ar hyd y llwybr hwnnw i gyflwr lle ni'n gwthir bellach i'w ddatgan nac i'w wadu.[5]

Os cydsyniwn i wneud cynnig ar y ffordd goethach hon o ddadansoddi, fe all y darganfyddwn rywbeth nad yw'r dadansoddwyr gwireddol yn gymwys i'w ddarganfod, sef y gall paradocs diwinyddol, megis y rhai a nodwyd gan J. L. Mackie, fod yn achlysur i'n symbylu i roi mynegiant dyfnach i'n diwinyddiaeth ac i gyfoethogi ein hymwybyddiaeth â'n gwerthoedd. Gall paradocsau diwinyddol ein symbylu i barhau i feddwl ac i goethi ein termeg, braidd fel y bu 'paradocsau ymhlygiad ffeithiol (*material implication*)' fel y'u gelwid, yn ysgogiad ffrwythlon i resymegwyr i anelu at ddealltwriaeth mwy cywrain o natur ymhlygiad.

* * * *

Cyfyngir ar resymeg dadansoddiad gwireddol gan nodwedd arall sy'n tueddu i fod ynghlwm ag ef, sef parodrwydd llawer o athronwyr i roi dehongliad cul neu anffafriol o dermau traddodiadol diwinyddiaeth, gan geisio gwthio geiriau a fathwyd ganrifoedd ynghynt i'r eirfa dechnegol gyfoes — a mynegi syndod a braw oherwydd y dryswch rhesymegol a berir!

Y camgymeriad hwn a amlygir yn ymgais ddylanwadol Findlay i brofi ei bod yn rhesymegol amhosibl fod Duw'n bodoli fel 'bodolyn rheidiol' . . .

* * * *

. . . gellir beirniadu Findlay'n effeithiol am seilio'i ddadl ar amryfusedd ynglŷn â dau ystyr i'r gair 'rheidiol', ac am wneud fersiwn arall, yn ddigon rhyfedd, o'r camgymeriad y mae'n ei edliw i'r theistiad. I fod yn hanesyddol deg, rhaid gwahaniaethu rhwng yr ystyr sydd i 'rheidiol' pan ddefnyddir ef yn fetaffisegol i sôn am Dduw, a'i ystyr pan drafodir gosodiadau yn nhermau rhesymeg fodern.

> Nid yr un yw rheidrwydd bodolaeth Duw a rheidrwydd ymhlygiad rhesymegol. I'r rhai sy'n credu ynddo, y mae'n golygu fod Duw'n llwyr ddirweddol, ei fod yn annarfodedig, yn bodoli ohono'i hun neu'n annibynnol ar unrhyw amodau cyfyngus. Y mae'n nodwedd a briodolir i Dduw, nid i'n datganiadau am Dduw.[6]

* * * *

Ond ymhellach, y mae Findlay ei hun wedi cyflawni'r camgymeriad anodd ei ddirnad a gondemnir ganddo. Y mae'n awgrymu fod ei ddadl, am iddo ddangos ei bod yn rhesymegol amhosibl cyfuno'r geiriau 'rheidiol' a 'bodolaeth', wedi profi fod rhaid i bob bodolaeth fod yn ddamweiniol yn unig, ac felly wedi bwrw allan Dduw sy'n bodoli a sydd ar yr un pryd yn wrthrych priodol i ymagweddiad crefyddol. Y mae'n wir na ellir goleddfu 'bodolaeth' â'r ansoddair *rhesymegol* 'rheidiol'; ond yn ôl yr un ddadl ni ellir dweud ychwaith fod 'bodolaeth' yn 'ddamweiniol' yn unig! *Y mae damweiniaeth, fel rheidrwydd, yn rhesymegol briodol i osodiadau'n unig*. Nid yw darganfod fod 'bodolaeth reidiol' yn ddiystyr yn ddarganfyddiad sylfaenol am natur realiti— mai rhaid yw ei fod yn 'ddamweiniol' (sydd wrth gwrs, yn hollol ddiystyr yn ôl y ffordd fodern o ddefnyddio'r gair) — ond y mae'n ein hatgoffa fod realiti sy'n bodoli yr hyn yw heb ganiatâd rhesymeg, prun ai yw'n ddarfodedig ai'n hunan-gynhaliol. Hwyrach fod Findlay yntau yn y fan hon wedi dod i arddel y syniad rhithiol sydd wrth wraidd y ddadl ontolegol, sef y gellir penderfynu rhywbeth am natur realiti trwy resymeg bur. Ond bydd y rhai sy'n gyfarwydd â natur cyfangwbl ddadansoddol rhesymeg yn gweld na ellir mewn egwyddor ateb trwy dechnegau llwyr ddiddwythol Findlay y cwestiwn, a oes mewn realiti fodolyn sy'n achos digonol dros ei fodolaeth ei hun.

Gellir gweld fod gan ddadansoddiad gwireddol derfynau rhesymegol i'w ymdriniaeth â datganiadau ffeithiol ac ag eglurhadau, ac i'w ffordd o ddelio ag agweddau dadansoddol iaith. Nid yw darganfod y terfynau hyn yn cyfiawnhau iaith ddiwinyddol o bell ffordd, ond fe allwn fod yn sicr na fwriwyd hi allan gan resymeg dadansoddiad gwireddol gyn hawdded ag y mae llawer yn ein hamser ni wedi tybio.

III

Beth sydd yn namcaniaethau'r dadansoddwyr gwireddol am ystyr ac iaith sy'n cyfrif am y terfynau a nodwyd gennym ar eu maes a'u heffeithiolrwydd? Fe awgrymir ateb gan y dadansoddiad a gynigiant o wendidau cyffredinol iaith ddiwinyddol.

Cwyn y dadansoddwyr gwireddol yw na ellir anwireddu'n empeiraidd osodiadau diwinyddol; fel canlyniad y maent yn amddifad o ystyr. Fe heriodd Antony Flew'r theistiaid naill ai i ddweud pa ddigwyddiadau penodol fyddai'n anwireddu eu honiadau neu i gyfaddef nad ydynt yn honni dim o gwbl, ac fe esgorodd hynny ar gryn dipyn o drafodaeth werthfawr ymhlith amddiffynwyr iaith ddiwinyddol. Os derbynnir rhagosodiad Flew fod ystyr datganiad bob amser o reidrwydd yn hafal â'r digwyddiadau canfyddadwy y gwireddir neu yr anwireddir ef o'u hystyried, yna y mae sawl dewis rhesymegol yn agored i'r theistiaid, ac y mae i bob un ei ladmeryddion. Dyma'r dewis: datgan fod anwireddu'n berthnasol i osodiadau diwinyddol ond na ellir byth mo'u hanwireddu'n derfynol; dweud na ellir mo'u hanwireddu o gwbl, am nad ydynt yn ddatganiadau o fath yn y byd; barnu eu bod yn ddatganiadau y gellir eu hanwireddu mewn egwyddor ac mewn ffaith; neu honni y gellir eu hanwireddu mewn egwyddor ond nid mewn ffaith.

Y mae Basil Mitchell yn dewis y llwybr cyntaf. Y mae'r drwg, medd ef, yn broblem i theistiaid am yr union reswm fod rhai digwyddiadau'n tueddu i anwireddu datganiadau diwinyddol. Ond bydd agwedd y crefyddwr yn rhwystro unrhyw beth yn y pen draw rhag cyfrif yn *derfynol* yn erbyn ei gredau. Fe all fod y sylwedydd gwyddonol yn fodlon codi'i ysgwyddau a chyfaddef iddo wneud camgymeriad ynglŷn â'i hypothesau empeiraidd, ond y mae natur ffydd ynddi'i hun yn cau allan trin datganiadau diwinyddol fel rhai nad ydynt ond yn 'hypothesau dros dro i'w rhoi heibio os bydd profiad yn mynd yn groes iddynt'.[7]

Canlyniad y farn honno, wrth gwrs, yw y bydd rhoi'r gorau i gred grefyddol bob amser yn weithred a briodolir i 'ddiffyg ffydd', nid yn un a seiliwyd ar dystiolaeth. Ni ellir pennu terfyn yn unman fel bod ffydd yn 'afresymol' neu hyd yn oed yn wallgof y tu hwnt iddo. Y mae R. M. Hare yn derbyn yr ymhlygiad hwn ac yn cyfaddef fod gosodiadau diwinyddol yn cyfrannu o resymeg ynganiadau gwallgofddyn — ond y mae'n lliniaru'r cyfaddefiad hwn trwy fynnu fod rhaid inni oll ddibynnu ar y cyfryw ynganiadau, a elwir ganddo'n '*bliks*'. Pe bai rhywun yn credu â dwysder patholegol fod pob un o gymrodyr colegau Rhydychen yn dirgel gynllunio i'w lofruddio, ni ddarbwyllid ef gan unrhyw nifer meidrol o brofion eu bod mewn gwirionedd yn gyfangwbl ddi-ddrwg. Y mae ei *blik* yn ei rwystro rhag derbyn y gellid anwireddu ei syniad llywodraethol gan ryw brawf. Yr un yw rhesymeg iaith ddiwinyddol. Felly y mae Flew'n dweud y gwir, yn ôl Hare, wrth wadu ei fod yn datgan dim; ond camgymeriad yw iddo dybio y dylai fod gan *blik* yr un swyddogaeth â datganiad. Y mae *blik* arferol, megis cred ddiysgog y rhan fwyaf o bobl y bydd pethau'n parhau i ddigwydd yn rheolaidd yn y dyfodol yr un modd ag yn y gorffennol, yn rhagdyb seicolegol i'n holl ddamcaniaethau a'n gweithgareddau. Ar y cyfrif hwn y mae gosodiadau diwinyddol mewn cwmni aruchel, oherwydd anghywir yw tybio nad yw'n fawr o bwys pa *blik* sydd gennym am nad yw *blik* yn osodiad. 'Y mae Flew wedi dangos nad yw *blik* yn ddatganiad nac yn gyfundrefn o ddatganiadau; ond serch hynny y mae'n bwysig iawn fod gan ddyn y *blik* cywir.'[8]

Y mae barn Hare yn codi ei gwrthwyneb. Fe all fod llawer o theistiaid yn gwbl amharod i gytuno nad ydynt yn datgan dim ag iddo gynnwys empeiraidd pendant pan ddywedant 'Bydd Duw'n gofalu amdanoch', neu, 'Bydd Duw'n parhau i roi ei Ysbryd Glân i'r Eglwys'. Beth am addewidion y Beibl y bydd bywyd sy'n wirioneddol ufudd i egwyddorion Cristnogol yn llawnach o lawenydd, o dangnefedd, o gariad, etc.? Temtir rhai felly i gefnu ar safbwynt annisgrifiadol Hare ac i ddadansoddi gosodiadau diwinyddol fel rhai sydd nid yn unig yn anwireddadwy mewn egwyddor ond hyd yn oed yn derfynol anwireddadwy mewn ffaith. Fodd bynnag, nid yn aml yr arddelir y safbwynt hwnnw'n gyson, am yr union resymau a ddisgrifiwyd gan Flew ei hun. Pa faen prawf sydd gennym i benderfynu a yw rhywun yn 'wirioneddol' fyw yn ôl egwyddorion Cristnogol? Oni ddaw 'ffrwythau'r ysbryd' byth i berson, a yw Duw'n dal ei fendith yn ôl yn unig er mwyn profi'r enaid ewyllysgar? Y mae David Cox, fel y gwelsom eisoes, yn gwadu mai 'gwaith syml' yw gwireddu yn y maes hwn. A allwn fyth fod yn sicr fod ffydd rhywun yn wirioneddol gyflawn, ei ymroddiad yn wirioneddol ddiymatal, onid oedd yr 'arbrawf' yn 'llwyddiant'? Ond onid yw'r goleddfiad hwnnw i bob golwg yn tynnu'n ôl ag un llaw yr hyn a roddwyd â'r llall? Cynigir cariad Cristnogol fel meddyginiaeth i bob un o ddrygau cymdeithasol dynion; oni ddaw llwyddiant yn sgîl yr hyn oedd i'w weld yn ymgais i drin problemau dynion â'r cariad hwnnw, fe ddywedir na roddwyd 'cynnig gwirioneddol' arno. Yn aml iawn, y rhai sy'n taranu uchaf o blaid y safbwynt fod iaith ddiwinyddol yn ffeithiol ddisgrifiadol yw'r rhai sy'n gwrthgilio gyflymaf rhag cyfaddef methiant pan roddir prawf ar eu hoff gredau a'u cael, i bob golwg, yn ddiffygiol.

Y mae'r pedwerydd safbwynt yn cytuno â'r rheini sy'n beirniadu syniadau Mitchell a Hare. Y mae'n mynnu mai datganiadau yw gosodiadau diwinyddol ac y gellir eu hanwireddu mor derfynol ag unrhyw ddatganiad ffeithiol. Ond (fe ychwanegir y goleddfiad hwn) y mae'r anwireddu hwn yn bosibl mewn egwyddor yn unig, nid mewn ffaith, am mai wedi angau'n unig y daw i law, *ex hypothesi*, yr unig dystiolaeth a allai dorri'r ddadl. Dau a faentumiodd hynny'n bur effeithiol yw Ian Crombie a John Hick. Dywed Crombie:

> A oes dim sy'n cyfrif yn erbyn y datganiad fod Duw'n drugarog? Oes, dioddefaint. A oes dim sy'n cyfrif yn derfynol yn ei erbyn? Nac oes, yw ein hateb, am ei fod yn wir. A allai dim gyfrif yn derfynol yn ei erbyn? Gallai, sef dioddefaint oedd yn llwyr, yn dragwyddol ac yn ddiarbed o ddibwynt. A allwn gan hynny lunio arbrawf terfynol? Na allwn, am na allwn ni fyth weld y darlun yn ei grynswth.[9]

Y mae Hick yn talu cryn dipyn o sylw i'r broblem a godir — hyd yn oed i'r rheini sy'n credu mewn bywyd wedi marwolaeth — gan ymadrodd olaf Crombie: 'ni allwn ni fyth weld y darlun yn ei grynswth'. A yw'r ymadrodd hwnnw'n goblygu na cheir fyth trwy dragwyddoldeb cyfan ateb dibynadwy i'r cwestiwn theistaidd? Yr ateb rhannol a gynigir gan Hick yw 'er y byddai profiad, yn ôl pob tebyg, yn dangos fod yna derfyn seicolegol i ffydd, y mae'n bwysig nodi na ellid unrhyw derfyn *rhesymegol*, unrhyw bwynt pendant y byddai i ffydd fynd tu hwnt iddo'n golygu iddi ddod yn afresymol'.[10] Serch hynny, fe ychwanega 'hanfod gwireddu yw cau allan amheuon rhesymol'[11] a phe ceid bywyd wedi marwolaeth, byddai'r profiad cydoddrychol (*intersubjective*) o fodolaeth gymdeithasol yn Nheyrnas Dduw (wedi ei gyfuno, efallai, â phrofiad o'r Weledigaeth Wynfydedig) yn ddigon i wireddu theistiaeth. Gan hynny, y mae modd synied am ba fath o brofiad fyddai'n tueddu i wireddu (ac, a gwrthdroi, fyddai'n anwireddu) datganiadau diwinyddol. Cred Hick, gan hynny, fod iaith ddiwinyddol yn ffeithiol ystyrlon ei rhesymeg serch na ellir yn ymarferol ei hanwireddu yn y bywyd hwn.

Gellir amau a yw fersiwn Hick o swyddogaeth gwireddu, sy'n ei wneud yn ofynnol ar dir seicoleg yn hytrach na rhesymeg, yn hollol addas; ond er gwaethaf y meflau, fe ymddengys fod mwy i'w ddweud o blaid y bedwaredd ddamcaniaeth hon am arwyddocâd rhesymegol anwireddu i iaith ddiwinyddol, *os* yw daliad gwaelodol y dadansoddwyr gwireddol yn gywir, fod pob datganiad yn derbyn ei ystyrlonedd o'i berthnasedd i brofiadau canfodiadol penodol sydd naill ai'n digwydd neu a allai ddigwydd. Y mae cyflwyniad Flew o broblem anwireddu'n dibynnu'n gyfangwbl ar y rhagdyb mai dyna sut y mae hi. Ond y mae trwy hynny'n rhagdybio fod yr egwyddor wireddu'n faen prawf addas ar gyfer ystyr pob datganiad. A dyna'n union y pwynt holl-bwysig — a chyfangwbl waelodol, i'r dadansoddwyr gwireddol — nad oes gennym yr hawl i'w gymryd yn ganiataol.

Fe all fod yr egwyddor wireddu'n ddefnyddiol iawn mewn llawer cyd-destun, ond cam-ddealltwriaeth lwyr yw ei chymryd fel 'y' maen prawf i farnu ystyrlonedd pob iaith. Enghraifft chwithig o ddatganiad sy'n ddiystyr yn ôl prawf yr egwyddor wireddu yw: y datganiad o'r egwyddor wireddu ei hun! Y mae'r gosodiad y ceir ystyr unrhyw ddywediad naill ai mewn rheolau geiriol (os yw'r gosodiad yn ddadansoddol) neu mewn gosodiadau hafal sy'n cyfeirio at brofiadau synhwyrus sy'n digwydd neu a all digwydd (os yw'r gosodiad yn synthetig) yn ymddangos fel pe bai'n datgan ffaith, nid yn cynnig diffiniad neu reol defnyddio iaith. Ond onid yw'r egwyddor wireddu ei hun yn ddadansoddol, pa brofiadau synhwyrus, boent ffeithiau neu bosibiliadau, a allai fod yn berthnasol i'w gwireddu neu i'w hanwireddu? Ni all unrhyw brofiad o'r fath fod yn berthnasol i'r dasg, hyd yn oed mewn egwyddor! Yn wir, ni all y synhwyrau wrthynt eu hunain gymaint ag adnabod y gwahaniaeth rhesymegol elfennol rhwng gosodiadau 'dadansoddol' a 'synthetig' mewn olion ar bapur neu seiniau a ynganwyd gan gorn gwddf; heb sôn am wireddu datganiadau am ansawdd rhesymegol y gwahaniaeth rhyngddynt. Ar sail yr egwyddor wireddu, gan hynny, y mae'r egwyddor wireddu'n amddifad o ystyr llythrennol!

Y mae rhai athronwyr wedi wynebu'r broblem ac wedi derbyn y ddedfryd — ond gan fynnu fod yr egwyddor yn 'lol defnyddiol', os yw'r ddedfryd yn gywir. Y mae eraill wedi gwrthgilio i'r safbwynt mai diffiniad, wedi'r cyfan, yw'r egwyddor wireddu mewn gwirionedd. Ond y mae'r dacteg honno'n golygu fod perffaith ryddid i'r sawl a fynn hynny ddefnyddio 'ystyr' yn ôl confensiynau geiriol gwahanol, gan nad yw diffiniadau ym marn y dadansoddwyr gwireddol yn adroddiadau am 'y byd sydd ohoni'. Ac y mae'r safbwynt cyntaf, wrth agor y dorau i 'lol', yn eu hagor drachefn i'r holl 'us' athronyddol oedd i'w fwrw allan drwy swyddogaeth arbennig dadansoddiad gwireddol. Y mae anghenion yr egwyddor wireddu ei hun yn galw am ddealltwriaeth ehangach o ystyr fydd yn cynnwys ac yn dehongli'r egwyddor honno.

Heb ddamcaniaeth ystyr ehangach y mae'r egwyddor wireddu'n ei difetha ei hun, ond os gellir darparu'r cyfryw ddamcaniaeth, gellir cadw'r egwyddor wireddu fel offeryn defnyddiol i drin iaith sy'n bwriadu cyfeirio at ddigwyddiadau canfyddadwy, neu i benderfynu a yw gosodiadau'n cyfleu gwybodaeth *empeiraidd.* Ond nid yw'r egwyddor wireddu, yn rhinwedd y swydd honno, yn egwyddor sydd rywsut yn barnu pob iaith, gan gynnwys iaith ddiwinyddol, iaith foesol ac ieithoedd an-empeiraidd eraill; y mae'n un offeryn ymhlith eraill, ac fel pob offeryn fe all nad yw'n addas at bob gwaith.

> Y mae a wnelom, gan hynny, nid â maen prawf ystyrlonedd (ffordd o wahanu'r gwenith oddi wrth yr us) ond â maen prawf bod yn empeiraidd (ffordd, fel petai, o wahanu gwenith oddi wrth ŷd, neu haidd, neu reis).[12]

Y mae dadansoddiad gwireddol wedi ei seilio ar yr egwyddor wireddu, ac efallai fod cyfyngder maes yr egwyddor honno'n egluro methiant y ffurf hon o ddadansoddiad ieithyddol i werthfawrogi'r ffaith fod yna amrywiaeth fawr o ffyrdd dealladwy o ddefnyddio iaith na all y maen prawf ystyr hwnnw mo'u trin. Y mae pleidgarwch unplyg y dadansoddwyr gwireddol i'r egwyddor ystyr wireddol wedi esgor ar syniad gresynus o gul am natur a swyddogaeth iaith berffaith ystyrlon. Yn hynny o beth y mae'r dadansoddwyr gwireddol wedi cyfyngu arnynt eu hunain trwy eu haprioriaeth ddogmatig. Gadewch inni ystyried rhai o ffrwythau eu methiant i ddilyn y technegau gwir empeiraidd y mae'r dadansoddwyr gwireddol, yn ddigon eironig, yn ymfalchïo ynddynt fwyaf.

Yn gyntaf, rhagdybir pethau mawr cyn mynd ati i astudio dirwedd iaith; ac ar sail y rhagdybiau hynny gwthir iaith i wely Procrustes o ddamcaniaeth barod. Rhagdybia'r gwireddwyr dadansoddol mai swyddogaeth gyntaf iaith yw cyfleu gwybodaeth. Rhagdybiant fod pob iaith nad yw'n ystyrlon yn y naill ffordd neu'r llall yn 'emosiynol yn unig'. A yw'r holl ragdybiau hynny'n gywir? Ymchwiliad diragfarn a ddylai benderfynu ein hateb, nid anghenion y gyfundrefn athronyddol. Y mae'r ddelwedd a gyfleir gan y dadansoddwyr gwireddol yn rhy debyg i beiriant selsig yn llyncu amrywiaeth fawr o ddarnau o gig ond yn cynhyrchu rhes dwt o *wurst* unffurf. Yn wahanol i beiriannau selsig rhaid i ddamcaniaeth iaith beidio ag anwybyddu gwahaniaethau real yn ei defnydd crai er mwyn i'r peiriant weithio'n esmwyth neu i'r cynnyrch fod yn ddestlus.

Yn ail, y mae'r dadansoddwyr gwireddol yn gweithredu ar sail barn am beth sy'n bwysig, ond heb ei hystyried yn feirniadol. Ânt ati i drafod iaith gyda'u sylw ar rai ffyrdd neilltuol o siarad: y rhai mwyaf nodweddiadol yw brawddegau syml sy'n cyfleu gwybodaeth ffeithiol megis, 'Y mae cinio'n barod,' neu 'Y mae hi'n bwrw glaw'. Yn anad dim, mewn gwyddoniaeth y gwelir y ffordd baradigmatig o ddefnyddio iaith. Felly, bernir gwerth pob swyddogaeth arall sydd gan iaith ar sail y cwestiwn ymhlyg 'I ba raddau y mae'r ffordd hon o ddefnyddio iaith yn cynnal y swyddogaeth "sylfaenol" honno sydd gan iaith?' Y mae dywediadau dadansoddol yn cynorthwyo iaith i gyfleu ffeithiau empeiraidd, ac felly maent yn llwyddo yn y prawf; nid yw eraill yn cyflawni hyd y llathen a osodwyd arnynt ac fe'u gwrthodir, eu cystwyo, neu eu trin yn hollol ddibris.

Byddai ymdriniaeth fwy empeiraidd a llai dogmatig ag iaith yn dangos fod iddi lawer swyddogaeth bwysig heblaw mynegi gosodiadau dadansoddol a rhai sy'n cyfleu gwybodaeth empeiraidd. Yn eu plith ceir swyddogaethau megis gorchymyn, gweithredu a holi. Nid cyfleu gwybodaeth i neb am ffeithiau (hyd yn oed ffeithiau am ddymuniadau'r gorchmynnwr — gall hwnnw fod yn aelod o gadwyn o swyddogion milwrol ac yn rhoi gorchmynion sy'n gyfangwbl groes i'w ddymuniadau'i hun) yw swyddogaeth gorchymyn, ond peri gwneud rhywbeth. Gwneir defnydd ystyrlon o iaith wrth roi gorchmynion — gallwn eu defnyddio'n llwyddiannus er mwyn cyflawni ein hamcanion — ac eto nid yw'r egwyddor ystyr wireddol yn berthnasol iddynt. Os gorchmynnir 'Agorwch y drws', y mae'r ateb 'Profwch hynny!' yn rhesymegol amhriodol, fel yr ateb 'Pa brofiad sy'n digwydd neu a allai ddigwydd a fyddai'n berthnasol i wireddu'r gosodiad hwnnw?' Yn ail, nid yw defnydd gweithredol o iaith yn anghyffredin;

ei swyddogaeth yw *gwneud* rhywbeth. Cyhoeddi rhyfel, datgan yn swyddogol fod ffordd fawr newydd yn agored — gweithredu yw defnyddio iaith mewn ffyrdd felly. Unwaith eto cawn iaith ystyrlon y tu allan i faes rhesymegol yr egwyddor ystyr wireddol. Os dywedir 'Yr wyf yn eich cyhoeddi'n ŵr a gwraig', neu, 'Yr wyf yn enwi'r llong hon yn *Arabella*', nid yw'n briodol i ofyn am wireddu neu anwireddu. Nid i gyfleu gwybodaeth y defnyddir iaith yma, ond i weithredu. Serch hynny, y mae'n iaith ystyrlon. Yn drydydd, nid yw defnyddio iaith i holi yn cyfleu gwybodaeth mewn unrhyw ffordd. Nid yw bob amser yn dweud nad yw'r holwr yn gwybod yr ateb, am y gall nad yw ond yn rhoi prawf ar wybodaeth yr atebwr; nid yw bob amser yn dweud fod arno eisiau ateb, am y gall feddwl nad oes ateb i'r cwestiwn neu fod iddo ateb y byddai'n well ganddo beidio â'i glywed; nid yw cwestiwn bob amser yn gweithredu fel gorchymyn — er fe all yn aml iawn — gan y gellir yngan cwestiwn gan ddyn sydd ar ei ben ei hun, neu'n synfyfyrio, neu heb neb yn gwrando arno. Y mae'r iaith gyffredin yn arddangos ym mhobman ffurfiannau rhesymegol sy'n sylfaenol wahanol i iaith gosodiadau disgrifiadol a ddefnyddir fel ei batrwm gan y dadansoddwr gwireddol; ond serch hynny y mae'r iaith gyffredin yn hollol alluog i gyflawni ei gwahanol ddibenion, a rhaid barnu o'r herwydd ei bod *ar ryw ystyr* yn ystyrlon.

A chrynhoi ergyd y drafodaeth: y mae wedi dangos fod yna feysydd iaith pwysig a drinir yn lletchwith, ar y gorau, gan y dadansoddwyr gwireddol. Gwelsom anelu beirniadaethau o safle'r dadansoddwyr gwireddol yn erbyn iaith ddiwinyddol, ac y mae'n amlwg iawn erbyn hyn ei fod yn gwestiwn agored a barodd y beirniadaethau hynny ystumio yn hytrach nag egluro rhesymeg yr iaith honno, ac os felly, i ba raddau.

Yn sicr ddigon y mae angen inni ailystyried y ddadl fod iaith ddiwinyddol, am ei bod yn hanfodol 'anamgyffredadwy', yn methu hyd yn oed osod cynsail i gred neu i anghred. Y mae honiad Bernard Williams i'r perwyl hwnnw, a nodwyd ym mhennod 3,[13] yn gorffwys, wrth gwrs, ar wirionedd amlwg. Nid oes y fath beth â thrafodaeth berffaith dryloyw o faterion diwinyddol — ac nid oes obaith ychwaith am sôn am Dduw fydd mor ddiymwad o eglur â sôn am fyrddau a chadeiriau. Y mae'r traddodiadau diwinyddol eu hunain yn cydnabod hynny ac yn cymryd camau, yn eu gwahanol ffyrdd, i ddelio â'r broblem. Ond rhaid inni beidio â chyfystyru 'anamgyffredadwy' â 'diarwyddocâd', fel y gwna Williams. Nid oes raid i ddywediad nad yw'n gyfangwbl amgyffredadwy fod yn *gyfangwbl* heb arwyddocâd. Y mae angen i osodiad fod yn ddamcaniaethol amgyffredadwy i'r graddau sy'n dibynnu ar y swyddogaeth a fwriedir iddo. Gall hyd yn oed osodiadau empeiraidd disgrifiadol, gosodiadau am drydan, er enghraifft, aros yn anamgyffredadwy i rai graddau ac eto fod yn ddefnyddiol i ffisegwyr ac i wragedd tŷ. Gallwn gredu neu anghredu'r cyfryw osodiadau er nad ydym yn eu 'deall yn iawn' yn yr ystyr fod gennym afael damcaniaethol llwyr a chyflawn arnynt.

Fel y cawn weld, y mae'r defnydd rhesymegol a wneir o osodiadau diwinyddol yn ddamcaniaethol i raddau pwysig, ond nid oes raid i'r un swyddogaeth honno ddihysbyddu'r defnydd a wneir o iaith ddiwinyddol, yn groes i ragdyb Williams. Ac os defnyddir datganiadau diwinyddol at ddibenion eraill heblaw mynegi cred ddamcaniaethol, yna hyd yn oed pe baent yn ddamcaniaethol anamgyffredadwy i raddau sylweddol, hwyrach y byddai eto fodd i ddefnyddio'r cyfryw iaith yn ystyrlon.[14]

Y mae dadansoddwyr gwireddol yn mynnu cael syniadau eglur ac arwahanol a luniwyd yn ôl trachywiredd rhesymeg a phenderfynedd profiad synhwyrus; ond daethom i amau nad yw hynny'n amod angenrheidiol i bob math o ystyr. Yr unig swyddogaethau ieithyddol a gydnabyddir gan y dadansoddwyr gwireddol fel rhai ystyrlon yw'r rheini sy'n ddefnyddiol er mwyn cyfleu 'ffeithiau' yn yr ystyr cyfyng a arddelir ganddynt; ond yr ydym wedi awgrymu mai arwydd o gulni na ellir mo'i amddiffyn yw hynny. I gael ymdriniaeth mwy addas ar iaith ddiwinyddol rhaid inni roi'r gorau i dechnegau caeth y gwireddwyr dadansoddol a cheisio dull o ddadansoddi ieithyddol fydd yn fwy abl i werthfawrogi'n well amrywiaeth eithriadol swyddogaethau iaith.

Nodiadau

1 Cymh. Charles Stevenson, *Ethics and Language* (New Haven: Yale University Press, 1944), pen. IX.
2 William James, 'The Sentiment of Rationality', *Essays in Pragmatism*, gol. Alburey Castell (Efrog Newydd: Hafner Publishing Co., 1948).
3 J. Wisdom, 'Philosophical Perplexity', yn *Philosophy and Psychoanalysis* (Rhydychen: Blackwell, 1953), t. 50.

[4] *Ibid.*, t. 41.
[5] *Ibid.*, t. 178.
[6] A. C. A. Rainer (Windsor), ateb i erthygl Findlay 'Can God's Existence be disproved?' yn *New Essays in Philosophical Theology*, gol. A. G. N. Flew ac A. MacIntyre (Llundain: SCM Press Ltd, 1955), t. 68.
[7] Basil Mitchell, 'Theology and Falsification', yn *New Essays in Philosophical Theology*, t. 105.
[8] R. M. Hare, yn *New Essays in Philosophical Theology*, t. 100.
[9] Ian Crombie, yn *New Essays in Philosophical Theology*, t. 124.
[10] John Hick, *Faith and Knowledge* (Ithaca, Efrog Newydd: Cornell University Press, 1957) t. 155-156.
[11] Ibid., t. 161.
[12] R. M. Hare, 'Religion and Morals', yn *Faith and Logic*, gol. Basil Mitchell (Llundain: George Allen and Unwin Ltd., 1957), t. 177.
[13] Bernard Williams, 'Tertullian's Paradox', yn *New Essays in Philosophical Theology*.
[14] Cymh. f'erthygl 'Is Language about God Fraudulent?' yn *The Scottish Journal of Theology*, cyfr. 12, rh. 4, Rhagfyr 1959, yn enwedig tt. 351-360.

Gweithiau Ychwanegol

Ceir y datganiad Saesneg clasurol fod iaith ddiwinyddol yn 'llythrennol ddiystyr' yn A. J. Ayer, *Language, Truth and Logic*, ail argr. (Llundain: Victor Gollancz Ltd., 1946). Am anawsterau cyffredinol ynglŷn â'r Egwyddor Wireddu, gw. C. G. Hempel, 'The Empiricist Criterion of Meaning', yn A. J. Ayer (gol.), *Logical Positivism* (Llundain: Geo. Allen & Unwin, 1959). Ynglŷn ag ystyr iaith grefyddol yn gyffredinol, gw. W. A. Christian, *Meaning and Truth in Religion* (Princeton: Princeton University Press, 1964) ac R. S. Heimbeck, *Theology and Meaning* (Llundain: Geo. Allen and Unwin, 1969), sy'n cynnwys llyfryddiaeth ddefnyddiol iawn ar d.22. Yn ddiweddar bu tuedd i ganolbwyntio ar y berthynas rhwng iaith crefydd ac iaith gwyddoniaeth: gw. A. McKinnon, *Falsification and Belief* (The Hague: Mouton & Co., 1970), ac erthyglau M. Hesse ac E. R. McCormac yn *Religious Studies*, 11 (1975). Am drafodaeth o syniadau Wittgensteinaidd ar y pwnc, gw. P. Sherry, *Religion, Truth and Language-Games* (Llundain: Macmillan, 1977), sy'n cynnwys llyfryddiaeth. Yn Gymraeg, gw. D. Z. Phillips, *Athronyddu am Grefydd* (Llandysul: Gwasg Gomer, 1974), ac erthyglau W. L. Gealy a G. Richards yn *Efrydiau Athronyddol* XL (1977), ynghyd ag adolygiad J. FitzGerald o *Athronyddu am Grefydd* (ibid.), ac ateb D. Z. Phillips i'w feirniaid yn *Efrydiau Athronyddol* XLII (1979), t.94 ymlaen.

ADRAN VI

GWYRTHIAU AC ANFARWOLDEB

21. David Hume: *An Enquiry Concerning Human Understanding*, Adran X, rhan I.

[Dyma ran o'r ysgrif glasurol ynghylch problem sy'n codi os diffinir 'gwyrth' fel 'troseddu deddf anian, a hynny gan ewyllysiad arbennig o eiddo'r Duwdod, neu gan ymyrraeth rhyw weithredydd anweledig'. A all dyn gredu'n rhesymol mewn gwyrthiau? Dywedodd Hume y byddai ei ddadl 'yn ddefnyddiol tra pery'r byd', a gwir y gair.]

RHAN I

Y mae, yn ysgrifeniadau'r Dr. Tillotson, ddadl yn erbyn y *presenoldeb real*, ac y mae mor gryno a chymen a chadarn ag y gellir tybio y byddai unrhyw ddadl yn erbyn athrawiaeth sydd mor annheilwng o gael ei gwrthbrofi o ddifrif. Fe gydnebydd pawb o bob plaid, medd y prelad dysgedig hwnnw, nad yw awdurdod, pa un ai o eiddo'r Ysgrythur neu ynteu o eiddo traddodiad, heb ei seilio ar ddim namyn tystiolaeth yr apostolion, y rhai a fu'n llygad-dystion i'r gwyrthiau hynny o waith ein Gwaredwr a ddefnyddiodd ef i brofi ei genhadaeth ddwyfol. Y mae gennym, gan hynny, lai o garn dros wirionedd y grefydd Gristnogol nag sydd gennym dros wirionedd ein synhwyrau; oblegid nid oedd yn fwy hyd yn oed yn awduron cyntaf ein crefydd; ac mae'n amlwg fod yn rhaid iddo leihau wrth ei drosglwyddo oddi wrthynt hwy i'w disgyblion; ac ni all neb ymddiried cymaint yn eu tystiolaeth hwy ag yng ngwrthrych uniongyrchol ei synhwyrau. Eithr ni all carn gwannach byth ddileu carn cadarnach; a chan hynny, petai'r athrawiaeth am y presenoldeb real wedi ei datguddio yn yr ysgrythur yn y modd mwyaf eglur, eto peth union groes i reolau ymresymu cywir fyddai rhoi'n cred iddi. Y mae'n gwrthddweud synnwyr tra nad yw'r ysgrythur a'r traddodiad a honnir yn sylfaen iddi yn dod gerbron gyda'r fath hysbysrwydd ag sy'n perthyn i synnwyr; pan ystyrir hwy fel profion allanol yn unig, heb eu dwyn adre i fynwes pob un gan weithrediad uniongyrchol yr Ysbryd Glân.

Nid oes dim mor gyfleus â dadl derfynol fel hon, sydd o leiaf yn rhwym o roi taw ar gulni ac ofergoel o'r mwyaf trahaus, ac yn ein gwaredu o'u haerllugrwydd amherthnasol. Mi hawliaf innau'r clod o fod wedi darganfod dadl gyffelyb, yr hon, os cywir yw, a fydd yng ngolwg y doeth a'r dysgedig yn ffrwyn bythol ar bob math o amryfusedd ofergoelus, ac a fydd o'r herwydd yn ddefnyddiol tra pery'r byd. Dyma pa mor hir, mi dybiaf, y ceir adroddiadau am wyrthiau a rhyfeddodau yn holl hanes byd a betws.

Diau mai'n hunig arweinydd wrth inni ymresymu am faterion ffeithiol yw profiad; rhaid cyfaddef, er hynny, nad yw'r arweinydd hwn yn hollol anffaeledig, a'i fod mewn rhai achosion yn dueddol i'n tywys ar gyfeiliorn. Byddai'r sawl, yn ein hinsawdd ni, a ddisgwyliai well tywydd unrhyw wythnos ym Mehefin nag yn Rhagfyr, yn ymresymu'n gywir ac yn unol â phrofiad; ac eto'n sicr pan ddêl yr amser, fe all gael ei fod wedi camgymryd. Serch hynny, fe nodwn na fyddai ganddo ar y fath dro ddim cwyn yn erbyn profiad; am fod hwnnw yn gyffredin yn ein rhaghysbysu am yr ansicrwydd, drwy'r anghytundeb hwnnw rhwng digwyddiadau a'i gilydd y dysgwn amdano o ddal sylw yn ddyfal. Ni bydd pob effaith mor sicr â'i gilydd o ddilyn ei hachos tybiedig. Fe geir fod rhai digwyddiadau wedi eu cydgysylltu'n gyson ym mhob gwlad ac ym mhob oes; ceir fod rhai eraill wedi amrywio mwy, ac ar brydiau wedi siomi'n disgwyliadau ni; nes bod, yn ein holl ymresymiadau am faterion ffeithiol, bob gradd o hyder y gellir ei dychmygu, o'r sicrwydd uchaf hyd at y math isaf o amlygrwydd moesol.

Fe rydd dyn doeth ei gred, gan hynny, yn ôl cryfder y carn a fo ganddo. Yn y cyfryw gasgliadau ag a seilir ar brofiad anffaeledig, fe ddisgwylia'r canlyniad gyda'r hyder eithaf, gan ystyried ei brawf blaenorol yn *brawf* cyflawn y daw'r canlyniad hwnnw i fod. Mewn achosion eraill, ymlwybro'n fwy carcus a wna; pwyso a mesur arbrofion gwrthwynebus, ystyried pa ochr a ategir gan y nifer mwyaf o arbrofion, a thueddu i ochri gyda honno, dan amau a phetruso; a phan sefydla'i farn o'r diwedd, ni bydd yn fwy hysbys ganddo na'r hyn a alwn yn briodol yn *debygolrwydd*. Fe fydd pob tebygolrwydd, felly, yn rhagdybied cyferbyniad o arbrofion ac arsylliadau, lle ceir fod y naill ochr yn gwrthbwyso'r llall, ac yn cynhyrchu gradd o hysbysrwydd yn ôl maint ei rhagoriaeth. Nid oes ond gobaith ansicr am unrhyw ganlyniad pan fo cant o enghreifftiau neu arbrofion o blaid y naill ochr a hanner cant o blaid y llall; eithr fe wna cant o arbrofion unffurf, heb ond un i'r gwrthwyneb, esgor yn rhesymol ar radd led gadarn o hyder. Ym mhob achos, rhaid inni gloriannu'r arbrofion gwrthwynebus, lle bônt wrthwynebus, a thynnu'r nifer lleiaf oddi wrth y nifer mwyaf, er mwyn gwybod union rym yr hysbysrwydd trechaf.

A chymhwyso'r egwyddorion hyn at enghraifft neilltuol, fe nodwn nad oes math o ymresymu sy'n fwy cyffredin, yn fwy defnyddiol, ie, ac anhepgor i'r bywyd dynol, na hwnnw a geir oddi wrth dystiolaeth dynion, ac oddi wrth adroddiadau llygad-dystion a gwylwyr. Fe wedir, ond odid, mai ar gydberthynas achos ac effaith y seilir y math hwn o ymresymu. Ni wnaf i ddim ymddadlau ynghylch gair. Digon fydd nodi nad yw ein hyder, mewn ymresymiad o'r fath, yn tarddu o unrhyw egwyddor amgen na'n bod wedi sylwi fod tystiolaeth ddynol yn eirwir, ac mai cytuno ag adroddiadau tystion a wna ffeithiau fel arfer. Gan mai gwireb gyffredinol yw, nad oes rhwng gwrthychau a'i gilydd ddim cyswllt y gellir ei ddarganfod, a bod yr holl gasgliadau y gallwn eu tynnu oddi wrth y naill at y llall heb sail amgen na'n profiad ni o'u bod yn cyd-fynd â'i gilydd yn gyson a rheolaidd; mae'n amlwg na ddylem eithrio o'r wireb hon dystiolaeth ddynol, sydd â'i chysylltiad ag unrhyw ganlyniad, yn ôl pob golwg, mor brin o fod yn rheidiol â'r un arall. Pe na bai'r cof yn afaelgar i ryw raddau; pe na bai gan ddynion yn gyffredin ogwydd at wirionedd ac elfen o onestrwydd; pe na wyddent oddi wrth gywilydd pan gaent eu dal mewn anwiredd: pe na bai *profiad*, meddaf, wedi darganfod fod y rhain yn gyneddfau ar y natur ddynol, ni wnaem byth goelio dim ar dystiolaeth ddynol. Nid oes gan ddyn gorffwyll, neu enwog am anwiredd ac ysgelerder, ddim awdurdod o fath yn y byd gyda ni.

Ac fel mai ar brofiad o'r gorffennol y seilir y carn a geir oddi wrth dystion a thystiolaeth ddynol, felly yn ôl y profiad yr amrywia, gan gael ei ystyried yn *brawf* neu ynteu'n *debygolrwydd*, yn ôl fel y cafwyd mai cyson neu amrywiol a fu'r cyfuniad o unrhyw fath neilltuol o adroddiad ag unrhyw fath o wrthrych. Ym mhob dyfarnu o'r math hwn y mae amryw o amgylchiadau i'w hystyried; ac ymhob achos, oddi wrth brofiad ac arsylliad y ceir y safon eithaf sydd gennym i dorri pob dadl yn eu cylch. Lle bo'r profiad hwn heb fod yn hollol unffurf ar y naill ochr neu'r llall, yna fe ganlyn anghytundeb anochel yn ein dyfarniadau, a'r un gwrthgyferbynnu dadleuon, a'r naill yn dileu'r llall, fel a geir gyda phob math arall o garn. Fe betruswn yn fynych am yr hyn a adroddir gan eraill. Rhoddwn yn y glorian yr amgylchiadau gwrthwyneb a fo'n achosi amheuaeth neu ansicrwydd; a phan gawn fod y naill ochr yn drechaf, fe ogwyddwn tuag ati; eithr bob amser gyda hynny'n llai o hyder ag sydd o rym gan ei gwrthwynebydd.

Fe all hyn o anghydfod rhwng carn a charn, yn y cyswllt presennol, darddu oddi wrth amryw o achosion gwahanol: tystiolaeth sy'n groes i dystiolaeth arall; cymeriad neu nifer y tystion, a'r modd y rhoddant eu tystiolaeth; neu'r holl amgylchiadau hyn gyda'i gilydd. Fe â unrhyw fater ffeithiol yn amheus gennym: pan fo'r tystion yn gwrthddweud ei gilydd; pan na fônt ond ychydig, neu o gymeriad amheus; pan fo a wnelo'r hyn a haerant â hwy eu hunain; pan roddant eu tystiolaeth yn betrusgar neu, i'r gwrthwyneb, gan ymdaeru'n rhy angerddol. Y mae llawer o fanylion cyffelyb, a all leihau neu ddileu grym unrhyw ddadl a geir oddi wrth dystiolaeth ddynol.

Bwrier, er enghraifft, fod naws anghynefin a rhyfeddol ar y ffaith yr amcana'r dystiolaeth ei sefydlu; os yw felly, fe fydd y carn a geir oddi wrth y dystiolaeth yn wannach i'r graddau y bydd y ffaith yn fwy anarferol. Nid yw ein rheswm dros roi coel o gwbl ar dystion a haneswyr yn tarddu oddi wrth unrhyw gysylltiad a ganfyddwn *a priori* rhwng tystiolaeth a gwirionedd, ond am ein bod yn gyfarwydd â'u cael yn cyd-fynd â'i gilydd. Eithr pan fo'r ffaith y tystir iddi o fath a ddaeth yn anfynych i'n sylw, daw ymryson rhwng dau brofiad gwrthwynebus; bydd y naill yn dileu'r llall, mor bell ag yr â ei rym, ac ni all y trechaf ddylanwadu ar y meddwl ond â'r grym sy'n weddill. Y mae'r un egwyddor brofiadus yn union, ag a rydd inni radd o hyder mewn tystiolaeth tystion, yn rhoi inni, yn y cyswllt hwn, radd hefyd o hyder yn erbyn y ffaith yr amcanant ei sefydlu; ac o'r gwrthddweud hwn fe gyfyd o reidrwydd fod coel ac awdurdod yn gwrthbwyso ac yn dileu ei gilydd.

Yr oedd dihareb yn Rhufain, *Ni choeliwn mo'r fath hanes o enau Caton ei hun*, a hynny tra oedd y gwlatgarwr athronyddol hwnnw eto'n fyw. Dyna addef y câi anhygoeledd ffaith ddirymu awdurdod mor fawr.

Yr oedd y tywysog yn India a wrthododd gredu'r adroddiadau cyntaf am effeithiau rhew, yn ymresymu'n gywir; ac yn naturiol fe fu angen tystiolaeth gref iawn i gael ganddo goelio ffeithiau a godai o gyflwr natur nad oedd ef yn gynefin ag ef, ac a oedd mor bell o gydweddu â'r canlyniadau hynny yr oedd ganddo brofiad cyson ac unwedd ohonynt. Er nad oeddent yn groes i'w brofiad, nid oeddent yn gytunol ag ef chwaith.

> (Mae'n amlwg na allai fod Indiad wedi cael profiad nad oedd dŵr yn rhewi mewn hinsoddau oer. Gosod natur mewn sefyllfa lwyr anhysbys iddo ef yw hyn; ac amhosibl yw iddo wybod *a priori* beth a ddaw ohoni. Gwneud arbrawf newydd ydyw, peth y bydd ei ganlyniad bob amser yn ansicr. Gellir weithiau ar sail cydweddiad ddyfalu beth a ddaw; eithr dyfalu, fydd, a dyna i gyd. Rhaid cyfaddef hefyd fod y canlyniad yma, yn achos rhewi, yn groes i reolau cydweddiad, ac yn un na ddisgwyliai Indiad rhesymol mo'i debyg. Nid yn raddol, fesul gradd o oerni, y bydd oerfel yn gweithio ar ddŵr; eithr pan ddêl at bwynt rhewi, fe â'r dŵr mewn eiliad o'r hylifrwydd eithaf i galedwch llwyr. Fe geir, gan hynny, alw y fath ganlyniad yn *anghyffredin*, ac mae'n rhaid wrth dystiolaeth led gadarn i'w wneud yn gredadwy i bobl mewn hinsawdd gynnes. Serch hynny, nid *gwyrthiol* mohono, ac nid yw'n groes i brofiad unwedd o hynt natur lle bo'r un amgylchiadau i gyd yn bresennol. Y mae trigolion Swmatra wedi gweld dŵr bob amser yn hylif yn eu hinsawdd hwy, ac iawn yw ystyried mai rhyfeddol o beth fyddai i'w hafonydd hwy rewi. Eithr ni welsant erioed ddŵr yn ystod y gaeaf yn Rwsia; a chan hynny ni allant yn rhesymol fod yn bendant am beth fyddai'r canlyniad yno.)

Eithr i amlhau'r tebygolrwydd yn erbyn tystiolaeth tystion, bwriwn fod y ffaith a haerant, yn lle bod yn rhyfeddol yn unig, yn hytrach yn wir wyrthiol; bwriwn hefyd fod y dystiolaeth, o'i hystyried ar wahân ac ynddi ei hun, yn ddigon i'w chyfrif yn brawf cyfan; yna, fe fydd prawf yn erbyn prawf, a rhaid i'r cryfaf orchfygu, ond hynny eto gyda chymaint o leihad o rym ag a fo o rym gan ei wrthwynebydd.

Toriad ar ddeddfau natur yw gwyrth; a chan mai profiad safadwy a dianwadal sydd wedi sefydlu'r deddfau hyn, mae'r prawf yn erbyn gwyrth, oblegid union natur y ffaith, mor gyfan ag y gellir byth ddychmygu y byddai prawf oddi wrth brofiad. Pam y mae hi'n fwy na thebygol: fod yn rhaid i bob dyn farw; na all plwm ohono'i hun aros ynghrog yn yr awyr; fod tân yn ysu pren, ac yn cael ei ddiffodd gan ddŵr? Onid oblegid cael bod y canlyniadau hyn yn gytunol â deddfau natur, a bod angen torri'r deddfau hyn, angen gwyrth, mewn geiriau eraill, i'w hatal? Ni chyfrifir yn wyrth ddim a ddigwyddo yn hynt gyffredin natur. Nid gwyrth yw fod dyn sy'n ymddangos yn ei iechyd yn marw yn ddisymwth; oblegid er bod y fath farwolaeth yn fwy anghyffredin nag unrhyw fath arall, fe nodwyd iddi ddigwydd yn fynych. Eithr gwyrth fyddai fod dyn marw yn dod yn fyw; oherwydd ni nodwyd mo hynny erioed mewn un oes na gwlad. Rhaid felly fod profiad unwedd yn erbyn pob digwyddiad gwyrthiol, neu ynteu ni haedda'r digwyddiad mo'i alw yn wyrthiol. A chan fod profiad unwedd yn ddigon i'w gyfrif yn brawf, dyma *brawf* uniongyrchol a chyflawn oddi wrth natur y ffaith, yn erbyn bodolaeth unrhyw wyrth; ac ni ellir na dileu'r fath brawf na gwneud y wyrth yn gredadwy ond â phrawf gwrthwyneb a fo drech.

(Dichon weithiau nad *ymddengys* canlyniad, *ynddo'i hun*, yn groes i ddeddfau natur, ac eto, pe digwyddai mewn gwirionedd, efallai y gelwid ef yn wyrth oherwydd rhyw amgylchiad; oblegid ei fod yn *ffeithiol* groes i'r deddfau hyn. Felly, pe bai i berson a hawliai awdurdod ddwyfol orchymyn: i berson claf fod yn iach, i ddyn holliach syrthio'n farw, i'r cymylau arllwys glaw, i'r gwyntoedd chwythu, yn fyr, ped archai lawer o ganlyniadau naturiol, a'r rheini'n digwydd yn syth ar ôl ei orchymyn; cywir fyddai cyfrif y rhain yn wyrthiau, am eu bod mewn gwirionedd, yn yr achos hwn, yn groes i ddeddfau natur. Oblegid os erys unrhyw amheuaeth mai damwain oedd i'r canlyniad a'r gorchymyn gyd-ddigwydd, yna nid oes na gwyrth na throseddu deddfau natur. Ond os disodlir yr amheuaeth hon, y mae'n amlwg fod yna wyrth a throsedd yn erbyn y deddfau hyn; oherwydd ni all dim fod yn fwy croes i natur na bod llef neu archiad dyn yn dylanwadu fel yna. O'i ddiffinio'n fanwl, *troseddu deddf natur* yw gwyrth, a hynny *gan ewyllysiad arbennig o eiddo'r Duwdod, neu gan ymyrraeth rhyw weithredydd anweleledig*. Fe all gwyrth fod neu beidio â bod yn un y gall dynion ei darganfod. Ni wna hynny wahaniaeth i'w natur a'i hanfod. Y mae codi tŷ neu long i'r awyr yn wyrth weledig. Y mae codi pluen, pan na fo nerth y gwynt ond y dim lleiaf yn fyr o fod yn ddigon i wneud hynny, yn wyrth yr un mor wirioneddol, er nad yw mor hawdd i'n synhwyrau ni ei chanfod.)

Fe ganlyn yn amlwg (ac y mae hon yn wireb gyffredinol a theilwng o'n sylw): 'Nad yw unrhyw dystiolaeth yn ddigon i gadarnhau gwyrth, onid yw'r dystiolaeth yn gyfryw fel y byddai iddi fod yn ffals yn fwy gwyrthiol na'r ffaith y mae'n ceisio ei chadarnhau; a hyd yn oed ar hynny o dro fe fydd dadl a gwrthddadl yn dileu ei gilydd, a'r drechaf ohonynt heb roi inni onid hynny o hyder a gyfetyb i'r radd o rym a erys wedi tynnu'r wannaf i ffwrdd.' Pan ddywedo rhywun wrthyf iddo weld adfer dyn marw i fywyd, mi ystyriaf ar unwaith ynof fy hun pa un sydd fwyaf tebygol, ddarfod i'r person hwn dwyllo neu gael ei dwyllo, ynteu i'r ffaith y mae'n ei hadrodd ddigwydd mewn gwirionedd. Mi roddaf y naill wyrth yn y fantol gyferbyn â'r llall, a datgan fy nyfarniad yn ôl y rhagoriaeth a ganfyddaf, gan wrthod bob amser y wyrth a fo fwyaf. Pe bai i'w dystiolaeth ef fod yn ffals fod yn fwy gwyrthiol na'r digwyddiad y mae'n dweud amdano, yna, ac nid ynghynt, y gall gymryd arno awdurdod i bennu beth a gredaf neu a farnaf i.

22. P. T. Geach: 'Anfarwoldeb', yn *God and the Soul* (Llundain: Routledge & Kegan Paul, 1969)

[Dyma ymdriniaeth â dwy fersiwn gyfarwydd o'r gred mewn anfarwoldeb ac â'r problemau athronyddol sydd ynghlwm â hwy.]

Mae pawb yn gwybod fod dynion yn marw, ac er bod y rhan fwyaf ohonom wedi darllen yr hysbyseb sy'n dweud 'Dim marw i filiynau sy'n awr yn fyw', y mae'n gred gyffredin y bydd i bob dyn anedig farw ryw ddydd. Ac eto, mae hanes yn dweud fod llaweroedd wedi credu fod yna fywyd wedi marwolaeth, ac yn wir ei fod yn fywyd di-derfyn. Hynny yw: fe fu cred gyffredin fod dynion yn *goroesi* marwolaeth eu cyrff, a hefyd eu bod yn *anfawrol*.

Yn awr, fe allai athronydd ymddiddori'n arbennig mewn anfarwoldeb yn hytrach na mewn goroesiad; a chan ganiatáu, er mwyn y ddadl, ein bod yn goroesi, fe allai godi ac ystyried anawsterau cysyniadol ynglŷn â goroesiad *di-derfyn*. Ond ni all gymaint â chodi cwestiwn anfarwoldeb onid yw dynion yn goroesi marwolaeth eu cyrff; ac fel y cawn weld, y mae anawsterau sylweddol ynglŷn â goroesiad hyd yn oed. Dyna'r anawsterau y byddaf yn eu trafod, nid y rhai arbennig ynglŷn â goroesiad diderfyn.

* * * *

Pan yw *athronwyr* yn sôn am fywyd wedi marwolaeth, maent gan amlaf yn meddwl am athrawiaeth y gellir ei galw'n un Blatonaidd — ceir ei hanfodion yn y *Phaidon*. Gellir ei mynegi'n gryno fel hyn: 'Mae cyfansoddiad pob dyn yn cynnwys rhywbeth hollol anfaterol, sef ei feddwl a'i enaid. Y meddwl sy'n gweld ac yn teimlo ac yn meddwl ac yn dewis — sy'n ymwybod, mewn gair. Y meddwl yw'r person; mae'r corff yn perthyn yn ddamweiniol i'r person, fel siwt o ddillad. Er bod y corff a'r meddwl yn effeithio y naill ar y llall, mae bodolaeth y meddwl yn hollol annibynnol ar fodolaeth y corff; ac felly nid oes unrhyw reswm pam na ddylai'r meddwl barhau i fod yn ymwybodol am gyfnod amhendant o hir wedi marwolaeth y corff, a hynny hyd yn oed heb ei gysylltu byth eto ag unrhyw gorff yn y ffordd y cysylltir ef ar hyn o bryd.'

Mae'r athrawiaeth Blatonaidd hon yn apelio'n gryf, ac y mae dadleuon llawn perswâd o'i phlaid. Ar yr olwg gyntaf, y mae'n dybiaeth ddealladwy y byddaf yn parhau wedi fy marwolaeth i gael profiadau o'r un mathau ag yr wyf yn eu cael yn awr, hyd yn oed os byddaf heb gorff o gwbl y pryd hwnnw. Oherwydd er y cysylltir y profiadau hyn â phrosesau yn y y corff — fel y cysylltir gweld, er enghraifft, â phrosesau yn y llygaid, y nerfau optig, a'r ymenydd — serch hynny, nid oes rhaid inni feddwl yn nhermau'r cysylltiad — gwaith hawdd yw synied am rywun heb lygaid yn cael y profiad a elwir gweld. Byddai'n cael yr un profiad â minnau, sydd â llygaid gennyf, ac fe wn i pa fath o brofiad yw hwnnw, oherwydd fy mod i'n cael y profiad.

Ystyriwn y dadleuon hynny'n awr. Os gellir defnyddio gair i

sefyll dros brofiad preifat, fel y geiriau 'gweld' neu 'poen', diau fe'n temtir i dybio mai profiad preifat hefyd yw rhoi ystyr i'r geiriau hyn, ac yn wir eu bod yn cael eu hystyr oddi wrth y profiadau y maent yn sefyll drostynt, ac nid o ddim byd arall. Ond mewn gwirionedd, nonsens yw hynny: os yw brawddeg a glywaf neu a lefaraf yn cynnwys y gair 'poen', a fyddaf yn fy helpu fy hun i ddeall ei hystyr trwy roi poen i mi fy hun? I'r gwrthwyneb, oni allai hynny dueddu i dynnu fy sylw oddi ar y gair? Fel y dywedodd Wittgenstein, mae meddwl eich bod yn dysgu'r cysyniad o boen trwy gael poen, fel meddwl eich bod yn dysgu'r cysyniad o swm negyddol trwy fynd i ddyled yn y banc. Defnyddiwn ein cysyniadau o weld, o glywed, o boen, o ddicter, ac ati, i ddisgrifio bodau dynol yn y lle cyntaf; rydym yn barod iawn i'w hestyn i ddisgrifio (dyweder) cathod, cŵn, a cheffylau, ond y mae eu hestyn i greaduriaid estron iawn, a sôn am wlithen yn clywed neu am forgrugyn yn digio, yn peri anesmwythyd inni, ac iawn hynny. A wyddom ddim am beth fyddai defnyddio'r fath gysyniadau mewn perthynas â bod anfaterol? Na wyddom.

Mae'n demtasiwn i osgoi anawsterau trwy ddweud: 'Mae ysbryd anfaterol yn ddig, neu mewn poen os yw'n teimlo'r *un ffordd* â minnau pan fyddaf finnau'n ddig neu mewn poen.' Ond, fel y dywedodd Wittgenstein, mae hynny'n union yr un fath â dweud: 'Wrth gwrs fy mod i'n gwybod beth yw bod yn bump o'r gloch ar yr Haul: mae'n bump o'r gloch ar yr Haul yr union eiliad y mae'n bump o'r gloch yma!' — ateb nad ydym fawr elwach o'i gael. Os oes anhawster ynglŷn â symud o 'Rwyf fi mewn poen' neu 'Mae Smith mewn poen' at 'Mae 'na ysbryd anfaterol mewn poen', yna mae llawn cymaint o anhawster ynglŷn â symud o 'Mae Smith yn teimlo'r un ffordd â minnau' at 'Mae yna ysbryd anfaterol yn teimlo'r un ffordd â minnau'.

Mewn gwirionedd, y cwestiwn yw a yw profiad preifat yn ddigon, fel y tybir yma, i roi ystyr i ferf seicolegol fel 'gweld'. Nid wyf yn ceisio amau bodolaeth profiadau preifat; wrth gwrs nad yw dynion yn llefaru pob un o'u meddyliau nac yn mynegi pob un o'u poenau; wrth gwrs y gallaf weld rhywbeth heb ddangos hynny trwy f'ymddygiad; ac nid wyf am wanychu'r gosodiadau hynny trwy fynd i hollti blew gyda'r neo-ymddygiaethwyr. Ond nid yw'n gwestiwn a yw gweld (weithiau) yn brofiad preifat, ond a ellir rhoi ystyr i'r ferf 'gweld' trwy weithred breifat na ellir mo'i gwirio; a dyna'r hyn y maentumiaf fi na ellir ei wneud i unrhyw air o gwbl.

Dyma un ffordd o ddangos na all rhoi ystyr i air fod yn weithred breifat anwiriadwy: Gallwn dderbyn gair rhywun fod ymadrodd wedi rhoi rhyw brofiad preifat iddo — e.e., wedi ennyn atgof poenus, wedi symbylu delwedd weledol, neu wedi peri gwefr ym mhwll ei stumog. Ond ni allwn dderbyn ei air ei fod wedi rhoi ystyr i'r ymadrodd, hyd yn oed os derbyniwn ei fod yn siarad yn ddidwyll; oherwydd gall digwyddiadau diweddarach ein hargyhoeddi ei fod mewn gwirionedd wedi methu rhoi unrhyw ystyr i'r ymadrodd. Gan hynny, ni ddylid uniaethu rhoi ystyr i ymadrodd ag unrhyw brofiad preifat a ddaw gyda'r ymadrodd, ac rwyf wedi dadlau yn erbyn hynny nid trwy ymosod ar y syniad o brofiadau preifat, ond trwy wrthgyferbynnu rhoi ystyr i ymadrodd â rhai profiadau preifat nodweddiadol a all fod yn gysylltiedig â'r ymadrodd.

Rydym yn rhoi ystyr i eiriau — boent yn eiriau seicolegol megis 'gweld' a 'poen', neu'n eiriau eraill — trwy ymgynefino â ffordd o'u defnyddio; ac er y gall dyn ddyfeisio iddo'i hun ffordd o ddefnyddio gair, mae'n rhaid iddi fod yn ffordd y *gallai* pobl eraill ei dilyn — onide, dyma ni wedi dychwelyd at y syniad o roi ystyr trwy weithred breifat anwiriadwy. Wel, sut yr ydym o'r diwedd yn defnyddio geiriau megis 'gweld', 'clywed', 'teimlo', wedi inni ymgynefino â'r ffordd o'u defnyddio? Nid ydym yn arfer y cysyniadau hynny'n unig fel ag i ddethol achosion o weld ac ati ym mydoedd gwahanedig ein profiadau synhwyrus; i'r gwrthwyneb, defnyddir y cysyniadau hynny mewn cysylltiad â llu o gysyniadau eraill sy'n perthyn, e.e., i nodweddion ffisegol yr hyn a welir ac i ymddygiad y sawl sy'n gweld. Nid wyf trwy ddweud hynny'n cynnig damcaniaeth; nid wyf ond yn eich atgoffa o nodweddion cyfarwydd iawn o'r ffordd bob dydd o ddefnyddio'r ferf 'gweld' ac ymadroddion a berthyn iddi; byddai ein sôn arferol am weld yn peidio â bod yn ddealladwy pe alltudid ohono ymadroddion megis 'Ni allaf weld, mae'n rhy bell', 'Tynnais ei sylw', 'Paid ag edrych yn ôl', etc., Peidiwch â gadael i fwgan ymddygiadaeth eich dychryn rhag sylwi ar y nodweddion hyn; nid wyf yn gofyn i chwi gredu fod 'gweld' ei hun yn air am fath o ymddygiad. Ond gellir cynnal y cysyniad o weld yn unig am fod iddo linynnau sy'n ei gysylltu â'r cysyniadau eraill anseicolegol hynny; torrwch ddigon o'r llinynnau, ac fe ddymchwelir y cysyniad o weld.

Gallwn weld yn awr yr anawsterau a greir o geisio defnyddio cysyniadau megis *gweld* a *theimlo* i ddisgrifio ysbrydion anghorfforedig. Gadewch imi roi enghraifft o achos pan ddymchwelwyd cysyniad seicolegol trwy dorri ei gysylltiadau. Dan ddylanwad math arbennig o hysteria honnai'r cleifion eu bod yn synhwyro magnetedd; ond fe ddarganfuwyd fod eu honiad eu bod yn profi synhwyriadau magnetig yn cyd-fynd nid â phresenoldeb magnet yn eu hamgylchfyd, ond yn unig â'u cred fod magnet yn bresennol. Nid oedd y seicolegwyr yn dweud yn sgîl hynny: 'Gallwn dderbyn gair y cleifion eu bod yn profi synhwyriadau hynod — ond fod yr ymadrodd "synhwyriadau magnetig" yn amhriodol, gan ei fod yn seiliedig ar hypothesis anghywir am yr achos.' I'r gwrthwyneb, o hynny allan cymerwyd adroddiadau'r cleifion am synhwyriadau magnetig fel enghreifftiau o'r pethau rhyfedd y mae cleifion hysterig yn eu dweud weithiau, ac anwybyddwyd hwy. Yn awr, yn yr achos hwnnw fe dorrwyd llawer llai o gysylltiadau cyffredin cysyniad o synhwyriad nag a dorrid petaem yn ceisio defnyddio cysyniad o deimlad, megis gweld, i ddisgrifio ysbryd anghorfforedig.

Os tynnwn y casgliad nad yw priodoli synhwyriadau a theimladau i ysbryd anghorfforedig yn gwneud synnwyr, nid yw'n canlyn yn amlwg, fel y gallech feddwl, fod rhaid inni wadu'n llwyr bosibilrwydd ysbrydion anghorfforedig. Roedd Acwinas, er enghraifft, yn argyhoeddedig fod yna ysbrydion anghorfforedig, ond rhai na allent na gweld na chlywed, na theimlo poen nac ofn na dicter; nid oedd am briodoli iddynt unrhyw weithgareddau meddyliol heblaw meddwl ac ewyllysio. Byddai ysbrydion colledig yn dioddef o rwystro eu hewyllys anfad, ond nid o gurau a phoenau ac arogleuon drewllyd, etc. Fe awn yn rhy bell o'm ffordd pe gofynnwn a oedd ganddo resymau da dros gredu hynny; rwyf am ddangos beth yw canlyniadau'r farn honno. Yn ein bywyd dynol y mae meddwl a dewis wedi eu cysylltu mewn rhwydwaith ddyrys â symudiadau di-ball synhwyriadau a delweddau meddyliol ac emosiynau; wedi oes o feddwl ac o ddewis yn y ffordd ddynol honno, os gadewir dim ond meddwl anghorfforedig â'i feddyliau'n hollol ansynhwyrus a'i ddewisiadau rhesymol yn amddifad o unrhyw deimladau dynol — a gawn ni ddal i ddweud fod yr un person yn aros? Na chawn, yn sicr: nid y person a fu farw yw enaid o'r fath, ond gweddill ohono. A dyna'n union yr hyn a ddywed Acwinas (yn ei esboniad o I Corinthiaid 15): *anima mea non est ego*, nid myfi yw f'enaid: ac os eneidiau'n unig a achubir, nid achubir *myfi*, nac unrhyw ddyn arall. Rhywbryd wedi marwolaeth Peter Geach, os bydd yna unwaith eto ddyn y gellir ei uniaethu fel Peter Geach, yna bydd Peter Geach yn fyw unwaith eto, neu o hyd. Onide, ni bydd.

Er nad Peter Geach fyddai gweddill meddyliol oedd wedi goroesi a chadw rhyw fath o ddidoriant corfforol â'r dyn a adwaenech, eto nid yw hynny'n dangos fod cymaint â hynny o oroesiad yn amhosibl; ond y mae ei bosibilrwydd yn codi anawsterau difrifol, a chaniatáu hyd yn oed y gellir mewn gwirionedd synied am y fath feddwl ac ewyllysio annynol. Oherwydd meddwl *pwy* fyddai hwnnw? A allem ddweud ai *un* ai *llawer* o ysbrydoedd anghorfforedig oedd yn meddwl y meddyliau dan sylw? Rydym yn cyffwrdd yma â'r hen broblem: beth sy'n golygu fod yna ddau feddwl anghorfforedig (hynny yw, ar yr un pryd)? Wel, beth sy'n golygu fod yna ddwy geiniog? Gall ddigwydd fod un geiniog yn gam ac yn rhydlyd ac un arall mewn cyflwr newydd sbon; ond ni ddichon mai'r gwahaniaethau hynny sy'n gwneud i'r ddwy geiniog fod yn ddwy — ni allai eu rhawdiau fod yn wahanol felly onid oeddent eisoes yn wahanol y naill i'r llall. Yn yr un modd, ni allai gwahaniaeth atgofion neu amcanion sefydlu'r gwahaniaeth rhwng dau feddwl anghorfforedig; ni ellid ond eu hychwanegu at wahaniaeth oedd yn bodoli eisoes. Beth sydd yn sefydlu'r gwahaniaeth rhwng dau feddwl dynol anghorfforedig? Oni allem ddarganfod unrhyw egwyddor wahaniaethol, yna nid yn unig y byddai'r hyn oedd wedi goroesi yn ddim amgen na gweddill person, ni fyddai cymaint ag unigoliaeth wedi goroesi.

A allem ddweud fod eneidiau'n wahanol am eu bod yn y lle cyntaf yn eneidiau cyrff gwahanol, a'u bod o'r herwydd yn parhau'n wahanol pan nad ydynt mwyach mewn cyrff? Ni chredaf y gwnai'r ateb hwnnw mo'r tro o gwbl pe bai'r gwahaniaethu ar sail gwahaniaeth cyrff yn cydnabod y gorffennol yn unig. Fe allai fod fel arall pe daliem, fel Acwinas, nad oedd y berthynas â chorff yn cyfeirio at y gorffennol yn unig — fod pob un enaid dynol anghorfforedig yn cadw am byth y gallu i gael ei aduno â chorff o fath a fyddai'n ailsefydlu dyn y gellid ei uniaethu â'r dyn a fu farw. Fe allai hynny fod yn esboniad boddhaus o'r modd yr unigolir eneidiau dynol anghorfforedig; a byddent yn wahanol trwy iddynt fod yn gymwys i'w haduno â gwahanol gyrff; ond fe oblygai'r esboniad fod y posibilrwydd o eneidiau dynol anghorfforedig yn dibynnu'n gyfangwbl ar y *posibilrwydd* y byddai i ddyn marw fyw eto *fel dyn.*

Roedd rhai Ysgolwyr yn dal fod eneidiau dynol yn wahanol trwy iddynt gynnwys 'mater ysbrydol' gwahanol, yn union fel y mae dwy geiniog neu ddwy gath yn wahanol trwy iddynt fod yn ddarnau gwahanol o fater. Ystyriai Acwinas y syniad hwnnw'n ymwrthebiad; o leiaf, mae'n llawer rhy dywyll i sefydlu'r posibilrwydd o eneidiau anghorfforedig gwahanol, Yn awr, gallem yn hawdd iawn feddwl nad oedd yr apêl honno at 'fater ysbrydol' yn ddim ond ymgais i lenwi bwlch cysyniadol â thipyn o *jargon* diystyr. Ond nid athronwyr yr Ysgolion yn unig sy'n cymathu prosesau meddyliol â rhai materol, ond eu bod hwy yn synied am brosesau meddyliol fel rhai sy'n digwydd mewn cyfrwng *anfaterol*; ac y mae llawer yn credu mai hawdd yw synied am eneidiau anghorfforedig arwahanol, am eu bod yn gyfeiliornus yn priodoli i eneidiau mathau o wahaniaeth — dyweder, bodoli *ochr yn ochr* — na ellir yn ystyrlon eu priodoli ond i bethau materol. Mae'r un peth yn wir am bobl sy'n sôn am eneidiau'n 'ymdoddi' i Enaid Mawr, neu'n 'ymsuddo' iddo; maent yn dychmygu ym myd eneidiau newid tebyg i'r hyn a ddigwydd i ddiferyn o ddŵr sy'n syrthio i bwll, neu i ddarn bychan o gŵyr a rwbir i ddarn mawr. Yn awr, pe bai pobl ond yn *siarad* am 'fater ysbrydol', yn hytrach na meddwl yn ddiarwybod yn y termau hynny, cymaint haws fyddai datgelu a thrin eu dryswch.

A chrynhoi'r hyn a ddywedais hyd yma: Ymddengys fod y posibilrwydd y caiff Peter Geach fyw wedi marw yn dibynnu'n llwyr ar y posibilrwydd y bydd unwaith eto ddyn y gellir ei uniaethu fel Peter Geach. Nid goroesiad y person Peter Geach fyddai bodolaeth enaid anghorfforedig; ac y mae bodolaeth unigolyn, hyd yn oed dan ffurf mor dalfyredig, yn gofyn o leiaf bosibilrwydd parhaol y bydd i'r enaid unwaith eto ddod yn rhan o gyfansoddiad dyn y gellir ei uniaethu fel Peter Geach.

Mae hynny'n awgrymu ffurf o gred mewn goroesiad yr ymddengys iddi ddod yn ddigon poblogaidd yn y Gorllewin yn ddiweddar — o leiaf fe'i lled-gredir — sef y gred mewn ailymgnawdoliad. A ddichon fod mewn gwirionedd ystyr eglur i'r dywediad mai Hitler yn fyw unwaith eto yw baban a aned yn Rhydychen eleni?

Sut y gellir dangos mai Hitler oedd y baban o Rydychen? Mae'n debyg mai ar sail ei atgofion a thebygrwydd ei gymeriad. Maentumiaf na fyddai byth yn rhesymol i neb uniaethu'r baban fel Hitler ar sail faint a fynner o dystiolaeth o'r mathau hynny. Mae'n amlwg fod tebygrwydd cymeriad wrtho'i hun yn annigonol. Parthed atgofion: os bydd y baban o Rydychen wedi iddo dyfu i fyny yn dangos gwybodaeth am bethau y byddem fel arfer yn dweud na allasai neb ond Hitler eu gwybod, a ddylid derbyn, oni cheir cryfach wrthddadl, mai Hitler yw'r plentyn? Ddim o gwbl. Dan amgylchiadau arferol gwyddom pryd i ddweud, 'Ef yn unig a allasai wybod hynny'; ond pan fydd pethau rhyfedd yn dechrau digwydd, nid oes hawl gennym i lynu wrth ein tybiaethau arferol am yr hyn y gellir ei wybod. A bwriwch fod ein meini prawf yn rhoi mai Hitler yw'r plentyn am sbel, ac yn ddiweddarach mai Goering 'yw' ef? neu oni allai nifer o blant ar yr un pryd gyflawni amodau 'bod' yn Hitler?

* * * *

Sut y gellid yn gywir uniaethu dyn byw â dyn oedd wedi marw ynghynt? Yn gyntaf, ystyriwn ein meini prawf normal i benderfynu uniaeth bersonol. Pan ddywedwn mai'r un person yw hen ŵr â'r baban a aned ddeng mlynedd a thrigain ynghynt, rydym yn credu fod didoriant materol rhwng yr hen ŵr a'r baban. Wrth gwrs, nid yw hynny'n faen prawf yn yr ystyr mai yn ôl hynny'r ydym yn barnu uniaeth; oherwydd ni bydd yr hen ŵr wedi bod dan wyliadwriaeth ddidor am ddeng mlynedd a thrigain, hyd yn oed gan bawb yn ei dro! Ond byddai rhywbeth yr ystyriem ei fod yn gwrthbrofi'r didoriant materol (e.e., absenoldeb man geni, gwahanol fysnodau) hefyd yn gwrthbrofi'r uniaeth bersonol. Ymhellach, rydym yn credu fod didoriant materol yn sefydlu perthynas un-ag-un: mae un baban yn tyfu i fod yn un hen ŵr, ac y mae un hen ŵr wedi tyfu allan o un baban. (Onide, rhaid y byddai ar ryw bryd newid radical, rhyw ymdoddiad neu ymraniad, yr ystyriem ei fod yn difodi uniaeth bersonol.) At hynny, nid yw'r corff-baban byth yn cydfodoli â'r corff oedrannus, ond yn ymddatblygu iddo.

Yn awr, mae'n ymddangos i mi na chawn uniaethu dyn sy'n fyw unwaith eto â dyn a fu farw, oni chyflawnir amodau *materol* uniaeth. Rhaid bod rhyw berthynas un-ag-un o ddidoriant materol rhwng yr hen gorff a'r newydd. Nid wyf yn dweud fod angen i ran hyd yn oed o'r corff newydd gynnwys yr *un* mater â'r hen; yn wahanol i ddidoriant materol, nid oes angen hynny at uniaeth bersonol, oherwydd nid oes angen bod yr hen ŵr wedi cadw cymaint â gronyn o fater y baban ddeng mlynedd a thrigain yn ôl.

Rhaid nodi gwall pwysig yma. Roeddwn yn mynegi gynnau fy mod o blaid athrawiaeth Acwinas fod dau enaid sy'n cydfodoli yn wahanol trwy iddynt fod mewn perthynas â dau gorff gwahanol, a bod dau gorff dynol sy'n cydfodoli yn wahanol trwy iddynt fod yn ddarnau gwahanol o fater, fel dwy geiniog neu ddwy gath. Wel, os mai gwahaniaeth mater sy'n gwneud dau gorff yn rhai gwahanol, gellid tybio mai'r canlyniad yw na all corff gadw ei uniaeth onid erys o leiaf rhyw gymaint o fater uniaethadwy ynddo yr holl amser; onide, nid yr un corff yw, megis nad yr un gwin sydd mewn casgen sy'n cael ei gwagio a'i hail-lenwi'n ddibaid. Ond dyna'n union y gwall: os yw gwahaniaeth neilltuol ar adeg neilltuol yn ddigon i wrthbrofi uniaeth, nid yw'n canlyn fod yr unrhywiaeth gyfatebol dros gyfnod o amser yn angenrheidiol at uniaeth. Felly, yr un pâr o sanau yr holl amser oedd pâr enwog Syr John Cutler, er iddynt ddechrau eu gyrfa yn sanau sidan a'i gorffen, o'u trwsio'n fynych, yn sanau gwlân; cafwyd anhawster i weld hynny, oherwydd os oes ar ryw adeg benodol bâr sidan a hefyd bâr gwlân yna mae'na ddeubar. Hefyd, mae'n amlwg y gall yr un dyn fod yn Birmingham am ganol dydd ac yn Rhydychen am saith y nos, er mai dau ddyn gwahanol, o reidrwydd, yw dyn yn Birmingham a dyn yn Rhydychen ar adeg benodol.

Unwaith y mynegir ef, mae'r gwall yn amlwg, ond heb ei fynegi fe allai arwain ar gyfeiliorn.

'Pam mae rhaid poeni am ddidoriant materol? Oni fyddai didoriant meddyliol yn angenrheidiol ac yn ddigonol?' Yn angenrheidiol ond nid yn ddigonol. Dychmygwch achos 'Tichborne' newydd. Mae'r hawliwr yn gwybod yr holl bethau y dylai eu gwybod, ac yn siarad yn argyhoeddiadol â chyfeillion yr etifedd sydd wedi bod ar goll ers cymaint o flynyddoedd. Ond mae tystiolaeth feddygol ynglŷn â chreithiau a hen doriadau esgyrn, etc., yn dangos nad yw'n bosibl mai ef yw'r dyn; ar ben hynny, agorir bedd yr etifedd colledig ac uniaethir ei gorff tu hwnt i unrhyw amheuaeth. Byddai achos o'r fath yn benbleth inni, yn enwedig pe bai'r hawliwr yn amlwg yn ddidwyll. (Er enghraifft, pe bai o'i wirfodd yn sefyll prawf peiriant datgelu celwydd.) Ond yn sicr ni fyddem yn caniatáu i'r dystiolaeth am gysylltiadau meddyliol â'r etifedd colledig benderfynu'r achos o blaid yr hawliwr: mae'n amhosibl mai'r hawliwr yw'r etifedd colledig y gwyddom fod ei gorff wedi ei gladdu yn Awstralia; ac os yw'n credu'n ddiffuant mai ef ydyw, yna rhaid inni geisio ei wella o'i rithdyb.

'Ond pe bawn i'n parhau i fod yn ymwybodol, pam y dylwn boeni pa gorff sydd gennyf?' Mae defnyddio'r person cyntaf unigol sawl gwaith yn rhagfarnu'r cwestiwn; byddai'n decach mynegi'r pwynt fel hyn: Os oes ymwybyddiaeth i fod a fydd yn cynnwys atgofion ymddangosiadol am fy mywyd i, pam y dylwn boeni â pha gorff y cysylltir yr ymwybyddiaeth honno? O fynegi'r pwynt felly, gwaith digon hawdd yw dychmygu amgylchiadau pryd y byddai dyn yn poeni — yn enwedig pe bai'r atgofion ymddangosiadol am fy mywyd i yn cael eu cynhyrchu gan brosesau a all gynhyrchu atgofion hollol rithiol.

Fodd bynnag, os nad yw atgofion yn ddigon i sefydlu uniaeth bersonol; os yw fod dyn yn byw unwaith eto yn cynnwys rhyw ddidoriant corfforol yn ogystal â didoriant meddyliol â'r dyn oedd yn byw gynt; yna byddai'n deg inni alw ei fywyd corfforol newydd yn atgyfodiad. Canlyniad ein holl ddadl, gan hynny, yw nad yw dyn yn byw eto wedi ei farwolaeth, oni ddaw'n fyw eto trwy atgyfodiad. Ar y gorau byddai rhyw weddill meddyliol ohono'n goroesi ei farwolaeth; ac fe ddaliwn i fod y posibilrwydd o gymaint â hynny o oroesiad yn goblygu o leiaf *allu* parhaol i fyw bywyd dynol o'r newydd; a chau allan ailymgnawdoliad, mae hynny'n golygu: gallu i atgyfodi. Efallai mai anodd yw credu yn atgyfodiad y corff: ond dadleuodd Acwinas yn ei esboniad o I Corinthiaid 15, a ddyfynnais eisoes, mai llawer anos yw credu mewn enaid sy'n anfarwol ond yn anghorfforedig am byth; oherwydd fe olygai hynny gredu y bydd enaid, y mae ei uniaeth hyd yn oed yn dibynnu ar y gallu i gael ei aduno ag un corff dynol yn hytrach nag un arall, yn parhau i fodoli am byth heb weithredu'r gallu hwnnw.

Wrth sôn am yr atgyfodiad defnyddiodd St. Paul gyffelybiaeth hedyn a blennir ac a dwf yn dywysen i ddangos y berthynas rhwng y corff marw a'r corff sy'n atgyfodi o'r meirw. Mae'r gyffelybiaeth honno'n gweddu'n burion i'n trafodaeth. Yn y bywyd hwn, mae'r wedd gorfforol ar uniaeth bersonol yn gofyn perthynas un-ag-un a didoriant materol; tyf un corff baban yn un corff henwr trwy broses ddidor. Yn awr, mewn modd tebyg ceir perthynas un-ag-un rhwng yr hedyn a gladdwyd a'r dywysen a dyf ohono; tyf un hedyn yn un dywysen a daw un dywysen o un hedyn; ac mae didoriant materol rhwng y dywysen a'r hedyn, ond nid oes rhaid wrth unrhyw uniaeth faterol.

Wrth gwrs, nid oes unrhyw reswm athronyddol i ddisgwyl y daw rywbryd yn y dyfodol o gorff dynol marw gorff dynol newydd, a chanddo ryw gysylltiad didor â'r corff marw; a mewn rhai achosion neilltuol fe ymddengys fod gwrthddadleuon empeiraidd cryfion. Ond heb y *posibilrwydd* o atgyfodiad, mae unrhyw obaith am fywyd wedi marwolaeth yn ymddangos i mi'n hollol rithiol. Yr wyf o farn Jwdas Maccabeus: onid oes atgyfodiad, dianghenraid ac ofer yw gweddïo dros y meirw.

Dywed y ffydd Gristnogol draddodiadol, a etifeddwyd oddi wrth Iddewiaeth, y daw'r Meseia ar ddiwedd yr oes hon ac y cyfyd dynion o'u beddau ac na fyddant farw mwyach. Nid ysgytwir y ffydd honno gan ymholiadau am gyrff a losgwyd yn ulw neu a fwytawyd gan fwystfilod; y rhai y gallai angau o'r math hwnnw ddod i'w rhan mewn merthyrdod oedd fwyaf ffyddiog y caent wobr ogoneddus yn yr atgyfodiad. Prin y bydd un sy'n rhannu'r gobaith hwnnw'n dymuno prynu yswiriant gan ysbrydolegwyr neu athronwyr i warantu rhyw fath o oroesiad fel blwydd-dâl, rhag ofn i addewid Duw am yr atgyfodiad fethu.

Gweithiau Ychwanegol

Ar wyrthiau, y mae llyfryn R. Swinburne, *The Concept of Miracle* (Llundain: Macmillan, 1970) yn drafodaeth eglur gyda llyfryddiaeth hwylus. Am anfarwoldeb, ceir trafodaethau mewn cywair traddodiadol yn T. Penelhum, *Survival and Disembodied Existence* (Efrog Newydd: The Humanities Press, 1970), a H. D. Lewis, *The Self and Immortality* (Llundain: Macmillan, 1973) — gw. hefyd ei erthygl 'Y Gred Mewn Anfarwoldeb', *Efrydiau Athronyddol*, cyf. XXXVIII (1975). Ceir ymdriniaeth hollol wahanol yn D. Z. Phillips, *Death and Immortality* (Llundain: Macmillan, 1970) — cymh. pen. IX yn ei *Athronyddu am Grefydd*.

British Library Cataloguing in Publication Data
Ysgrifau athronyddol ar grefydd.
—(Cyfres Beibl a chrefydd).
1. Religion - Philosophy
I. Daniel, J. I.
II. Fitzgerald, John III. Series
200'.1 BL51

ISBN 0-7083-0772-8